教育部人文社科基金项目“西部与边疆项目”：
“青海三江源生态移民的文化变迁与身份认同研究”（12XJC850006）

三江源生态移民的文化变迁与身份认同研究

——以格尔木昆仑民族文化村为例

付海鸿◎著

中国社会科学出版社

图书在版编目（CIP）数据

三江源生态移民的文化变迁与身份认同研究：以格尔木昆仑民族文化村为例/付海鸿著.—北京：中国社会科学出版社，2017.1
ISBN 978-7-5161-9036-4

Ⅰ.①三… Ⅱ.①付… Ⅲ.①移民安置—研究—青海 Ⅳ.①D632.4

中国版本图书馆 CIP 数据核字(2016)第 237618 号

出 版 人 赵剑英
责任编辑 郭晓鸿
特约编辑 席建海
责任校对 郝阳洋
责任印制 戴 宽

出 版 中国社会科学出版社
社 址 北京鼓楼西大街甲 158 号
邮 编 100720
网 址 http://www.csspw.cn
发 行 部 010-84083685
门 市 部 010-84029450
经 销 新华书店及其他书店

印 刷 北京君升印刷有限公司
装 订 廊坊市广阳区广增装订厂
版 次 2017 年 1 月第 1 版
印 次 2017 年 1 月第 1 次印刷

开 本 710×1000 1/16
印 张 19
插 页 2
字 数 226 千字
定 价 66.00 元

代序

生态文明的人类学意义

徐新建

引言：甲居故事——敬神路上的环保者

2008 年 8 月 6 日，藏历六月初五这天，更登格玛很早就起来了。

前一晚的雨水把远近的山景冲洗得格外清新。白云环绕，朝阳照在高低错落的山地藏房和玉米地里，四处泛着各种颜色的斑驳亮光。坡上坡下，寨子里已有人家开始在屋顶“煨桑”——向四方神熏烟敬献。青烟升腾，传递着人们对自然神灵的虔诚敬意。收完家里的花椒后，更登格玛带上两个孙女，和村里亲友结伴上路，踏上了前往顶果山的转经朝圣之路。

图 1　甲居山寨（徐新建摄）

同一时间里，甲居一、二、三村的日俄阿美、拥忠贝姆和曾明福等村民也乘农闲时节，沿不同的路线投身于各自的朝神之路。她们去的地方，分别是村后的亚霄神山、县城附近的白噶神山和大金川岸边的烧香炉……

在当地传统中，每年藏历六月都有规模超过平时的转山朝圣。甲居藏寨在大渡河上游，隶属今四川甘孜藏族自治州的丹巴县。在当地藏民心目中，自然有灵，神山无限，于是在日常生活里便时刻敬山，年年朝圣，爱护众生，尊重自然。丹巴一带的朝圣转山，有一个四方汇聚的核心：金川河岸的墨尔多神山。作为众神之首，墨尔多神山有着包括亚霄山、白噶山和思古勒山（四姑娘山）等诸多护卫山在内的完整体系，范围广远，次第分明。这种族群地方性知识的影响，使墨尔多周围广大区域的生态环境得到了持续至今的世代守护。

一　生态恶化与文明问题

然而当我们把视野转到这些神山之外的“发达”地区，生态恶化的情景触目惊心。以下是官方媒体的统计报道：

国家林业局、中国水网——

中国仍有沙漠化和严重沙漠化趋势土地面积44.3亿亩，占国土总面积的30.58%；中国水土流失土地的总面积占到国土面积的三分之一，对耕地安全和粮食安全构成了威胁；全国有15%—20%的动植物种类濒危，高于世界平均水平，生物多样性锐减困扰着中国。一方面，全国正常年份缺水400亿立方米，400余座城市供水不足；另一方面，洪涝灾害造成的损失严重。①

新华社——

2006年，化学需氧量和二氧化硫等主要污染物不降反升，环境事故居高不下，国家环保总局应急中心共处置环境事件159起，是2005年的两倍。②

《人民日报》——

统计数据显示，上半年化学需氧量排放量增加较大的食品加工业、造纸及纸制品业、化学原料及化学制品制造业、纺织业、化学纤维制造业5个行业，工业化学需氧量排放率为67%；二氧化硫

① 据中国国家林业局副局长雷加富在“2007森林生态保护（伊春）国际论坛”上的发言。另参见“中国水网”：《刍议水资源危机及措施》，http：//news. h2o-china. com/interview/expert/654191197507967 _ 1. shtml。

② 参见曲格平《单位GDP能耗降低目标未实现 责任在领导人》，原载《经济参考报》，转引自新华网 http：//www. ah. xinhuanet. com/swcl2006/2007-02/14/content _ 9308929. htm。

排放量增加较大的电力、蒸汽、热水生产和供应业，黑色金属冶炼及压延加工业，非金属矿物制品业，食品加工业，化学原料及化学制品制造业5个行业，工业二氧化硫排放率为84.4%。①

国家领导——

人口增加、生态恶化所造成的人与资源、环境的矛盾日益尖锐，可持续发展问题更加突出地摆在我们的面前。②

面对如此严峻的境况，中国的主流媒体坦承："这意味着中国生态环境恶化的趋势尚未得到根本遏制。"③ 可喜的是，在长期回避并为此付出沉重代价之后，中国社会尤其是决策者们终于承认生态恶化的原因与人类行为即不当的开发方式有关，于是转过头来反思并寻求问题的根本解决，提出了建设"生态文明"的新型目标。

从人类学角度看，生态恶化确与人类文明有关：所谓"不当的开发方式"，标志着文明出了问题。自然是超人类的存在，生态具有自调整和自循环功能。只是由于人类干预，自然的均衡才被打破，生态的循环才面临危机。在此意义上，文明自其初始便具有反自然的特性。自然包容万物，进而使人类成其部分；文明改造、排斥自然，欲使自然变为人类的部分。于是从本质上说，持续至今且日趋严峻的生态恶化，就是文明与自然的冲突。

西语中的文明一词 civilization，其本意之一是城市化。这既意味着走出自然、改变自然，又暗示着人类的自我中心思想。这种核心理念蔓延至今，便催生了从工业革命直到全球现代化的一系列社会巨变，并引

① 刘毅、孙秀艳：《"十一五"环保形势严峻 污染排放为何不降反升》，《人民日报》2006年12月28日。

② 温家宝在国际农业科技大会上的讲话，摘自《农民日报》2001年11月10日。

③ 参见《人民日报》2007年12月20日。

发了遍及世界的环境污染、气候异常和生态危机。如今作为后发达地区的中国，在避免危机的路途上又该如何选择自己的生态文明呢？

二 多元文化：中国西部的生态遗产

今天的中国是一个多民族大国，并拥有帝国兴替的悠久遗产。在应对现代化转型的过程中，共和国境内的自然风貌和族群传统，一直呈现并提供着生物与文化多样性交错并举的丰富格局。若以东、西两部分作简要划分的话，如今提出的“生态文明”，在东部相当于重建，对西部则是保护和复苏。这就是说，由于自然条件与人文信仰等方面的显著差异，西部长期保有与东部不同的生存方式及环境类型。

根据近来的划分，中国西部包括从内蒙古东北角到云南省西南边陲 11 个省区的辽阔区域。其生态多样、民族多元，面积占国土总面积的一半以上。联系帝国更替及现代化转型的历史过程来看，无论在自然还是文化的意义上，中国东西部分界的意义丰厚而深远。

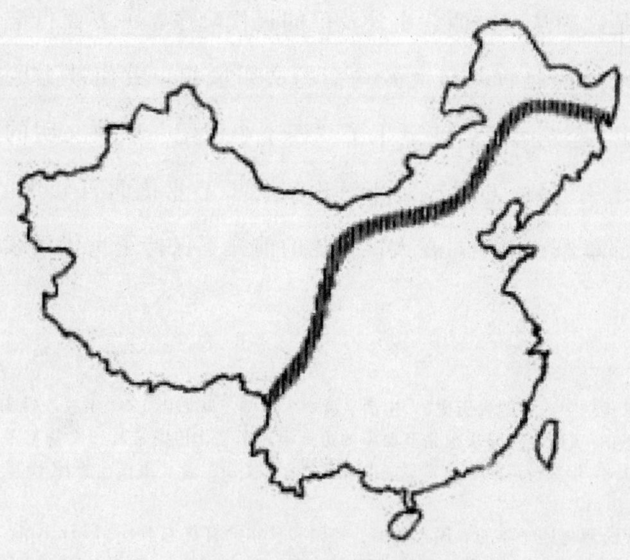

图 2 十五英寸雨线示意图

这条分界既与“15 英寸等降雨线”及农区与草地等自然地理界限大致吻合[①]，又同古代长城、“半月形文化带”[②]等的走向密切相关，同时还契合了近代西化浪潮和中国政府实施“梯度开发”时均呈现的历史和空间的等级阶序，即从东向西，由外及里。

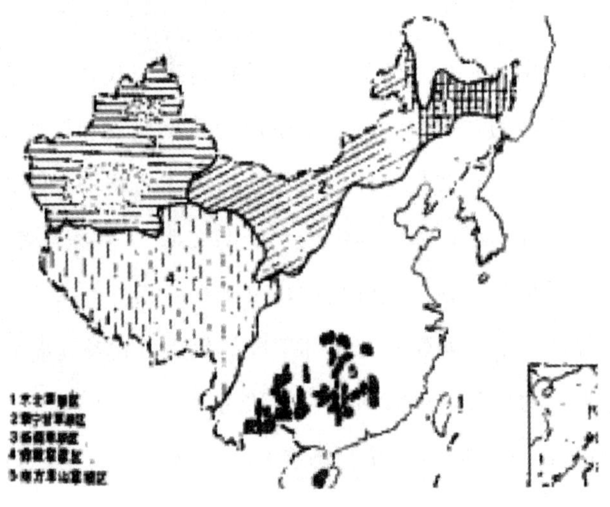

图 3　中国农区、草地分布图

也正是这种从东向西、由外及里的近代阶序，一方面打破了古代中国千年承继的农牧两区大致均衡的文明风貌，致使被土地捆绑的“乡土中国”率先解体，使诞生了“四十个世纪”农耕文明的生态环境日趋恶化[③]；另一方面却使相对现代化、工业化而言处于“落后”地位的西部草原和山地，在人口稀疏的前提下保持了世代延续的生态文明。

---

① 参见黄仁宇《中国大历史》，生活·读书·新知三联书店 1997 年版，第 21—27 页。

② 童恩正：《试论我国从东北至西南的边地半月形文化传播带》，《文物与考古论集》，文物出版社 1987 年版。后收入《童恩正文集》“南方文明”卷，重庆出版社 1998 年版，第 558—603 页。

③ 参见金恩《四千年的农民：中国、韩国和日本的有机农业》（F. H. King，Farmers of Forty Centuries：Organic Farming in China，Korea，and Japan，Courier Dover Publications，2004）。

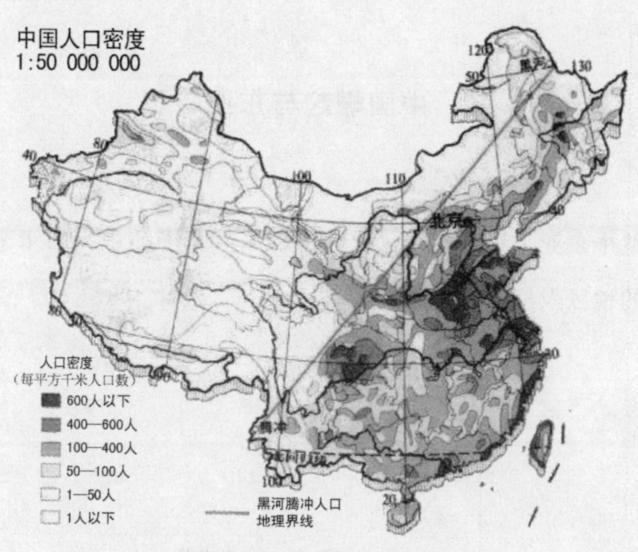

图4　中国人口分界线（“胡焕庸线”）

传统上，西部的生态文明是在敬重自然、维系环境基础上的循环经济，即受到如今经济学家称赞的三R类型——再使用（reuse）、再循环（recycle）和减量化（reduce）。其特点是无论放牧驯养还是采集耕耘，都不越过自然的限度，同时坚守着族群自身的信仰制约，从而保证了诸多民族在此区域内历史性的可延续。更重要的是，这样的文明类型还为夷夏互补的整体中国留下了异常珍贵的生态文明遗产，从而为解决迫在眉睫的环境危机和发展困境提供了难得的回旋余地。我们把中国西部传统的族群方式视为“生态文明”，意味着认识论意义上的人类学进步。它扬弃了以往把“非华夏”“非中心”及“非西方”地区视为“野蛮”“蒙昧”的偏见，在复数文明的新思维下反思自我，找回过去也曾拥有过的自然和谐。这不仅关系到西部族群和未来中国，还将影响现代化进程中的东亚走向。

三　中国崛起与东亚转型

从整个东亚范围与“现代化”进程来看，多元中国的未来选择具有深刻的地区效应。如下图：

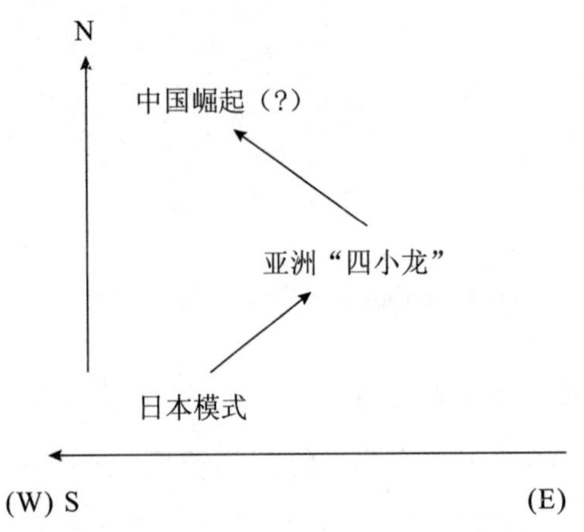

（说明：N＝北方；S＝南方；W＝西方；E＝东方）

图 5　中国的未来产生的东亚效应

在近代以来的亚欧互动中，东亚先后出现了日本模式和以韩国、新加坡等为代表的“四小龙”类型。尽管前者一度堪与西方媲美，号称“日本第一”，后者因其腾飞奇迹而被归结为有别于欧美新教模式的“儒家资本主义”，但相比之下均与具有帝国传统的中国颇为不同。其中最突出之处在于中国——或者称夷夏之邦，不仅规模超大，并且无论在地理、生态还是族群、历史方面都具有突出的多元特征，而日本、韩国、新加坡等则表现为相对明显的同质和单一。现在的问题是：中国的“崛起”将以何样的模式出现，更“东”还是更“西”？更“北”还是更“南”？

眼下，伴随着“改革开放”成果的三十年积累，中国的领导者正部署一场自上而下的大国崛起。对于中国崛起的前因后果，各界反应不一。有人试图由此重新定义中华人民共和国的国家性质，将其定义为“儒家社会主义”①。然而这样的看法是有局限的。其既没有理解“中国”的完整含义，亦未能显示“共和”的历史进程。

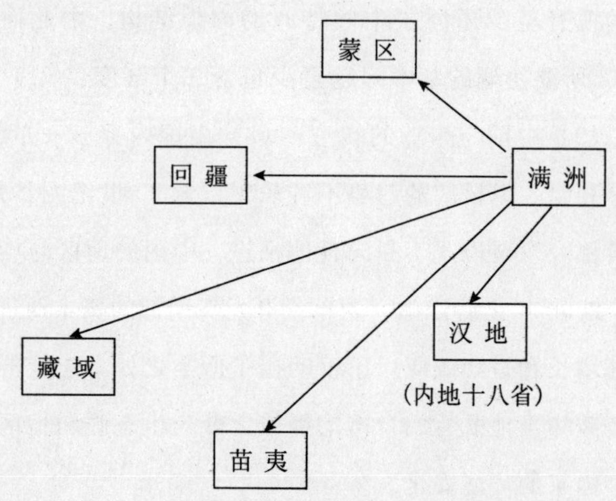

图 6　帝国遗产：从五族共和到多元一体

回溯近代中国的王朝更替，共和的基础源自清帝国的五族关联，即以满洲为主的满、汉、蒙、回、藏等族群共同体及其对应的帝国疆域。在此疆域中，由于大体维持“以夷制夷”传统、采用区域分治的策略，帝国维持了较长久的族群多样与生态均衡，并拓展了具有缓冲和弹性的周边关系。结合今日的生态危机和文明走向来看，正是这种帝国遗产为可能的东亚转型留下了多样的空间与另类的资源。

近来有日本学者从“文明生态”出发，把古今中国称为在王朝更替中保持连续的“中华文明圈”，并给出如下判断：

---

① 参见甘阳《中国道路：三十年与六十年》，《读书》2007 年第 6 期。甘阳认为：“‘中华人民共和国’的含义实际就是‘儒家社会主义共和国’。因为首先，‘中华’的意思就是中华文明，其主干是儒家为主……”

中华文明圈由于与印度文明圈、伊斯兰文明圈在地形、地理上分隔开来，加上其超级大国与周边的小卫星国的关系，以及朝贡贸易形式的软构造关系的特殊性，才保持了安定的空间。并且，所谓的中华文化虽说汉族承担了多数的责任，却决不是汉族的专有物，而是多个种族、民族交融形成的混合文化。①

这样的视野至少还原了中国特有的内外结构。由此而论，今日“中国崛起”所要协调的基本问题至少包含三个维度：（1）中国与西方的竞争；（2）中国与东亚的转型；（3）中国内部——亦即“夷夏”之间的互补共生。但目前的趋势不容乐观：自 20 世纪尤其是 50 年代以来，随着单一发展模式不断向各地推进，中国的地区与族群多元性与日锐减；2000 年之后，由“西部大开发”引起的资本西进，更因片面追求高速增长和短期效应，不仅动摇了所至之处本土族群的世代传统，且由于破坏当地既有的自然均衡使之变为生态脆弱地区，从而开始威胁整个国家的环境安全。

所幸代价终能让人清醒。1998 年，长江流域大面积的特大洪灾促使政府出面，启动了以阿坝藏族羌族自治州为主的长江上游地区的“天保工程”（天然林保护）。这样的举措，意味着对半个多世纪来国家在当地长期砍伐的终止和反省。2008 年突发的汶川大地震惊动举国。在救灾重建的同时，有科学家经过反思，指出震因与近年来众多企业竞相在当地大小河流几无限制地筑坝发电不无关系。②

---

① 参见［日］沟口雄三《中国思想与中国思想史研究的视角》（李云雷译，《比较文学研究通讯》，北京大学比较文学与比较文化研究所 2002 年版）。在该文中，作者还指出认识中华文明圈时视点移动的意义，指出“例如面对着敦煌文书的时候，有必要将视点向北移到突厥，向南移到吐蕃，向西移到西域的伊斯兰教王国来关注敦煌”。

② 参见范晓《汶川大地震：地下的奥秘》，《中国国家地理》2008 年第 6 期。

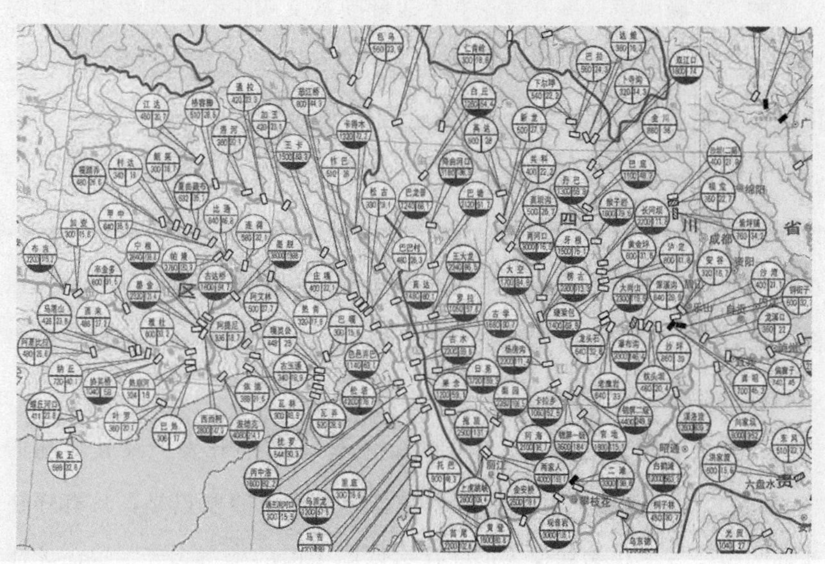

图 7　超常密集的西南水电开发图示①

如今汶川大地震的伤痛逐渐抚平，中国需要再次面对自然与社会的双重危机，力争通过生态平衡与文明调整，成为担当族群多元、地区互动及人类共存重任的大国。为此，就目前的社会机制看，这样的目标单靠国家难以实现，还需要更为广泛的学界参与和社会动员。

多年来，人类学致力于世界范围内的“异文化”研究，并经历了从以进化论为前提将不同民族作“文明”与“野蛮”之分，向以文化相对主义为基础提倡族群尊重的演变。如今又拓展出反思“我族中心”缺陷，向“土著知识”（indigenous knowledge）寻找理论以救治现代性的重要转向。② 2004 年，中国的部分人类学者聚会银川，针对

---

① 相关资料可参阅 2007 年 9 月 27 日《南方都市报》的《水电开发“搞垮”西南生态》，以及《南方周末》记者 2008 年 4 月 10 日发自四川、云南的报道《西南水电为何疯狂》。

② 相关论述可参见笔者另文《文明对化中的“原住民转向”：兼论人类学视野中的多元比较》，《中外文化与文论》2008 年总第 17 期。

人类的“发展困境”展开讨论并发表呼唤从文明生态走向生态文明的《生态宣言》。《宣言》指出当代生态恶化的主要原因在于人为破坏，因此期待在关注“生态文明”的过程中，充分发挥族群文化的“敬天”传统，并为此更加尊重世界和一国范围内的文化和生态多样性。[①]值得庆幸的是，类似的期待已在甲居藏寨这样的草根底层转为现实。在这样的转变中，不仅有百姓们默默无闻的身影和传统信仰的深厚积淀，也有WWF（世界自然基金会）和CI（保护国际）等各种民间组织竭诚合作的不懈努力。

回到东亚转型的角度，中国的新一轮“西部开发”及其伴随的“和平崛起”意义重大。其中一个需要谨慎展望的要点是，只有守住西部的生物与文化多样性才能守住多民族大国的生态多元，进而才能确保东亚地区的发展多样性乃至国际社会的“和而不同”。

四　民族文化的生态意义

藏文史书《第吴教法史》有载：“天有天神、水有水神、林有林神……世界万物中皆有神灵存在。”[②]

墨尔多神山位于大小金河之间，南北走向，在马尔康、丹巴、大金、小金等县境内伸展，连绵数百公里，山势险峻，村寨蜿蜒。据当地藏文文献记载，神山中心“宛如伞盖的骨架向四周延伸，撑着六十五座神山”。作为自然神的代言人，神山威力无比，因而若“围绕

---

① 《宣言》指出：“‘生态危机’导因于人与自然的关系失衡，其直接原因出自以征服自然为目标的文化理念。这种文化理念的核心是‘制天’，即对生态系统的盲目征服和粗暴改造。”参见中国人类学高级论坛《生态宣言：走向生态文明》，《广西民族学院学报》2004年第4期。

② 参见周拉《略论藏族神山崇拜的文化特征及功能》，《中央民族大学学报》2006年第4期。

神山转一周，相当于念经七亿遍，来生不得下地狱，今世也得消灾难……”①

2008年藏历六月十一（8月12日），更登格玛一行又从甲居出发，去往西北一百多公里外的塔公草原，到著名的塔公寺转山朝神。与顶果山和墨尔多神山的庙宇分别有苯教及黄教（藏传佛教格鲁派）的传承不同，塔公寺属于红教，即藏传佛教的萨迦派。不过对于更登格玛这样的普通村民而言，教派之分并不重要。她们之所以不辞辛劳地坚持周期性朝神，是因为对自然神灵的敬畏，以及对解脱和来世的信仰。那年转山时，日娥阿美对我说转山的次数之所以那么多，是因为每处至少要去三回：一为父亲，二为妈妈，第三回才为自己……这种敬畏和信仰，一方面塑造了她们的生命目标与日常行为，另一方面使与之相关的山山水水得以久存。

近年来，“保护国际”（CI）的成都项目部组织志愿者深入丹巴藏地，力图借助当地民众的信教传统与活佛魅力开展保护生态的宣传及实践。他们启动的“神山圣湖”计划初获成效，正好印证了中国西部多民族地区“生态文明”的深远潜能。

对照中国面临的危机和拥有的机遇，甲居的意义在于敦促人们深思：是盲目追求黑色GDP，还是冷静保持生态和谐与绿色CE（循环经济）？是在经济增长的路上无限扩张，还是通过精神信仰使世俗欲念有所约束？是驱使十多亿国民和数百万平方公里的区域都奔向同质而单一的增长，还是在大国的传统中保持从自然到文化的多元一体？

① 参见政协甘孜州委员会编《墨尔多神山志》（汉藏对照版），四川民族出版社1992年版。

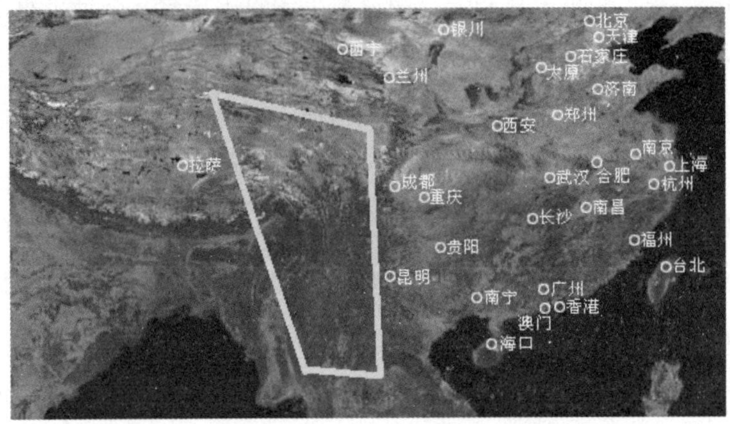

图 8　甲居所在区域与中国西部生物多样性与生态脆弱地区

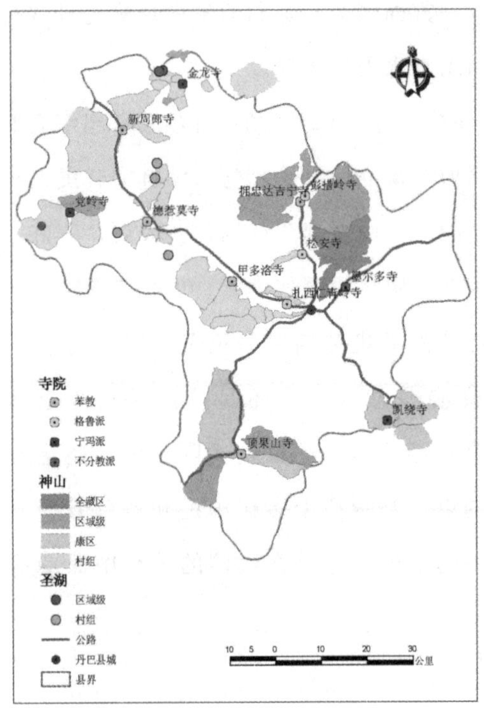

图 9　丹巴县神山神湖位置示意图①

① 资料引自申小莉《康区藏区神山圣湖状况调查》（打印稿）。

图 10　墨尔多神山与小金川河

以此观之，付海鸿博士以三江源生态移民为目标人群的论著，不但聚焦于中国西部非汉民族与生态关联为一体的文化传统，更切入令人关切的当下变迁。通过对格尔木昆仑民族村的个案的考察，作者向我们展示了“移民飞地”的现实状况，对比了为生态保护付出代价的当地藏民在迁移前后的文化境遇，对处于外力导致的变迁之中的文化传统，付海鸿博士提出了如何使之延续的重要问题。

这问题不仅关系着三江源头的草地藏民，同样困扰着东部下游的各族区域，原因很简单：中国是一个整体，西部濒危，东部何安？

目录

绪　论

第一节　研究缘起与研究意义

一　环境问题、西部边疆与生态移民

1998 年，长江流域发生的世纪特大洪灾迫使中国政府与公众意识到环境问题的重要性。如何治理乱砍滥伐、土地沙化和水土流失等旋即成为中国政府亟待解决的头等难题。在此背景下，“退耕还林”与“退牧还草”工程被当作重要的解决途径提了出来。2000 年，国家林业局开始在长江上游与黄河中上游等地进行退耕还林还草的试点工作。2001 年，第九届全国人民代表大会第四次会议将组织实施重点地区生态环境建设综合治理工程，长江上游、黄河上中游和东北、内蒙古等地的天然林保护工程，以及退耕还林还草工程列入《国民经济和社会发展第十个五年计划纲要》之中。①

为保障退耕还林工程的顺利推进，2002 年 12 月，国务院第 66 次

① 《国民经济与社会发展第十个五年计划纲要》（2001 年 3 月 5 日），参见“中国人大网”。

常务会议通过了《退耕还林条例》。条例第四条指出“退耕还林必须坚持生态优先”；第五十四条提及“国家鼓励在退耕还林过程中实行生态移民”。“生态移民”这一术语正式出现在官方文献中。[①] 如果说，退耕还林主要是在西部农耕地区实行生态保护措施，那么 2003 年由国务院西部开发办公室与农业部联合发文的“退牧还草”任务，则是在西部牧业地区施行生态保护的举措。退牧还草的建设目标如下：

> 从 2003 年起，计划用 5 年时间在蒙甘宁西部荒漠草原，内蒙古东部退化草原、新疆北部退化草原和青藏高原东部江河源草原地区，先期集中治理 10 亿亩，约占西部地区严重退化草原的 40%。力争 5 年使工程区内退化的草原得到基本恢复，天然草场得到休养生息，达到草畜平衡，实现草原资源的永续利用，建立起与畜牧业持续发展相适应的草原生态系统。[②]

这一宏伟建设目标的实现，与退牧还草一样，亦同时伴随着西部地区人数众多的牧民搬迁工作，即政府所称的“生态移民”。实际上，“生态移民”有两层含义：一是为保护生态而迁移相关人群，指行动；二是因为保护生态而被迁移的人群，指结果。因此，“生态移民”既指在新形势下中国政府制定的一项环境政策，又同时指落实这一环境政策过程中牵涉的迁移人群。从国家的层面来讲，生态移民是配合恢复与保全生态环境的国家决策与国家行为。对与此相关的生态移民个体而言，这一国家政策给他们带来的则可能是与以往截然不同的生存方式与生活体验。如何才能达到保护生态环境的目的，同时又保障生态移民个体的生存权益呢？政府方面制定了一系列生态补偿措施与后

① 《退耕还林条例》（中华人民共和国国务院令第 367 号，2002 年 12 月 6 日），参见“中国政府网”。

② 《关于下达 2003 年退牧还草任务的通知》（国西办农〔2003〕8 号）。

续产业发展实践。与此同时，学术界对西部环境与移民问题的思考也方兴未艾。

2005 年，由中日两国学者共同撰写的《中国环境政策报告：生态移民》出版。该书序章为“中国西部边境与‘生态移民’”，末章为“地球环境问题和生态移民”。编者中尾正义指出，“西部”是与东部相比，在政治上处于非中心的、经济上非农业的、文化上非汉字的、民族上非汉族居民的聚居区。若是以东部为中心看西部，西部则是边疆的、异质的存在。与西部大开发几乎同步的生态移民政策，因为搬迁定居改变了部分少数民族原有的生计方式，最终可能导致多种多样的生产及生活方式单一化。通过田野考察，编者发现，在政策落实过程中，的确存在忽视生态移民群体的原有生活方式与民族传统文化如何有效承继等问题的情况。① 假如违背了“以人为本”“以文化为本”的原则，那么生态移民群体现实生活中的经济问题、文化问题、宗教问题等最终很可能转化为民族问题，从而影响国家的安定团结。②

在中国生态环境的治理过程中，人类学界亦开始反思族群知识与生态保护的问题。徐新建教授从多元文化的视角，指出中国西部的生态遗产对西部族群、未来中国，乃至现代化进程中的东亚走向有着重要意义。他认为，传统上西部的生态文明是在敬重自然、维系环境基础上的循环经济。无论是放牧驯养还是采集耕耘，西部的族群都不会越过自然的限度。同时，因为坚守着族群自身的信仰制约，得以保证了诸多民族在此区域内历史性的可延续。③ 然而，在中国的环境保护

① 参见新吉乐图主编《中国环境政策报告：生态移民》，内蒙古大学出版社 2005 年版，第 2、11 页。

② 参见葛根高娃、乌云巴图《内蒙古牧区生态移民的概念、问题与对策》，《内蒙古社会科学》2003 年第 2 期；乌力更《试论生态移民工作中的民族问题》，《内蒙古社会科学》2003 年第 4 期。

③ 参见徐新建《族群表述：生态文明的人类学意义》，《北方民族大学学报》（哲学社会科学版）2010 年第 3 期。

决策中，生态移民的主体正是这些生活在西部生态脆弱地区的、拥有生态智慧的族群。那么，对于未来中国具有战略意义的西部族群，在生态移民后，他们的族群文化传承会是怎样的情状？生态移民后，原牧民的个体生存体验又是如何的呢？

生态移民搬入政府为他们修建的新居后，国内媒体的报道最初都主要凸显其正面的、积极的效应。随着工程推进，媒体开始报道部分生态移民因无法适应迁入地[①]的生活而开始回迁的现象。一部分敏感的新闻人开始用图文的形式记录追踪生态移民的日常生活，试图通过经年的比较，勾勒出生态移民在迁入地的饮食、民俗、宗教等生活概貌。如2007年《潇湘晨报》增设的“生态移民村本底调查”项目，试图用图像民族志的方式跟踪记录三江源区40户家庭的生活。项目方直言，他们要关注的是迁移社区文化的变化及人情响应。[②] 什么是文化呢？对于某个社区和社会集团而言，文化是其精神与物质、智力与感情的不同特点的总和的显示；除了文学和艺术外，文化还包括其生活方式、共处方式、价值观体系、传统和信仰。[③] 也就是说，文化并不只是高深的精神生活层面，还包括了日常生活中的各个方面。什么是文化变迁呢？按照美国学者伍兹（Clyde M. Woods）的解释，变迁一般是由社会文化环境或自然环境的改变引起的。社会文化环境指人、文化和社会，比如与其他民族的接触，或者由于新的政治制度的出现而被迁移到一个新的地区；自然环境指的是某一特征的生态环境，比如自然灾害和气候变化。[④] 对于生态移民而言，从迁出地到迁入地，其社会文化环境和自然环境均发生了不同程度的改变。那么，

---

① 迁出地是指生态移民的原乡；迁入地是指生态移民的安置点。

② 参见《潇湘晨报》口述历史工作室《生态移民村本底调查》（http://shuo.xxcb.cn/project/13871038299.html）。

③ 参见《联合国教科文组织世界文化多样性宣言》（2001年）。

④ 参见［美］伍兹《文化变迁》，何瑞福译，云南教育出版社1989年版，第22页。

随之而来的，则可能是其原有生计方式的根本改变。

对中国西部边境的生态移民而言，搬到迁入地后，其原有农牧业类传统生计方式可能转变为民族文化旅游业或文化产业，与其相伴的还有对自我身份的重新定位与认识。最简单的例子就是：生态移民后，原来的牧民变成了城里人，他们是谁？是牧民还是城里人？何谓身份认同呢？按照杜克斯（Deaux）的解释，身份认同是个体对自己归属哪个群体的认知，是自我概念中尤为重要的方面。[①] 身份认同的面向很广，包括个人认同、社会认同、种族身份认同、族群认同、职业身份认同、集体认同等。身份认同是文化涵化的一个方面，可以从文化交流与日常生活中的行为、态度和价值观变化中窥见一斑。[②] 这亦意味着，我们不能离开文化变迁的背景来单独讲述生态移民的身份认同。

二 三江源区的生态移民工程

（一）“三江源生态移民”

为何是青海三江源呢？选择三江源作为论述的中心，主要在于三江源地区生态环境具有重要的战略地位。

青海三江源区位于青藏高原腹地，是长江、黄河与澜沧江的源头汇水区，三条江河每年向下游供水 600 亿立方米，被称为“中华水塔”甚至“亚洲水塔”。三江源区总面积为 36.3 万平千米，约占青海省总面积的 50.4%。在 1998 年长江洪灾后，三江源区的生态保护成为政府关注的重点。2000 年 5 月，青海省人民政府批准建立了三江源

① Deaux, K., “Reconstructing Social Identity”, *Personality & Social Psychology Bulletin*, 1993, 19 (1), pp. 4-12.

② Klaus F. Zimmermann, *Migrant Ethnic Identity: Concept and Policy Implications*, IZA Discussion Paper No. 3056.

自然保护区。2003年1月，该区晋升为国家级自然保护区。保护区总面积为15.23万平千米，占青海省总面积的21%，占三江源地区总面积的42%。从行政区划上来看，三江源区涉及玉树、果洛、黄南、海南4个藏族自治州的16个县和格尔木市代管的唐古拉山乡。按2002年的统计资料，区内总人口为59万人，其中，牧业人口40.89万人，占总人口的69.3%，区内藏族人口占90%左右。① 因为全球气候变暖，人口剧增，以及人类无限度地追求经济而发生的生产经营活动，加速了三江源地区生态环境的恶化进程，草地大面积退化与沙化，已经严重影响了区内农牧民的生活。②

三江源生态移民工程是“三江源自然保护区生态保护和建设总体规划”的一部分。为达到保护和恢复生态功能，三江源保护区需要实现禁牧4060.8万亩，减畜67.3万羊单位。与此同时，该工程需要完成保护区内生态移民10140户，55772人，保证其居有其屋，产业有所依，生产生活条件得到明显改善。③ 为了妥善安置如此庞大人群的迁移，政府采取了集中安置、聚居禁牧和自主安置三种方式。集中安置又分城镇、乡、跨县安置三种情况。④ 三江源区的生态移民工程，国家的总投资达6.31亿元。从规模与投资可以看出国家治理、恢复三江源自然保护区生态的决心。除了政府部门外，一些社会公益组织也积极投身到三江源生态移民的社会事业中。

---

① 参见李迪强主编《民族地区生态规划——三江源地区系统保护规划研究》，中国环境科学出版社2010年版，第5—9页；青海工程咨询公司《青海三江源自然保护区生态保护和建设总体规划解读》，内部印刷，2003年，第71页。

② 参见青海工程咨询公司《青海三江源自然保护区生态保护和建设总体规划解读》，内部印刷，2003年，第8页。

③ 同上书，第79页。

④ 同上书，第276—279页。

（二）为什么选择格尔木昆仑民族文化村

为什么是格尔木昆仑民族文化村呢？按政府登记的资料，2006—2007年，青海省玉树藏族自治州曲麻莱县的240户共1760名牧民被集体跨州县搬迁到海西蒙古族藏族自治州格尔木市南郊，组建成“昆仑民族文化村”。将格尔木昆仑民族文化村作为三江源生态移民文化变迁与身份认同研究的对象，主要有两个原因：一是我与田野点的联系；二是三江源生态移民飞地学术研究的重要性。以下分别阐述。

1. 我与田野点的联系

笔者与田野点的联系，可以从课题立项前的三次并非严格意义上的田野经历讲起。

2007年：“绿色江河”的志愿者

我近距离接触三江源生态移民得益于“四川省绿色江河环境保护促进会”（以下简称“绿色江河”）2007年8月组织的一次公益活动。彼时，“绿色江河”在长江源开展环境保护方面的项目，其中一个子项目就在昆仑民族文化村展开。在去参加“绿色江河”活动的前一年，我刚硕士毕业，教学与研究还集中在中国现当代文学领域。当时决定报名参加“绿色江河”的活动，与其招募书上的介绍有关：

> 移民几乎全部是藏族游牧民，世代从事牧业生产，其中大部分移民在移民前就是当地最贫困的牧民，是弱势群体中的弱势群体。放下羊鞭的牧民，许多人甚至连最基本的工具铁铲都不会使用，大多数人不会汉语，其中老人、妇女占了一半的比例，大多数人从未到过城市，对城市十分陌生。①

① 四川省绿色江河环境保护促进会：《绿色江河2007年项目书》。

坦诚地讲，当时我只知道政府正在推行“退耕还林”与“退牧还草”政策，对三江源生态移民工程的情况并不清楚。2007 年 8 月，我从酷暑难耐的重庆乘坐飞机前往西宁，在西宁转乘夜间大巴车于次日清晨抵达格尔木市区。从葱郁树木围绕的市区前往南郊的路上，我以为公交车走错了地方，司机让我在只见房屋不见树木的郊外下了车。在村里工作期间，我与一位北京来的志愿者小段组成小组，在一名当地工作人员的协助下，负责进入村民家中做移民家庭的基本情况调查。调查表上的问题涉及家庭人口、经济、卫生、健康等方面，内容详尽。因为语言不通，需要当地工作人员的现场翻译，完成一户家庭的调查需要 1 个小时左右。除了基本情况调查外，我当时还参与了“语言及城市生活基本常识培训”，给村民讲解如何去医院挂号看病、如何辨认食品安全保质期、如何烹炒基本的家常菜等。一个多星期后，我们离开村子前往沱沱河，村中男女老少身着民族服装赶到曲麻莱县驻格尔木昆仑民族文化村管理委员会（以下简称“管委会”）办公大楼的院子里，载歌载舞，为我们送行。彼时的我尚未有敏感的学术研究意识，但却在村民跳锅庄时飞扬的沙土中涌起难以言说的情绪，我很想知道，十年后，他们会搬回牧区还是会选择留在格尔木？

2009 年：协助调查者

从青海回来后，我回到原来的生活轨迹，内心深处却总觉得应该着手昆仑民族文化村的相关研究。然而，我以前所学专业是中国现当代文学，缺乏对民族学、文化人类学的系统了解。在征求硕士导师李怡教授意见后，我决定继续求学。在我准备考试的过程中，四川师范大学的周宇邀请我与他一同前往昆仑民族文化村做调研。2007 年时，周宇是“绿色江河”的志愿者领队。2009 年 7 月，我们第二次到达昆仑民族文化村，主要就后续产业可持续发展问题展开调研。

彼时回到村里，昆仑民族文化村靠近青藏公路一侧种上了细小孱弱的沙柳树。后续产业方面，嘛呢石雕刻厂的生意尚好，新增加的服饰加工、牛羊头饰加工等项目似乎也有大好的前景。原来修建的蔬菜暖棚里面，各种蔬菜也长势喜人。为了对比生态移民迁出地的情况，我们与村里人挤坐在一辆面包车里，用了近 12 个小时才抵达曲麻莱县城。在县城宾馆安顿好后，我们就去三江源办公室找相关工作人员了解情况。在 4500 米高海拔的曲麻莱县，我们的身体有了高原反应，只能慢慢走路，轻声说话，不敢多喝水，也不敢吃得太饱。在曲麻莱县，我第一次见到了绿油油的大草场，对生态移民原来的牧区生活环境有了大致了解。此外，我们还去探访了县城附近约改镇的生态移民村，知悉了城镇集中安置生态移民方式的情况。

正是在 2009 年的这次非正式调研中，我的思考往前推进了一步：如果说后续产业是要通过发展经济与稳定就业来保障生态移民的生活步入正轨，那么，在吃饱饭后，生态移民的精神世界与文化需求、宗教生活需求等是否也应该引起足够的重视呢？调研回来，我投入紧张的博士入学备考中，我希望能换个与人类学相关的专业，以便将来能深入地思考三江源生态移民问题。

2010 年：纪录片拍摄

2010 年，我终于拿到四川大学文学与新闻学院文学人类学专业的博士研究生入学通知书。当年 7 月，我与周宇趁着暑假又去了移民村。这次，我们试图用摄像机记录一户生态移民家庭的生活。我们将 29 号家庭，即原曲麻河乡多秀三队的丹珠一家定为我们的拍摄对象。除了追踪拍摄丹珠与妻子、儿子和外孙女在移民村的生活外，我们还去了曲麻莱县城拍摄丹珠的二女儿白玛措的生活。这次去曲麻莱县城，因为车子在不冻泉附近抛锚，我们在那里苦等了 6 个小时，天黑的时候，我们才到达曲麻河乡，只得在漆黑停电的乡上住下，第二天早上再赶往曲麻莱县城。2010年，整个曲麻莱县城都在修路，一派忙乱的景象。

往返曲麻莱县城与昆仑民族文化村的路途自然艰辛。然而，这次去移民村，让我有些喜出望外。因为我们第一天到达村子时，在路口望见熟识的村民卓玛，卓玛隔着老远的距离对着我们喊："你们什么时候回来的啊？这次回来待多久？"这个"回来"，某种程度上意味着我们已经熟识，我甚至窃喜，认为我们多少被移民村村民所接纳。从青海回来，我们仍与部分村民保持着联系。我从重庆搬到成都，开始在四川大学学习。

2011年10月，教育部开始组织申报2012年的人文社会科学基金项目。我认为是时候将以往的思考变成具体的研究了。

2. "三江源生态移民飞地"学术研究的重要性

前面提到昆仑民族文化村是跨州县安置的生态移民村，迁出地在青海省玉树藏族自治州曲麻莱县，迁入地在青海省海西蒙古族藏族自治州格尔木市。迁入地与迁出地的自然环境与人文环境发生了较大改变。根据前期田野调查，课题组绘制了"昆仑民族文化村搬迁前后生境与生活方式对比"表（见表0-1）。

表0-1　　昆仑民族文化村搬迁前后生境与生活方式对比①

项目	搬迁前（玉树州曲麻莱县叶格乡与曲麻河乡）	搬迁后（海西州格尔木市南郊）
自然地理	地处三江源自然保护区核心区，海拔4600米	青藏高原腹地，市区平均海拔2800米

① 此表在周宇硕士学位论文的基础上修改而成。参见周宇《三江源生态移民与后续产业可持续发展——以青海省格尔木昆仑民族文化村为例》，硕士学位论文，四川师范大学，2010年。

续表

项目	搬迁前（玉树州曲麻莱县叶格乡与曲麻河乡）	搬迁后（海西州格尔木市南郊）
气候	高原寒带半湿润半干旱气候，冷季长，年平均气温低，无绝对无霜期	高原大陆性气候，干燥少雨，夏凉冬寒，日温差大
人口	全县藏族人口占97.6%	全市藏族人口占4.2%
生计方式	畜牧业为主	外出务工（建筑工地、服务行业）
宗教信仰	藏传佛教	藏传佛教。附近无白塔与寺院，天葬须返回牧区的寺院进行
交际语言	藏语康巴方言	社区内：藏语康巴方言 社区外：汉语普通话
日常服饰	女性：藏族传统服饰	中老年女性：传统藏族服饰
		年轻女性：便装
饮食结构	以牛羊肉和奶制品为主	面食与蔬菜食用比例增多
居住情况	夏季帐篷，冬季矮砖房	政府统一修建：砖房，三室一厅一厨一卫
交通	摩托车，骑马	公交车、摩托车、汽车

从表0-1能了解到搬迁前后的一般情况。昆仑民族文化村的生态移民从草原牧区搬迁到大城市格尔木郊区，无论是自然环境的改变还是人文环境的差异，都称得上是剧烈的。针对三江源生态移民过程中出现的这种异地安置类型，杜发春受“飞地”（enclaves）概念启发，提出“三江源生态移民飞地”，并做了界定。“三江源生态移民飞地”，即为了保护三江源的生态环境，原来居住在这片区域的藏族牧民，在国家的安排下进行跨越县级或以上行政区域的搬迁后所形成的生态移民新村。根据迁入地与迁出地归属于不同的行政区域，杜发春先生又

将三江源生态移民飞地分为跨州飞地与跨县飞地两种。[①] 昆仑民族文化村即跨州飞地。与另外两个三江源生态移民飞地果洛新村（从果洛州玛多县黑河乡和黄河乡搬到海南州同德县）与河源新村（从果洛州玛多县扎陵湖乡搬到果洛州州府玛沁县大武镇）相比，昆仑民族文化村迁入地与迁出地的藏族人口比例变化最大。在迁出地曲麻莱县，藏族人口占 97.6%；搬到迁入地格尔木市后，藏族人口仅占 4.2%。这意味着在牧区原本是主体民族的藏族牧民，搬迁后就变成了城市里的少数民族。

此外，政府修建的安置房特意保留了藏族传统建筑的特色，此举却将安置区的建筑与迁入地建筑完全区别开来。从这个角度来讲，昆仑民族文化村不仅是跨州飞地，同时还类似于“民族飞地”（ethnic enclaves）。Wilson 和 Portes 在对美国迈阿密地区的古巴移民劳动力市场经验的研究中，提出民族飞地的经济发展模式。按照 Wilson 和 Portes 的解释，民族飞地即指少数民族移民聚集在某一特定的城市或地区，这些民族有特定的文化特征，坚守自己的语言与习俗，因此与美国境内的原住民相比，他们被文化同化的可能性更小。[②] 本书将昆仑民族文化村视作民族飞地主要在于：根据 2010 年全国人口普查数据，迁入地格尔木市的汉族人口占 69.82%，回族人口占 20.34%，藏族人口只占 4.2%。然而，在昆仑民族文化村与长江源村这两个生态移民安置点内，藏族人口占了 99%以上。无论是在语言使用、衣食住行方面，还是在宗教信仰方面，格尔木市南郊的两个生态移民村——昆仑民族文化村和长江源村都与迁出地格尔木市“格格不入”。

---

① 参见杜发春《三江源生态移民研究》，中国社会科学出版社 2014 年版，第 63—67 页。

② Kenneth L. Wilson and Alejandro Portes, “Immigrant Enclaves: An Analysis of the Labor Market Experiences of Cubans in Miami”, *The American Journal of Sociology*, Vol. 86, No. 2 (Sep., 1980), pp. 295-319.

因而，可以将长江源村与昆仑民族文化村视作三江源生态移民民族飞地。不过，因长江源村从唐古拉山搬到格尔木，其搬迁前后行政归属均为格尔木市，长江源村是本行政区内的民族飞地，昆仑民族文化村则是跨州县的民族飞地。

从国家的层面来看，三江源生态移民工程的实践既关乎经济的发展、环境的保护，又关乎社会政治的稳定。对三江源生态移民工程中的迁移人群——生态移民来讲，尤其是三江源生态移民飞地的生态移民，移民后，他们原有的生产体系解体，原有的生产性财产丧失，原有的收入来源被迫中断。在新的安置点，他们原有的畜牧业生产技能无从发挥，在新的生产技能未获取前，他们只能束手束脚甚至感到自卑。除了生计方面外，生态移民飞地的文化生活亦需要克服诸多困难与不适。对藏族生态移民而言，最基本的一个问题就是迁入地如何最大限度地满足生态移民的日常生活与宗教生活需求。假如这些需求不能得到解决，那么生态移民的生活就需要不断地做出调适。随着移民定居时间的推移，三江源生态移民的生计方式与生活方式都会显示出调整、改变、适应、融合的痕迹，这也就是文化的变迁与身份的认同问题。

针对以往的三江源生态移民研究，徐君指出，有关三江源生态移民安置方式问题、后续产业生存问题、民族文化保护问题、移民心理适应等问题涉及较少。她强调在具体的研究中，必须考虑到移民群体的社会性、文化性、主体性，应将民族社群社会变迁和生态建设工程的可操作性综合起来。[①] 实际上，后来的研究者对后续产业生存方面的关注有所提升，但对移民群体的民族文化传承与保护、移民的生活适应与文化变迁的关注并没有跟进。就三江源移民飞地的情况，杜发春先生在田野考察基础上指出，其中存在文化变迁冲突、产业转型冲

① 参见徐君《三江源生态移民研究价值取向》，《西藏研究》2008年第3期。

突、移民管理冲突、移民返迁冲突和草场管理冲突。① 其中，文化变迁冲突究竟会对飞地移民生产生活的展开、社会的稳定、文化的承继产生怎样的影响，这个问题亦未引起学界的足够重视。与文化变迁相伴的，还有飞地移民对自我身份的认同，是牧民、生态移民，还是城市居民的身份选择，将影响着整个移民群体及其后代的社会生活与文化生活的取向。

在拟定"青海三江源生态移民的文化变迁与身份认同研究"作为研究课题之前，笔者曾阅读过《青海三江源自然保护区生态保护和建设总体规划解读》，项目方列出了14项科研课题及应用推广研究，包括了生物多样性、濒危物种、后续产业等各方面，却唯独缺少了对生态移民的文化、心理与身份认同的关注。因此有必要将此提出来，引起学界的关注与讨论。

第二节　研究现状

世界上许多国家都有因为气候变化和水资源短缺等环境问题而迁移的人群，并非只有中国才有生态移民政策。因此，本书将尽量从国内研究与国外研究两方面对比进行观照。

一　国内外生态移民研究概述

（一）国内生态移民研究概况

就目前而言，国内生态移民主要集中在以下几个方面。

---

① 参见杜发春《三江源生态移民研究》，中国社会科学出版社2014年版，第67—82页。

1. 生态移民的概念与分类

首先，对生态移民的定义。

关于“生态移民”一词的用法，最早可追溯至 1899 年。彼时，美国的植物生物学家考尔斯（Henry Chandle Cowles，1869—1939 年）在研究密歇根湖畔的沙丘植被的生态关系时，将生物群落迁移（biological community migration）的概念运用到生态学中。[①]

目前，学界对生态移民的界定各有侧重，一是强调生态移民的目的层面。如宋建军认为生态移民是以消除贫困、发展经济和保护生态环境为目的，把位于生态脆弱区或重要生态功能区的人口和经济活动向其他地区迁移，从而实现经济、社会与人口、资源、环境的协调发展。[②] 二是强调生态移民的原因层面。如葛根高娃与乌云巴图认为生态移民是因为生态环境恶化导致人们的利益受到损害，人们被迫更改生活地点、调整生活方式的一种经济行为。[③] 三是结合目的与原因层面的综合界定。如包智明认为，生态移民是因为生态环境恶化或为了改善和保护生态环境所发生的迁移活动，以及由此活动而产生的迁移人口。[④]

此外，新吉乐图等学者指出人类的生产活动造成了生态环境的破坏，并同时强调生态移民是一项国家环境政策，并不是简单的经济行

---

① Henry Chandle Cowles， “The Ecological Relations of the Vegetation of the Sand Dunes of Lake Michigan”, Adopted from the New Encyclopedia Britannica, Micropedia, Volume Ⅲ, Ready Reference and Index, Chicago University Press, in *Botanical Gazette*, Vol. 27, No, 2 (Feb., 1899), pp. 97-117.

② 参见宋建军、张庆杰、赵晓英《中国生态移民的起源和发展》，色音主编《生态移民的环境社会学研究》，民族出版社 2009 年版，第 6—7 页。

③ 参见葛根高娃、乌云巴图《内蒙古牧区生态移民的概念、问题与对策》，《内蒙古社会科学》2003 年第 2 期。

④ 参见包智明《关于生态移民的定义、分类及若干问题》，《中央民族大学学报》（哲学社会科学版）2006 年第 1 期。

为。[①] 中央民族大学的任国英教授亦指出，生态移民的实质是人与生态环境关系的调整，势必与人民群众的当前经济利益和长远的可持续发展相关联。[②] 杜发春从生态移民工程多集中在中国西部地区，谈到其中还包含学者提及的生态、经济、文化和民族四重属性。[③]

需要指出的是，国内学术界常出现生态移民、工程移民、水库移民等混用的现状。此外，“环境移民”一词亦常被部分学者用来指“生态移民”。广义来讲，环境移民是人类生存的自然环境和人居环境受到突发或渐进式的不利影响而产生的各种人口迁移活动。[④] 相较而言，“生态”一词所涵盖的范围要更广一些。检索中国知网 1985—2015 年的文献发现，篇名中含有“环境移民”的文献为 476 条，含有“生态移民”的文献为 2628 条，“生态移民”一词的接受度明显更高，这或许与“生态移民”一词被写入政府发布的《退耕还林条例》有关。

其次，生态移民的分类界定。

因为分类视角的多元化，学界对生态移民的分类亦呈现出多样化的态势。目前，主要有以下几种分类：一是根据迁移过程中是否有政府参与主导，分为自发性生态移民与政府主导生态移民；二是根据移民主体对迁移是否拥有决定权，分为自愿生态移民与非自愿生态移民；三是根据迁移的社区是否为整体迁移，分为整体迁移生态移民与部分迁移生态移民；四是根据迁移后移民群体赖以谋生的主导产业类型，分为牧业转农业型、舍饲养畜型、非农牧业型和产业无变化型等；

---

① 参见新吉乐图主编《中国环境政策报告：生态移民》，内蒙古大学出版社 2005 年版，第 1 页。

② 参见任国英《内蒙古鄂托克旗生态移民的人类学思考》，《黑龙江民族丛刊》2005 年第 5 期。

③ 参见杜发春《三江源生态移民研究》，中国社会科学出版社 2014 年版，第 7 页。

④ 参见郑艳《环境移民：概念辨析、理论基础及政策含义》，《中国人口·资源与环境》2013 年第 4 期。

五是根据迁移距离的远近，分为就地迁移与异地迁移；[①] 六是根据迁出地的生态环境类型，分为生态脆弱区移民与重要生态区移民[②]。一般情况下，一个地方的生态移民可能是非自愿生态移民，亦可能是异地迁移的生态移民。究竟属于哪种类型的生态移民，要视具体情况而定。

整体来看，国内学界尚未对“生态移民”的概念及分类形成统一的界定。这种纷呈的论说恰好说明生态移民问题的复杂性。因此，在看待生态移民的时候，需要突破有限的语境，兼顾地方与国家、东部与西部、游牧文明与农耕文明、全球生态危机与工业文明等话语。

2. 对生态移民政策及其实践的反思

在政府主导下实施的生态移民工程，不仅关系西部地区脆弱环境的保护与修复，还同时关涉农牧民的生计选择、社会适应与文化传承等问题。随着时间的推移，生态移民村凸显的问题愈加明显，面临的挑战亦越来越多。不少学者针对这些问题，反思生态移民政策及其具体实践。

（1）关于生态移民政策的研究专著中，有 5 本值得细加关注。按照出版时间，第一是由新吉乐图主编的《中国环境政策报告：生态移民》论文集，中日两国学者考察了内蒙古、新疆等地的生态移民，分别从生态角度、经济角度、文化角度对生态移民的生业转换、移民效益、文化适应等进行了深入剖析。[③] 第二是阿布力孜·玉素甫出版的《新疆生态移民》一书。作者在考察新疆生态移民的背景、途径、类型及影响等基础上，提出建构生态移民效益的基本思路，以及新疆生态移民评价的指标体系。[④] 第三是谢元媛博士的《生态移民政策与地

① 参见孟琳琳、包智明《生态移民研究综述》，《中央民族大学学报》2004 年第 6 期。

② 参见《生态移民的起源和发展》，色音、张继焦主编《生态移民的环境社会学研究》，民族出版社 2009 年版。

③ 参见新吉乐图主编《中国环境政策报告：生态移民》，内蒙古大学出版社 2005 年版。

④ 参见阿布力孜·玉素甫《新疆生态移民》，中国经济出版社 2009 年版。

方政府实践：以敖鲁古雅鄂温克生态移民为例》，她从“规划现代化”及其治理的角度，考察分析了狩猎部落敖鲁古雅鄂温克生态移民点。她指出，国家的“生态移民”政策是根据中央政府提出的“综合发展观”中的“可持续发展”理念而来的。在地方政府实践“生态移民”工程的话语中，却存在词语使用转义，以及忽视猎民主体性的情况，因此政府的规划导致现代猎民与传统牧民的双重不满。① 第四是包智明、任国英主编的《内蒙古生态移民研究》，该书以锡林郭勒盟苏尼特右旗宝力嘎移民村为个案，考察了政府、市场与农户的关系、社区的建构，以及经济与社会生活变迁等。② 第五是杜发春的《三江源生态移民研究》一书。作者考察了搬迁牧民的后续生计与就业类型、迁出地的草原管理与社区扶贫等。此外，作者还单列一章介绍了国外移民搬迁的经验及启示。③

以上 5 本著作所考察的田野点涵盖了生态移民的大部分区域，从内蒙古、新疆到三江源，其考察的地域、生态移民的民族身份、生计类型等各有特点。这几本专著都是在田野考察基础之上对生态移民政策及其实践展开的学理性思考，各有侧重，又相互补充，是了解我国生态移民政策及其实践的重要著作。

（2）生态移民后续产业可持续发展研究。随着生态移民工程的推进，后续产业可持续发展问题成为生态移民工程的重点建设项目。不少论文就生态移民的后续产业发展进行了考察与反思。如骆桂花在考查了三江源生态移民安置的后续产业发展后指出，移民安置及发展模式的不完善，以及畜牧业发展水平和产业化经营水平低等，在某种程

---

① 参见谢元媛《生态移民政策与地方政府实践：以敖鲁古雅鄂温克生态移民为例》，北京大学出版社 2010 年版。

② 参见包智明、任国英主编《内蒙古生态移民研究》，中央民族大学出版社 2011 年版。

③ 参见杜发春《三江源生态移民研究》，中国社会科学出版社 2014 年版。

度上限制了生态移民工程的绩效。[①] 中央民族大学的张丽君与吴俊瑶考察了阿拉善盟一生态移民点，分析了生态移民后续产业中存在的问题与困难，如水资源状况的限制；第二、第三产业就业难度大；缺乏针对生态移民后续产业发展的专项扶持政策及资金投入等。同时，她们亦提供了一些政策建议，如因地制宜培育和发展生态移民后续产业向绿色产业发展；完善第二、第三产业的专项扶持机制；加强生态移民的择业培训，拓宽就业领域。[②]

从研究趋势来看，在初期，学界与地方政府都专注于后续产业发展的模式探究，较少关注生态移民主体在其间的关键作用。随着时间推移，后续产业发展中暴露出的问题增多，地方政府与学界方才意识到其重要性。

（3）生态移民的社会适应与文化变迁研究。近年来，关注生态移民群体的文化适应与文化变迁的著述呈上升趋势。这些著述的研究对象主要集中在内蒙古、贵州与宁夏等地的生态移民。

相关研究论文有李生的《生态移民对文化变迁作用的思考——以内蒙古草原生态移民为例》、马晓梅的《宁夏生态移民社会适应性问题的调查研究》与丁凤琴的《西部少数民族聚居区生态移民人口迁移的文化适应——以宁夏中部干旱带地区为例》等文，这些文章从物质文化、精神文化的综合视角来看生态移民的文化适应问题。[③] 此外，有些学者侧重于从某一文化的前后对比来谈生态移民的文化变迁，如

---

① 参见骆桂花《三江源生态移民安置与后续产业发展的社会调查》，《青海民族学院学报》（社会科学版）2009 年第 2 期。

② 参见张丽君、吴俊瑶《阿拉善盟生态移民后续产业发展状况及对策研究》，《民族研究》2012 年第 2 期。

③ 参见李生《生态移民对文化变迁作用的思考——以内蒙古草原生态移民为例》，《探索》2012 年第 5 期；马晓梅《宁夏生态移民社会适应性问题的调查研究》，《中共银川市委党校学报》2013 年第 2 期；丁凤琴《西部少数民族聚居区生态移民人口迁移的文化适应——以宁夏中部干旱带地区为例》，《农业经济问题》2015 年第 6 期。

沙拉古丽·达吾来提拜的《哈萨克族牧民定居与饮食文化的变迁》一文，研究者选取饮食文化这一切入点，讨论了传统食物来源被切断后，生态移民的饮食生活所发生的变化。① 吴晓秋的《论贵州生态移民传统节日文化的变迁》一文，则是从传统节日的前后对比来谈生态移民的文化变迁。②

相关专著有阿拉腾的《文化的变迁：一个嘎查的故事》，作者以个案切入，研究了内蒙古游牧民族及其生态背景、变迁的潜势及展开、对环境的改造、文化演变的限制等。③ 马伟华的《生态移民与文化调适——西北回族地区吊庄移民的社会文化适应研究》一书，作者以回族吊庄为个案，从生活适应、观念适应及宗教文化调适三个方面考察分析了吊庄生态移民的文化调适问题。④

总体来看，国内生态移民研究经历了两个阶段，一是生态移民工程施展初期的研究初兴阶段（2002—2007 年）；二是随着生态移民工程推进的研究纵深阶段（2008 年至今）。⑤ 研究初兴阶段关注生态移民的政策、补偿机制、生态效益、存在问题等；研究纵深阶段开始将关注重点放在后续产业发展、生态移民的社会适应、文化变迁等方面。从最初主要表现为经济学、管理学、社会学方法的介入，人类学、民族学、生态学、藏学等多个学科的方法被运用其中。

---

① 参见沙拉古丽·达吾来提拜《哈萨克族牧民定居与饮食文化的变迁》，《中国穆斯林》2009 年第 4 期。

② 参见吴晓秋《论贵州生态移民传统节日文化的变迁》，《贵州师范大学学报》（社会科学版）2015 年第 1 期。

③ 参见阿拉腾《文化的变迁：一个嘎查的故事》，民族出版社 2006 年版。

④ 参见马伟华《生态移民与文化调适——西北回族地区吊庄移民的社会文化适应研究》，民族出版社 2011 年版。

⑤ 这一研究分段，与杜发春先生所提一致。参见杜发春《三江源生态移民研究》，中国社会科学出版社 2014 年版，第 13 页。

（二）英语文献中的中国生态移民研究动向

2001年，南蒙古人权信息中心电子刊物《南蒙古观察》（*Southern Mongolia Watch*）上刊出了 Enhebatu Togochog 的《内蒙古的生态移民与人权》一文，将中国的“生态移民”介绍到西方英语世界。[①] 国外学者通常在全球生态危机背景下，将人口、环境与贫困问题联系起来加以考察。

英语文献中对中国生态移民的研究，表现在以下几个方面。

1. 相关英文专著

中文研究专著的英文版发行。目前，国内部分生态移民方面的研究专著已有英文版发行。如前面提到的由中日两国学者编写的《中国环境政策：生态移民》一书，已于2010年在瑞士伯尔尼出版；[②] 李培林与王晓毅主编的《生态移民与发展转型：宁夏移民与扶贫研究》一书，于2015年在纽约出版。[③] 中文专著的英文版出版，既为英语世界了解中国的生态移民及其研究提供了媒介，同时也意味中国生态移民研究愿意接纳不同的意见与批评。

其他英文专著有 Åshild Kolås 与谢元媛编辑的《重申森林：敖鲁古雅的鄂温克驯鹿民族》。这本集子是挪威奥斯陆和平研究机构与中国社会科学院合作项目“中国的畜牧业：政策与实践”的成果，由挪威政府资助。就目前而言，这是第一本专门介绍鄂温克族的英文专

---

① Togochog，Enhebatu，“Ecological Immigration and Human Rights in Inner Mongolia”，*Southern Mongolian Watch*，参见 http：//www. smhric. org/AAS _ 2. htm。

② Nakao Masayoshi，Yuki Konagaya and Shinjilt Chimedyn eds.，*Ecological Migration*：*Environmental Policy in China*，Bern：Peter Lang，2010.

③ 参见李培林、王晓毅编《生态移民与发展转型：宁夏移民与扶贫研究》，社会科学文献出版社2013年版。Li，Peilin and Wang，Xiaoyi. eds.，*Ecological Migration*，*Development and Transformation*，*A Study of Migration and Reduction in Ningxia*，New York：Springer，2015.

著。该书考察了鄂温克族的历史，以及生态移民后的定居生活现状，研究的话题包括传统与现代、发展与保护及少数民族的文化存续等。全书由五部分组成：一是“序言：从游牧到定居”；二是“遭遇鄂温克族”；三是“移民：流动不定的驯鹿民族”；四是“表述：定义驯鹿鄂温克的文化与身份”；五是“地方声音”。① 尤其值得重视的是，最后一部分“地方声音”是由敖鲁古雅的鄂温克牧民自己讲述的个人故事。这样的叙事结构安排，其实意味着对生态移民的研究，必须倾听移民主体的声音。这也同时说明，该研究是官方、学界与当地社区的合作实践。

2. 英文期刊专辑的刊行

《游牧民族》（*Nomadic Peoples*）杂志曾于 2012 年编辑了一期“中国草原牧区发展研究专刊”——《中国草原的生态叙事：以人为本观》。该专刊有 7 篇文章，其中 3 篇关于内蒙古、3 篇关于青藏高原、1 篇关于新疆。瑞典斯德哥尔摩大学、英国苏塞克斯大学、中国社会科学院、中国人民大学、四川省民族研究所、新疆师范大学、西藏农牧学院等机构的学者就中国草原变化的历史、气候变化和牧区发展与牧区生态移民等问题进行了探讨。②

3. 部分论坛相关发言

某些机构与组织的学术论坛，常涉及中国的生态移民研究。部分发言稿虽未正式刊行，但仍然是重要的文献。

---

① Åshild Kolås and Xie, Yuanyuan. eds., *Reclaiming the Forrest: The Ewenki Reindeer Herders of Aoluguya*, Olso: Berghahn Books, 2015.

② Du, Fachun. ed., “Ecological Narratives on Grasslands in China: A People-Centred View”, *Nomadic Peoples*, 16.1. Published by Berghahn Journals, New York, Nov., 2012. 相关中文信息报道可参见尚莹莹《〈中国草原的生态叙事：以人为本观〉出版》，中国社会科学院民族学与人类学研究所网站（http://iea.cass.cn/content－BA0520－2013020512314563
654.htm）。

一是亚洲研究会年会。2005 年 3 月 31 日至 4 月 3 日于芝加哥举行的年会上，第 187 个议题，即“中国与内亚环节”，下设有“生态移民：内蒙古的环境、民族与人权”的专题。此专题由印第安纳大学的 Christopher P. Atwood 主持。来自东伦敦大学的 Jeannine W. Brown 与其他学者从人权话语、草原发展与生态建设等角度对此作了积极的探讨。①

二是国际人口会议。澳大利亚弗林德斯大学与麦考瑞大学的 Yan Tan 与 Fei Guo 在 2009 年 9 月于摩洛哥召开的国际人口会议上，做了题为《中国西部环境导致的移民》的发言，对中国的生态环境与环境移民做了整体介绍。②

此外，还有 2009 年于昆明召开的第十六届国际人类学民族学年会。会议设有“游牧社会的变迁及发展”专题，其中有 20 余篇文章谈及生态移民。③ 2016 年 3 月 24 日至 4 月 2 日的“移民与安置国际网络”年会上，斯德哥尔摩大学的张倩的报告从政治生态学的视角考察了内蒙古的生态移民与环境改变。④ 美国进步网站亦有部分文章探讨了中国的环境与移民，如考察报告《中国的气候变化、移民与非传统安全威胁》讨论了中国的人群流动，以及城市化的挑战，其中的个案

---

① Jeannine W. Brown etc, *Session on Ecological Migration* : *Environment*, *Ethnicity*, *and Human Rights in Inner Mongolia*, The Association of Asian Studies Annual Meeting, March 31－April 3, 2005, Hyatt Regency, Chicago, USA. http: //aas2. asian-studies. org/absts/2005abst/China/C－187. htm.

② Tan, Yan and Guo, Fei, Environmentally Induced Migration in West China, Paper prepared for the XXVI IUSSP International Population Conference, Morocco, September 2009.

③ 转引自杜发春《三江源生态移民》，中国社会科学出版社 2014 年版，第 12 页。关于 IUSES Congress 第 16 届年会信息，参见 http: //www. iuaes. org/congresses/2009china. html。

④ Zhang Qia, “Adapting to Environmental Change through Resettlement? A Political Ecology Study of Ecological Resettlement in Inner Mongolia, China”, International Network on Displacement and Resettlement Annual Meeting Program, 24 March－2 April, 2016.

涉及北京地区、长江三角洲、珠江流域、新疆、重庆等地。[①]

4. 其他相关论文

捷克帕拉茨基大学的 R. Stojanov 与俄斯特拉大学的 J. Novosak 撰文《中国的生态移民》，从长江源头的环境恶化谈起，分析介绍了长江三峡大坝的环境移民。[②] 美国科罗拉多大学的叶婷（Emily T. Yeh）的《中国的政治生态学》一文，从政治生态学的角度考察中国环境问题。[③]

美国地理学家协会编辑的特刊《中国特征的移民与安置》，其中有一篇《逃离是最好的方式吗？贵州的少数民族生态移民》，考察分析了贵州少数民族地区的生态移民。[④] 旅行作家 Wade Shepard 在其个人博客上，以生动的图文叙事分析了生态移民后，贵州少数民族社区原本自给自足的经济遭遇瓦解，其传承千年的传统与文化亦面临着断裂的危险。[⑤]

总体而言，就中国的生态移民问题，大多数西方学者主要关注移民工程与生态恢复之间的有效性，移民主体定居后的生活适应、文化变迁与身份认同。同时，他们习惯从全球环境、政治生态学、民族问题及人权问题的话语角度剖析中国的环境政策。

---

① Werz, Michael and Reed, Lauren, "Climate Change, Migration and Nontraditional Security Threats in China", May 2014.

② R. Stojanov, J. Novosak, "Environmental Migration in China", *Geographica*. 39, 2006, pp. 65-82.

③ Emily T. Yeh, "Political Ecology in and of China", in Raymond L, Bryant ed., *The International Handbook of Political Ecology*, Cheltenham, UK. Northampton, Massachusetts, USA, 2015, pp. 619-632.

④ Wu, Jiaping, "Running Away Is the Best? Ecological Resettlement of Ethnic Minorities in Guizhou, China", in Mark Wang and Kevin Lo. eds., *AAG Special Issue: Displacement and Resettlement with Chinese Characteristics*, 35, pp. 95-112.

⑤ Wade Shepard, "A Look at the Two Million Person Relocation in Guizhou, China", 参见 http://www.vagabondjourney.com/is－the－largest－migration－in－history－happening－in－guizhou－china/。

二 国内外三江源生态移民研究概述

(一) 国内学界三江源生态移民研究

整体来看，国内学界对三江源生态移民的研究主要从四个方面展开：一是补偿机制的讨论；二是后续产业可持续发展研究；三是社会文化适应调查研究；四是移民子女教育问题。在三江源生态移民工程施行初期，上述研究倾向于用技术指标与数字说明问题，主要探讨生态移民政策的动因与补偿政策。随着牧民定居，人类学、社会学、民族学与藏学等领域的学者开始关注三江源生态移民的社会生活、文化适应、身份转换，以及传统文化的持续发展等问题。

1. 后续产业发展方面的研究

近年来，针对三江源生态移民后续产业发展研究的文章集中在以下几个方面。

一是侧重生态移民后续产业发展模式的探讨。如赵宏利、陈修文等在《生态移民后续产业发展模式研究——以三江源国家级自然保护区为例》一文中，以三江源国家级自然保护区为例，根据生态移民的特殊性，提出了适合当地不同时期、不同类型的四种后续产业发展模式，即基本生存型、脱贫型、小康型、富裕型。① 刘晓平的《三江源地区生态移民后续产业发展模式分析》一文，针对实际存在的问题构建经济模型，指出适宜的发展模式。②

二是侧重后续产业的现状与原因调查。如四川师范大学周宇的硕士学位论文《三江源生态移民与后续产业可持续发展——以青海省格

① 参见赵宏利、陈修文等《生态移民后续产业发展模式研究——以三江源国家级自然保护区为例》，《生态经济》2009 年第 7 期。

② 参见刘晓平《三江源地区生态移民后续产业发展模式分析》，《社会纵横》2013 年第 3 期。

尔木昆仑民族文化村为例》，探讨了昆仑民族文化村的基础建设、后续产业发展等。[①] 就目前的研究来看，阻碍生态移民后续产业可持续发展的主要原因有内外两方面：内在方面，即生态移民的传统观念、文化素质、掌握技能与原有的生产生活习惯等；外在方面，即新的安置区资源环境的限制、社区发展的成熟度，以及转产项目的选择等问题。

三是针对后续产业发展的现状与原因，同时给出对策建议的综合研究。如马玉成的《“三江源”生态移民后续产业发展的对策措施》。[②] 此外，周华坤等人认为，应加强移民的后期扶持力度，多渠道、多形式培育后续产业，建立完善的多元化生态补偿机制，同时，大力发展特色产业，加大培训力度等。[③] 周宇从经济人类学的视角指出，应在充分认识三江源生态移民历史及文化特质的基础上，充分考虑转产项目的选择、市场及人等三方面环节中的生产资料、劳动力、市场及顾客中的现实因素。[④]

相较早期的研究，近来对三江源生态移民后续产业可持续发展的研究愈加注重“以人为本”，更多关注生态移民观念的改进与技能的培训与提升。同时，愈加注重“以文化为本”，转产项目选择多从民族文化上下功夫，并意识到应尽可能与迁入地资源环境相结合。

2. 社会文化适应与文化变迁方面的研究

三江源生态移民的文化适应与文化变迁研究，较早的论文有百乐·司宝才仁《谈三江源生态移民及其文化变迁》一文。该文从文化

---

① 参见周宇《三江源生态移民与后续产业可持续发展——以青海省格尔木昆仑民族文化村为例》，硕士学位论文，四川师范大学，2010 年。

② 参见马玉成《“三江源”生态移民后续产业发展的对策措施》，《农业经济》2007 年第 12 期。

③ 参见周华坤、赵新全等《三江源区生态移民的困境与可持续发展战略》，《中国人口·资源与环境》2010 年第 3 期。

④ 参见周宇《三江源生态移民后续产业发展的经济人类学个案研究》，《黔南民族师范学院学报》2015 年第 2 期。

生态学角度切入，从理论和现实两个层面论证了三江源生态移民必然带来文化变迁，同时指出生态移民的文化适应是三江源生态移民工程达到预期目的之关键。但该文更多倾向于理论的辨析，生态移民主体在其研究中“在而不在”，属于缺席状态。石德生的《三江源生态移民的生活状况与社会适应——以格尔木长江源生态移民点为例》与解彩霞的《三江源生态移民的社会适应研究：基于格尔木市两个移民点的调查》两文，以格尔木市区的生态移民点为研究对象，讨论了该地生态移民的环境与心理、生产、日常生活、人际和风俗等方面的适应，并对影响其社会适应的原因进行了分析。[①]

近年来，针对三江源生态移民文化调适与变迁的文章相较早期的研究文章，不仅分析了现状与原因，还就不适应现象给出了调整的建议。如韦仁忠在《草原生态移民的文化变迁和文化调适研究——以三江源生态移民为例》一文中谈到，三江源生态移民从游牧地区搬迁到城市生活，属于剧烈的文化变迁。他从物质文化、制度文化与精神文化三个层面对其文化调适做了分析，最后提出整合社区文化、注重移民的再社会化，以及注重能力再造、提供社会支持等调整措施。[②] 祁进玉则在民族学实地调查的基础上，探讨了三江源生态移民的“城镇化异地安置”模式对移民群体生活的综合影响，并提出应该重视和加强生态移民社区的文化重建工作。[③]

这些研究为了解三江源生态移民的文化变迁与文化调适提供了不

---

① 参见百乐·司宝才仁《谈三江源生态移民及其文化变迁》，《青海师范大学学报》（哲学社会科学版）2006 年第 3 期；石德生《三江源生态移民的生活状况与社会适应——以格尔木长江源生态移民点为例》，《西藏研究》2008 年第 4 期；解彩霞《三江源生态移民的社会适应研究：基于格尔木市两个移民点的调查》，《青海社会科学》2009 年第 3 期。

② 参见韦仁忠《草原生态移民的文化变迁和文化调适研究——以三江源生态移民为例》，《西南民族大学学报》（人文社会科学版）2013 年第 4 期。

③ 参见祁进玉《三江源地区生态移民的社会适应与社区文化重建研究》，《中央民族大学学报》（哲学社会科学版）2015 年第 3 期。

同的视角与个案。然而，因为单篇论文叙述的篇幅限度，这部分论文表现为以量化的数据为主，对生态移民这一群体的深度描写不够，显得有些僵化。

3. 生态移民身份认同方面的研究

在少量谈及移民身份认同问题的文章中，表现为主要从社会学的视角出发。如陈琼的《移民身份认同研究——对三峡库区两个案例的解读》一文，主要从社会性别的视角，运用社会认同理论辨析三峡库区生态移民的身份认同，尽管该文讨论的对象不是三江源生态移民，仍然具有重要的现实意义与参考价值。①

就三江源生态移民的身份认同问题进行探讨的文章不多。主要论文有周甜的《牧民？农民？市民？——浅议三江源生态移民社会角色的特殊性》一文，该文具有重要的现实关怀，且有一定的田野调查，但不够深入、细致，因此对生态移民群体社会角色的分析显得有些僵化。② 徐婧的《三江源生态移民身份认同研究——以青海玛多玛查理村为例》一文，讨论了青海玛多玛查里村村民的地域身份认同、社会身份认同与文化身份认同。③ 此外，杜发春在专著《三江源生态移民研究》中，也谈到了生态移民的文化变迁问题。④

4. 生态移民教育研究概况

生态移民教育是生态移民工程的“子工程”之一。然而，学界对三江源生态移民教育的研究文章尚不足十篇。已有的研究中，较早的一篇是郭风波发表在《中国教育报》上的《不能让三江源孩子回去放

① 参见陈琼《移民身份认同研究——对三峡库区两个案例的解读》，《妇女研究论丛》2007 年第 6 期。

② 参见周甜《牧民？农民？市民？——浅议三江源生态移民社会角色的特殊性》，《青海民族研究》2009 年第 4 期。

③ 参见徐婧《三江源生态移民身份认同研究——以青海玛多玛查理村为例》，硕士学位论文，北方民族大学，2015 年。

④ 参见杜发春《三江源生态移民研究》，中国社会科学出版社 2015 年版。

牧》一文，该文谈到乐都一中的“三江源移民子女班”主要承办移民子女初中毕业生的高中教育，此外，为了让三江源移民子女中的初中毕业生获得一技之长后能够顺利就业，青海省教育厅决定扩大规模和层次，从根本上解决移民子女生活方式和出路问题。①

杨俐俐的《教育社会学视角下的生态移民子女教育研究——以三江源某生态移民点部分初中毕业生为考察对象》一文，以三江源某生态移民点部分初中毕业生为考察对象，在分析他们结束义务教育之后的流向基础上，作者指出，生态移民教育政策的制定尚不完善，生态移民教育部门职责分工不明。因此，政策制定忽略了移民子女个体发展的重要性与文化适应问题，也没有考虑生态移民子女接受高等教育的现实困难。此外，还存在职业教育缺失与社区教育措施不配套等现象。文末，作者建议大力发展职业教育和成人教育；增加教师岗位，提高教师质量，增加家长与学校的交流等。此外，该文还提到了“超龄学生”的教育问题，指出应该根据超龄学生的实际情况，因材施教，进行个别特殊的针对性教育。②

武永亮与胡文平认为应该加强生态移民的继续教育工作，因为这是生态移民工程中惠及农牧民生产生活长远发展的重要工作，不仅有利于生态移民更新观念，提高素质，拓宽就业渠道，增加就业机会，还能改善生产和生活条件，提高收入。③ 此外，还有对三江源生态移民迁出地教育现状的研究。周宇认为迁出地教育发展是生态移民教育工程的重要组成部分，对促进三江源生态移民教育事业的整体发展具有举足轻重的作用。因此，他就三江源生态移民迁出地的教育政策、

---

① 参见郭风波《不能让三江源孩子回去放牧》，《中国教育报》2008 年 8 月 27 日第 001 版。

② 参见杨俐俐《教育社会学视角下的生态移民子女教育研究——以三江源某生态移民点部分初中毕业生为考察对象》，硕士学位论文，中央民族大学，2010 年。

③ 参见武永亮、胡文平《三江源生态移民继续教育研究的实践意义》，《理论前沿》2014 年第 6 期。

教育经费、课程设置与教学内容、师资力量与生源状况等进行了田野调查，分析其教育发展方向如何受到特殊自然环境、人文社会环境与教育系统内部因素等方面的影响。①

这几篇研究文章的意义在于，学界终于意识到生态移民子女这一群体教育的特殊性与重要性。然而，现有的研究力度与广度都显然不够。

整体来看，近年来，对三江源生态移民研究的趋势主要表现为：一是对生态移民的生活安置、就业及移民区经济的可持续发展等进行系统的调查和研究；二是提取完整的科学数据，评价生态恢复效能，对所存在的问题提出科学的解决途径并加以实施。上述两方面一直是研究的重点。就生态移民群体文化变迁与身份认同的研究而言，不能仅用“数字”与技术分析说话，还需要真正做到“以人为本”，对生态移民群体的文化适应及其移民子女教育给予充分的关注与体察。

（二）英语文献中的三江源生态移民研究动向

西方人类学者对三江源生态移民的关注较为持久。为了解英语文献中的三江源生态移民研究动向，笔者借助“谷歌学术”与“Jestor”数据库，以“三江源生态移民”（ecological resettlement/migration/relocate in Sanjiangyuan/Three Rivers Headwater）为关键词，检索出数篇相关文献，其中，直接相关的文献有近 30 篇。从目前检索的英文文献来看，针对三江源生态移民的研究集中在三个方面：一是生态移民与合作管理的讨论；二是从牧民的视角重新审视生态移民；三是关注生态移民后牧民的社会适应与文化变迁。

---

① 参见周宇、付海鸿《三江源生态移民迁出地教育现状研究》，《北方民族大学学报》（哲学社会科学版）2013 年第 3 期。

1. 环境保护：生态移民还是合作管理

围绕生态移民与合作管理话题，加拿大非政府组织“起步高原”（Plateau Perspective）的发起人富礼正博士（J. Marc Foggin）撰写了一系列文章。

2005 年，富礼正博士在《遭遇高原：在长江源建立保护与可持续发展的新伙伴关系》一文中以索加乡为个案，考察了该乡牧民如何与长江上游组织（Upper Yangtze Organization）合作，如何获得共同管理自然资源与保护草原生物多样性的实践机会与经验。[①] 2008 年，富礼正博士进一步介绍了治多县的社区合作管理模式，并同时解释了为何生态移民可能不是最好的解决途径之原因。他指出，以保护环境与发展经济、减少贫困为由的生态移民，可能带来高失业率并加深部分牧民的贫困，甚至加重牧民对政府的依赖性，因此，有必要在三江源推广并践行社区合作管理模式。[②]

2010 年，富礼正博士又以“玉树合作发展项目”为个案，阐述了当地社区、地方院校、研究机构及 NGO 组织共同参与项目，如何改善了当地社区的健康卫生与教育环境，如何提高了当地人群的生活质量。文章最后，富礼正再次阐释了合作管理的伙伴模式（co-management）的重要性，即政府应该与生活在牧区的有经验的牧民合作，这样既能提高牧民的社会服务能力，又能有效地保护牧区藏族牧民的文

① Foggin, J. M., “Highland Encounters: Building New Partnerships for Conservation and Sustainable Development in the Yangtze River Headwaters, Heart of the Tibetan Plateau”, in *Innovative Communities: People-centred Approaches to Environmental Management in the Asia-Pacific Region*, J. Velasquez, M. Yashiro, S. Yoshimura and I. Ono (eds), Tokyo: United Nations University (UNU) Press, 2005, pp. 131-157.

② Foggin, J. M., “Depopulating the Tibet Grasslands: National Policies and Perspectives for the Future of Tibet Herders in Qinghai Province, China”, *Mountain Research and Development*, 28 (1), 2008, pp. 26-31.

化价值观。① 这篇文章的重要意义除了重申合作管理的伙伴关系模式外，还在于呼吁政府决策者与相关职能部门倾听牧民的话语，以便让他们成为环境保护的主人。2011 年，富礼正在文中谈到，在生态保护过程中，应该尽可能地保持或延续生态移民的传统生活方式，保护其文化的重要性与独特性，他再次强调合作管理模式的实践意义。②

就合作管理模式的实践推广，富礼正后来又撰写了两篇文章。在《中国西部的牧民与野生动物保护》中，他谈及牧民传统的土地使用方法与生态伦理对生态保护的重要性，提出牧民为代表的地方社区话语应该得到充分重视。③ 在与扎西贡波（音译）合写的《生态移民作为发展与进步的方式》一文中，作者回顾了生态移民实施八年来对社会与发展的重大影响，指出生态移民政策尽管持续至今，但其结果究竟如何尚未得到证实，对定居人群的社会影响究竟是好是坏亦未得到应有的关注。他认为，除了生态移民外，合作管理模式可能是修复生态、应对贫困的另一种解决途径。④

除了富礼正博士外，美国南加州大学美中学院的研究生 Xin

---

① Foggin, J. M. and Torrance-Foggin, Marion E.,"How can Social and Environmental Services be provided for Mobile Tibetan Herders? Collaborative examples from Qinghai Province, China", *Pastoralism: Research, Policy and Practice*, 2011 (1), p. 21.

② Foggin, J. M.,"Rethinking 'Ecological Migration' and the Value of Cultural Continuity: A Response to Wang, Song and Hu", *AMBIO: A Journal of the Human Environment* 40, 2011, pp. 100-101.

③ Foggin, Marc.,"Pastoralists and Wildlife Conservation in Western China: Collaborative Management within protected areas on the Tibetan Plateau", *Pastoralism: Research, Policy and Practice*, 2012, pp. 2-17.

④ Gongbo Tashi and Foggin, Marc,"Resettlement as Development and Progress? Eight Years on: Review of Emerging social and development impacts of An 'Ecological Resettlement' Project in Tibet Autonomous Region, China", *Nomadic Peoples*. Vol. 16, No. 1, Special Issue: Ecological Narratives on Grasslands in China: A People-Centred View (2012), pp. 134-151.

Wang 也谈到了与政府合作和横向管理等途径。[①] Camille Richard 作为独立牧场顾问，曾为中国与蒙古草原地区的多个组织服务，她亦从过去的实践经验指出，非政府组织与当地牧区合作发展可以作为牧民定居与生态移民工程的一种替代方式。[②]

2. 环境正义：生态移民中的牧民话语

与富礼正博士关注牧民的传统生态知识在生态保护中的积极意义一样，部分学者提出应从牧民的视角，重新审思三江源生态移民政策中的环境正义问题。

日本广岛大学的 Yusuke Bessho 在《为生态保护而移民吗？青海果洛藏族自治州的藏族牧民在生态移民政策中的决定过程》一文中指出，通过调查，他发现影响藏族牧民决定搬迁成为生态移民的主要原因并不是为了三江源生态环境的修复，而是其他三个方面的原因：一是移民村的位置是否便利、政府提供的生活设施是否令人满意；二是政府是否保留牧民采集冬虫夏草的权利，以及灵活租赁牲畜等；三是孩子上学是否便利。作者指出，认识到牧民为何愿意搬迁成为生态移民，这对政府未来的决策及实现生态保护的目标至关重要。[③]

韩国国立首尔大学环境研究学院的 Shuang Ma 与 Sha Ma 从环境正义的角度思考三江源区的生态移民问题。他们认为，作为几个世纪才得以建立的生态—社会系统的一部分，牧民并非只是本地生态系统的威胁者，他们同时也是当地自然环境的守护者，通过世代相传的宗

① Wang，Xin，“Participatory Communication and Cultural Continuity Perspectives Regarding Ecological and Environmental Migration in China：A Case Study in Qinghai-Tibetan Plateau”，参见 http：//china. usc. edu/participatory-communication-and-cultural-continuity-perspectives-regarding-ecological-and。

② Richard，Camill，“Developing Alternatives to Resettlement for Pastoralists on the Tibetan Plateau”，*Nomadic Peoples*. Vol. 9，No. 1/2，New Series（2005），pp. 103-106.

③ Bessho，Yusuke，“Migration for Ecological Preservation?” Tibetan Herders' Decision Making Process in the Eco-migration Policy of Golok Tibetan Autonomous Prefecture（Qinghai Province，PRC），*Nomadic Peoples*，19（2015），pp. 189-208.

教与文化习俗，牧民与自然保持和睦共处。因此，与生态环境一样，他们的社会文化观念、传统宗教，以及游牧生活习惯理应加以珍惜与保护。[①]

匈牙利中欧大学的 Tenzin Choekyi 在《反思草原政策：藏族牧民的环境正义》一文中，亦从环境正义的角度提出，为了实现重建草场生态的目的，有必要重新思考当下草原政策的有效性。作者认为，牧民定居工程与生态移民工程固然有其有利的一面，但在实施过程中对牧民的文化、信仰与价值等尊重不够，牧民也在牧场相关政策的决定过程中缺席，这对于草场的主人即牧民而言，显然是不太恰当的做法。[②] 挪威生命科学大学的 Breivik 以其在玉树牧区的田野考察为例，指出如果将草场退化的主要原因归结为过度放牧的话，草原生态的治理便会围绕着控制放牧而进行。如此一来，就会给牧民的生活带来诸多负面影响。作者认为，如果政府想在草原环境保护中扮演更具建设性的角色，就应该整合并强调牧民在草原管护中的积极意义；不然，伴随着牧民定居而来的可能是一系列不可预期的社会问题。[③] 意大利罗马智德大学与巴塞罗那自治大学联合培养的博士生 Jampel Dell'Angelo 亦不认同过度放牧对生态造成威胁的说法。他认为，三江源生态移民政策应该重视牧民世代积累的传统生态知识，因为牧民定居可能带来不可逆转的社会、经济、文化后果，其中就可能包括民

---

① Ma，Shuang and Ma，Sa，"The Environmental Justice in Ecological Immigration：A Case Study of Sanjiangyuan Area"，*Architectural Research*，Vol. 17，No. 4（December 2015），pp. 147-152.

② Tenzin Choekyi，"Rethinking Grassland Policies：The Case of Environmental Justice of Tibetan Nomads"，A thesis submitted to the Department of Environmental Sciences and Policy of Central European University in part fulfillment of the Degree of Master of Science，2014.

③ Breivik，I.，"The Political Ecology of Grassland Conservation in Qinghai Province：Discourse Policies and the Herders"，Master's thesis，Department of International Environment and Development Studies，Norwegian University of Life Sciences，Norway，2007.

族问题的深化。①

法国巴黎高等社会科学研究院 Elisa Cencetti 考察了藏族牧民的草场保护经验，并将他们的生态观点与国家政策话语进行比较。作者指出，牧民与政府对导致当下生态脆弱的原因之认识并不全然相同，与国家生态移民话语政策相反，藏族牧民认为国家生态话语应该倡导回向以往的游牧饲养方式。② 美国科罗拉多大学的叶婷（Emily T. Yeh）从政治空间划分的角度谈到三江源地区草场退化与财产权利之间的纷争。叶婷认为中国的环境保护既可能是对资源与环境治理的乡村政治问题，也可能是复杂的民族政治问题。③

简单来讲，这几篇文章的意义在于将三江源生态移民的主体，即牧民放置在前台，倡导尊重牧民的生态知识与草原游牧文化的应有价值，重新审视草场退化与过度放牧、游牧与定居、经济开发与环境保护等问题，并期望能为决策者将来的政策制定提供新的面向，以便更好地实现三江源区生态保护与经济发展的双重目的。

3. 生态移民的文化变迁与社会生活

实际上，国外学者对三江源生态移民的研究，无论是强调“合作管理”的替代方式，还是强调牧民话语的环境正义视角，都不同程度地谈及了牧民在生态移民村的生活。除了前面对此有所论述的文献外，还有部分学者专门探讨了生态移民的后续产业发展与社会文化生活变迁。

德国柏林洪堡大学的 Jarmila Ptackova 对三江源生态移民的生活

---

① Jampel Dell'Angelo.，“Abusing the Commons? An Integrated Institutional Analysis of Common-pool Resource Governance in Conflict Situations”，La Sapienza Universita di Roma and Universitat Antonoma de Barcelona，2013.

② Cencetti，Elisa，“Tibetan Plateau Grassland Protection：Tibetan Herders' Ecological Conception Versus State Policies”，*Himalaya*，*the Journal of the Association for Nepal and Himalaya Studies*，Vol. 30，No. 1，Article 12，2013，Available at：http：//digitalcommons. macalestereda/himalaya/vol30/iss1/12，pp. 39-50.

③ Emily T. Yeh，“The politics of Conservation in Contemporary rural China”，*The Journal of Peasant Studies*，Volume 40，Issue 6，2013，pp. 1165-1188.

适应与生计问题的关注较为持久。2007年，他在柏林参加“亚洲历史名城文化遗产与可持续发展论坛”时，就提交了题为《西部大开发运动：青海三江源区的新移民点》的发言稿。[①] 后来，Jarmila Ptackova又以青海、四川的藏族牧民定居点为个案，考察分析牧民定居后的社会适应等问题。他指出，在生态移民工程的实施过程中，人们对牧民如何适应城市移民点的新生活问题的重视不够。他列举了其中存在的问题，比如定居点虽然有舒适的房屋与便利的交通，但牧民缺少了稳定的收入来源；政府鼓励经商或者从事旅游服务，但也需要办理相关证件；牲畜仍然是牧民的主要收入来源，在亲戚家寄养牲畜的事情并不是例外，作者预测，未来牧民可能还会继续依靠草原生活。[②]

Jarmila Ptackova在其博士学位论文中亦谈到了三江源生态移民。他指出，生态移民后，牧民生活的最大改变莫过于以前自给自足的生计方式的改变。城镇定居后，家庭开销增加，光靠政府的补贴显然不够。此外，他担忧生态移民工程会让藏族牧民遗失掉与其生活息息相关的文化传统。作者指出，全面改变牧民的生计方式很可能会让藏族牧民处于社会的边缘。与此同时，生态移民村内部发生的新冲突，可能会与政府期望的政治稳定目标背道而驰；牧民社会生活方式的激变，也可能与保护环境的目的相冲突。因此，为了牧民与政府利益的双赢，应该让牧民最大限度地参与计划的制订与实施，让他们掌握与草场相关项目的更多信息；让牧民适应城镇生活不能急于求成，政府应该予以更大力度的支持，直到牧民适应城镇生活并接受了他们的新

---

① Ptackova, Jarmila, “The Campaign to ‘Open Up the West’: New Settlements in Qinghai in the Area of the Three River Sources”, Cultural Heritage and Sustainable Development of Historical Cites in Asian: Berlin, 4.12—5.12, 2007.

② Ptackova, Jarmila, “Sedentarisation of Tibetan nomads in China: Implementation of the Nomadic Settlement Project in the Tibetan Amdo area, Qinghai and Sichuan Provinces”, *Pastoralism: Research, Policy and Practice*, 2011, 1: 4. URL: http://www.pastoralismjournal.com/content/1/1/4.

身份为止。[①]

美国科罗拉多大学的叶婷认为，如何协调并平衡经济发展与生态保护的关系问题至关重要。她指出，搬迁后，生态移民村的社会问题突出，应该引起高度重视。[②] 在另一篇文章中，叶婷认为退牧还草定居工程实施中必须考虑以下问题：一是牧民是否及时得到了生态补偿金，其金额是否与政府当初承诺的一样；二是补偿金能否满足人口较多家庭的日常生活需求；三是牧民如何看待定居，是否满意定居点的周边环境；四是其生态环境有没有受到影响；五是有无新的生存技能、有无接受教育培训等。[③]

为了考察生态移民村的社会适应，部分学者重点考察了牧民的后续生计问题。德国洪堡大学的 Emilia Sulek 考察了安多藏区如火如荼的虫草业。作者发现，牧民现在主要饲养的是牦牛，没有了羊群，似乎也不会对其牧民身份认同带来什么影响。与此同时，作者指出，按照果洛地方生态组织的经验，“牛一羊一马”三位一体一直是草原放牧体制中的核心群体，假如羊群从这个体系中消失，很可能给草原生态环境带来意想不到的恶果。[④] 德国莱比锡大学的安德雷（Andreas Gruschke）博士亦谈到玉树地区虫草与其他高危产品的出现，让牧民与外部经济发生了联系，甚至走入国际市场。作者指出，藏族牧民定居生活方式的改变并非仅仅是因为外界的影响，也是部分牧民自发的

① Ptackova，Jarmila，“The Great Opening of the West Development and its Impact on the life and livelihood of Tibetan pastoralists：Sedentarisation of Tibetan Pastoralists in Zeku County as a result of implementataion of socioeconomic and environmental development projects in Qinghai Province”，P. R. China. Zur Erlangung des akademischen Grades Dissertation，2013.

② Emily T. Yeh，“Greening Western China：A Critical View”，*Geoforum*，40（2009），pp. 884-894.

③ Emily T. Yeh，“Green Governmentality and Pastoralism in Western China：‘Converting Pastures to Grassland’”，*Nomadic Peoples*，Vol. 9，Issues 1 & 2，2005，pp. 9-29.

④ Sulek，Emilia，“Disappearing Sheep：The Unexpected Consequences of the Emergence of the Caterpillar Fungus Economy in Golok，Qinghai，China”，*Himalaya*，*the Journal of the Association for Nepal and Himalayan Studies*，Vol. 30，No. 1，Article 9，2011，pp. 9-22.

结果，因为牧民不可能仅仅依靠牲畜维持生活，除了售卖动物外，他们也愿意选择其他的职业或者商品。[①] 在另一场讲座中，安德雷博士亦谈到牧民通过挖虫草就能获得收入，因此，即使牧民牲畜规模很小，甚至达不到最低牲畜畜养水平，也仍然可以在牧区继续过着传统的游牧生活。[②]

以上学者的论述都基于前期或长或短的田野考察，他们对三江源生态移民工程或肯定或否定。客观来讲，诚如他们所言：以保护生态与发展经济为其主要目的的三江源生态移民，不能忽视牧民搬迁后的社会文化生活与其对自我身份的认同与接受等问题。他们对牧民的殷切关怀、对生态移民政策的持久关注，对于中国当下的生态保护的确具有重要的现实意义。

第三节　研究方法与研究框架

立足于人类学的学术视野与理论背景，本书通过青海省格尔木市南郊昆仑民族文化村这一个案，试图探讨的问题有：三江源生态移民的后续生计如何？生态移民主体的生活适应如何？其传统的游牧文化与藏族文化是否有效承继？他们如何看待自己的身份问题？

为厘清上述问题，本书主要运用人类学，同时综合社会学与教育

---

① Gruschke, Andreas, "Nomads Without Pastures? Globalization, Regionalization, and Livelihood Security of Nomads and Former Nomads in Northern Khams", in Ken Bauer, Geoff Childs, Andrew Fischer, and Daniel Winkler (eds.), *In the Shadow of the Leaping Dragon: Demography, Development, and the Environment in Tibetan Areas*, in: JIATS, 4 (December 2008).

② 转引自李秀英《青藏高原牧民生计座谈会：德国莱比锡大学安德雷博士在中国社科院民族所讲座》，中国社会科学院民族学与人类学研究所网站，2009 年 11 月 17 日。

人类学、文学人类学等多种学科理论，考察昆仑民族文化村这一生态移民村庄，采用访谈法、问卷调查法、参与式观察法、比较分析法等方法展开考察及研究。

在前述基础上，本书拟定的研究框架如下：

第一章“从牧区到城郊：昆仑民族文化村生态移民的背景”：主要从迁入地格尔木市、迁出地曲麻莱县两个方面入手，介绍昆仑民族文化村的布局、现状及其搬迁实施状况。

第二章与第五章为论述的主体框架。章与章之间相互平行，同时又相互关联。“饮食”与“转产就业”关涉生态移民最基本的生存与生计，因此放在前面两章。“日常宗教生活”是生态移民精神生活的追求与呈现，在第四章讨论。生态移民子女问题关涉移民村的未来发展走向，在最后一章中展开讨论。

第二章“糌粑与方便面：饮食中的身份认同”：以生态移民的日常餐饮为主要考察对象，试图了解移民前后的饮食文化变迁。第一节讨论移民搬迁以后，两个外来机构组织的厨艺培训；第二节考察移民村目前的奶茶饮用与糌粑食用状况；第三节对比分析了两份家庭食谱。

第三章“牧民、生态移民与农民工：转产牧民的多重身份”：主要结合生态移民后续产业发展情况，讨论生态移民的身份转换与自我身份认同。第一节介绍昆仑民族文化村的劳务输出与就业培训情况，了解从生态移民到转产牧民的身份转换及其多种可能性；第二节以昆仑民族文化村温室暖棚蔬菜种植的兴起与败落为线索，探讨从牧民到农民的身份转换尝试情况；第三节考察嘛呢石雕刻由工厂到家庭作坊的发展路径，分析从牧民到民族手工艺人的身份转换情况。

第四章“神圣与世俗：城市郊区的日常宗教生活”：重点考察昆仑民族文化村的日常宗教生活的展开。第一节考察了该村的四个宗教生活公共场所；第二节以一户家庭为个案，从家庭内部空间格局考察分析其家庭宗教生活情况。

第五章“教育与出路：第二代生态移民的境遇”：通过个案考察，尽可能立体地展现第二代生态移民搬迁后的生存境遇及其身份认同等问题。第一节考察搬迁之初的“超龄小学生”与“速成班”女学生的教育情况及其生活选择；第二节以在校适龄学生为个案，考察他们对迁出地牧区的了解，以及当下学习、生活、未来憧憬等情况。

结论：回应绪论中提出的问题。由青海格尔木昆仑民族文化村考察中得到的启示，思考藏族游牧文化的承继、生态移民的文化变迁与身份认同问题。

第四节　田野考察和主要发现

除了前文提到的三次田野考察外，课题立项后，课题组成员又多次进入青海三江源展开调研。本书即基于此前所做的相关人类学调查，以个案的方式深入研究三江源生态移民的文化变迁与身份认同问题。

一　课题组田野考察情况

2007 年 8 月，我首次以“绿色江河”志愿者身份到昆仑民族文化村，距今执笔已是九个年头。课题组的核心成员周宇、曹兴平即是我当初结识的志愿者，其他几位志愿者黎勉予、宋斐、戴晓艳亦在后来一同参与过田野考察。

课题立项前的三次非严格意义上的田野考察，为课题后来的深入展开建立了良好的田野关系。因为课题是个案研究，所以田野考察点集中在格尔木昆仑民族文化村、长江源村，同时亦对迁出地曲麻莱县曲麻河乡及曲麻莱县约改镇附近的生态移民社区长江路社区①作了考察。历次田野考察的任务各有侧重。课题立项前的调研主题、活动设计、问卷设计主要由周宇负责，我协助展开；课题立项后的调研，针对课题组的分工及各自的调研兴趣，由课题组成员自行设计，最后课题组讨论综合。

课题组多次进驻田野点展开调研，尽管仍有高原不适，但都安全而顺利。不过，就像奈吉尔·巴利在《天真的人类学家》里讲述的一样，田野考察中可能会发生一些你根本意想不到的悲剧。② 课题组在2013年夏天经历的田野考察就是如此。这里不妨细述出来，作一记录并引以为戒。

（一）潜伏着危险的田野

2013年6月29日—7月13日的考察，因课题组成员周宇与曹兴平不能前往，我便邀请了曾到访过格尔木昆仑民族文化村的原“绿色江河”志愿者黎勉予、宋斐、戴晓艳，以及希望接触了解生态移民的高中生傅宇泽协助调查。我们原定计划是考察昆仑民族文化村的后续产业发展及移民子女教育，并对比迁出地曲麻莱县的情况。2013年6月30日，我们在管委会工作人员帮助下租借了一辆汽车前往曲麻莱县城。在多秀寄宿小学门口，我们停下来去探访了学校的老师。从学校出来遇见一个被藏狗咬伤了的藏族妇女，让她搭乘我们的车子前往曲麻河乡卫生所。在曲麻河乡吃过午饭后，我们一行人继续前行。因

① 长江路社区即原河源村，2011年更名。后文不分时段，统一用长江路社区。

② 参见［英］奈吉尔·巴利《天真的人类学家》，何颖怡译，广西师范大学出版社2011年版。

为青海省道 S308 正在准备重新修建，路面扬尘很大，对面来了一辆大卡车，车子前面瞬间白茫茫一片，不熟悉状况的司机判断与处理不当，我们的车子偏离公路，翻滚后侧翻。从车里爬出来，我们相互检查身体，司机宋斐额头被挡风玻璃刮破流血，副驾黎勉予感觉腹腔难受，后来在格尔木市人民医院检查才知道他的肋骨撕裂了四根；刚高中毕业的傅宇泽左手臂抬不起来，他的锁骨裂开了；一行五人，只有我与戴晓艳没有受伤。彼时已是下午 6 点过，距离曲麻莱县城还有近 150 千米。慌乱中，我们在路边等待过路车辆，最后拦住了一辆卡车与曲麻莱县政府的一辆小车，在他们的帮助下，夜里抵达曲麻莱县城。在停电的县人民医院里，我们接受了简单的检查与治疗。因为曲麻莱县城海拔有 4500 多米，他们四人出现了头痛、胃痛等高原反应症状。7 月 1 日，我们在曲麻莱县政府工作人员的帮助下返回格尔木市。受伤的三位组员在市人民医院进一步检查，根据情况，部分组员临时退出考察，剩下我与戴晓艳继续处理事情并调研移民村的后续产业发展与生活适应情况。

这次田野考察差点要了我们的命，而究其原因还是对青藏高原自然环境与路况的轻视，对田野考察的安全因素掉以轻心了。此前几次调查，我们前往曲麻莱县城都是搭乘移民村村民的车子，村民经常往返牧区与格尔木，知道如何处理路上发生的各种状况。这次考察在不熟悉路况的情况下着急赶路，造成了严重失误。幸运的是大家都没有致命的危险，不过其他几位组员身体上仍遭受了或大或小的痛苦。这次教训，让我们对田野考察充满了敬畏，意识到每做一个决定都要考虑周全，必须保护全组人员的人身安全。

因为这次田野考察中发生的意外事故，很长一段时间里我都深深自责并心怀胆怯，不敢再前往格尔木。课题组的周宇在后来承担起了田野考察的重任。历次田野考察的情况见表 0-2。

表 0-2　　课题组田野考察基本情况汇总（2007—2015 年）

序号	考察时间	考察地点	考察主题	考察人员
1	2007 年 8 月 4 日—8 月 20 日（16 天）	格尔木昆仑民族文化村、沱沱河、雁石坪	生态移民城市生计培训；长江源生态环境	付海鸿 周　宇 曹兴平
2	2009 年 7 月 12 日—8 月 12 日（31 天）	格尔木昆仑民族文化村、长江源村、曲麻河乡、曲麻莱县长江路社区	生态移民后续产业发展情况；迁出地情况；宗教生活情况；移民子女教育情况	付海鸿 周　宇
3	2010 年 7 月 12 日—8 月 6 日（25 天）	格尔木昆仑民族文化村、长江源村、曲麻河乡、曲麻莱县长江路社区	生态移民后续产业发展情况；日常生活情况；迁出地情况	付海鸿 周　宇
4	2013 年 6 月 29 日—7 月 13 日（15 天）	格尔木昆仑民族文化村、长江源村、多秀小学、曲麻河乡、曲麻莱县约改镇	生态移民后续生计情况；与迁出地的联系；移民子女教育情况	付海鸿 黎勉予 宋　斐 戴晓艳 傅宇泽
5	2013 年 12 月 1 日—12 月 15 日（15 天）	格尔木昆仑民族文化村、西宁	生态移民后续生计情况；移民子女教育情况	周　宇
6	2014 年 11 月 29 日—12 月 10 日（12 天）	曲麻莱县约改镇、西宁	迁出地教育情况	周　宇
7	2015 年 8 月 20 日—8 月 26 日（7 天）	格尔木昆仑民族文化村、长江源村	生态移民村日常生活；移民子女教育；宗教生活情况	付海鸿 周　宇

（二）最为“奢侈”的一次田野考察

2015 年 8 月的田野回访是课题组第一次全程乘坐飞机往返格尔木昆仑民族文化村。以往田野考察的交通工具，我们选择的是火车或者飞机到西宁，然后再从西宁乘坐火车到格尔木。2009 年 7 月的出行，为了节约路费，我们从成都坐飞机到兰州，再乘坐汽车赶往西宁，在西宁住一晚后，又从西宁乘坐火车前往格尔木。整个行程花去了整整两天时间。2010 年 7 月则是从成都乘坐 24 小时的火车抵达西宁，在西宁休整一晚后，再从西宁乘坐火车前往格尔木。路上花去的时间是三天。成都气候温和，植被丰富。而甘肃与青海地处中国的西北，无论是地理景观的迥异还是气候的差别，对我们的视觉与身体而言，都是一种冲击与挑战。那个时候没有课题经费的支持，为了省钱，无论是住宿还是膳食，都很节俭。

2015 年的田野回访决定全程乘坐飞机主要在于，我们希望能从不同的视角来感受、理解、审视昆仑民族文化村。我们约好 8 月 18 日在重庆江北机场碰头，一起乘坐海南航空公司的 HU7267 航班到西安，再转机到格尔木。经过一个多小时的飞行，飞机顺利抵达西安。在西安停留后再转乘东方航空公司的 MU2375 航班去格尔木，同样因为机场流量控制的原因，登机口一再改变，原本 16∶50 起飞的航班直到 17∶35 才起飞。在飞机上，我看了一份当日的《工人日报》，头版两条新闻，一条是曼谷的爆炸报道；另外一条则是刚刚由中共中央办公厅、国务院办公厅印发通过的《党政领导干部生态环境损害责任追究办法（试行）》。在快到格尔木的时候，我们从飞机上能清楚地看见戈壁滩、昆仑山脉，以及乍一看像白雪覆盖着的盐田。飞机在 19∶40时抵达格尔木机场。格尔木机场很小，等托运行李的人都挤在一个小小的房间里。拿到行李后，我们坐机场大巴前往市区。车费每人 20 元。机场公路两边都种着密密麻麻的白杨树，在路口一块大石头上刻有“昆仑神韵”四个大字。越接近市区，白杨树就越来越高、越来越浓密。路边的广告牌除了格尔木新区建设的宣传画外，还有昆仑玉的旅游开发介绍。

差不多半小时后，我们在儿童公园站下了车。下车后，走路前往要入住的假日酒店。假日酒店有三层楼，从家具与陈设来看，已经有些年头了。但比起前几次田野来，能住在酒店里真是极大的提升。2009年与2010年的田野考察，我们都是住在移民村管委会的办公室里。办公室里没有水源，厕所又在另一层楼，无论是喝水还是上厕所，都十分不方便。当时洗漱用的水，异常冰冷，光是每日洗脸都需要极大的勇气。我常常将水一下子拍在脸上，用极快的速度揉搓，然后又以极快的速度冲洗。至于洗脚，也是同样需要勇气。先把半盆刺骨的冷水倒在脚上，迅速挤动下脚趾头，就算是洗了一次脚。2009年前往移民迁出地曲麻河乡所住的旅舍里没有水电，更没有厕所。为了上厕所，找遍了整条街。残破的门，难以下脚的蹲坑，四处乱窜的冷风，如今回忆起来都忍不住打冷颤。2010年前往曲麻莱县城时，我们住在国土宾馆，房间里也没有水和厕所。那时最大的挑战是在高悬的旱厕上厕所，即便戴上魔术头巾，捂住鼻子，也能清晰地闻到厕所底下飘上来的刺鼻气味。与此同时，从厕所底下飕飕上蹿的风，似乎要将整个屁股都吹成冰块。上旱厕最大的障碍还在于，尽管厕所里有隔板，但悬空的处理，总让人担心会随时掉下去，掉在一堆风干的粪便上。于是，我总是小心翼翼地踩上去，慌乱地蹲在上面，然后匆忙解决，迅速逃离。现在回想起来，上旱厕简直就是一场没有硝烟的战争。

2015年8月回访入住在假日宾馆的二楼，房间里有独立的卫生间，卫生间里有冷热水喷头，能够随时洗漱。相比以往的田野住宿，实在不可同日而语。放下行李后，我们就出门散步。格尔木的海拔在2800米左右，从重庆赶来的我们有些不适。距我2013年前来格尔木，已经两年过去了，格尔木变化很大，新修了很多连锁酒店。我们原来停留过的农垦宾馆也被格林豪泰连锁酒店合并了，以前偶尔加餐的湖南菜馆也已经换了主人，改成四川菜馆了。

格尔木市区发生着巨大的变化，几千米之外的南郊昆仑民族文化村是否也在这发展的步伐中，裹挟着往前走了很远呢?

二 田野调查的发现

对比 2007 年与 2015 年之间历次田野考察获得的资料，课题组的主要发现有：

（1）生态移民饮食结构的改变。牧区依靠牲畜自给自足的生计方式无法在移民村维系下去。城镇化便利交通为生态移民提供了大量可以选择的物资，这亦意味着生活成本提高。除了政府的补偿款外，家庭经济收入短缺，以往主要依赖牛羊肉、糌粑、奶茶的生活，随着时间的推移，悄然发生着改变。

（2）生态移民后续产业发展的困境。移民村前前后后兴起了数项后续产业，因为销售、管理、经营等方面的问题，难以可持续发展。除了嘛呢石刻勉力运营外，如蔬菜种植、牛羊头饰加工、民族服饰厂等，最后都以失败告终。此外，生态移民转产就业选择面较窄。

（3）生态移民村常住人口较少，且多为老年人与适龄学生。村子里空置房屋较多，转卖房屋的现象亦多。村子治安问题严重，失窃现象屡屡发生。为防止盗贼，许多人家增高了围墙。移民子女升学情况不好，2015 年全村只有一人考取专科。

对于国家生态保护目的的达成而言，大规模地将拥有草原生态智慧的牧民搬迁定居，或许意义重大。然而，在没有充分考虑生态移民可能带来的民族文化传承、社会适应及经济问题等之前，就将生态移民政策视为唯一可行的策略，对于生态移民主体而言，却未免牺牲太大。

第一章

从牧区到城郊：昆仑民族文化村生态移民的背景

从格尔木市区前往昆仑民族文化村，可以选择坐 4 路公交车或是找个出租车。若是坐 4 路公交车，其线路图的终点站是“唐乡移民新村”。“唐乡移民新村”，即唐古拉乡长江源村，对外宣传时，这个村也被称作“长江源村”。在它对面，就是格尔木昆仑民族文化村。不过，昆仑民族文化村并没有在公交站台的线路图上作为重要站点显示出来。与长江源村相比，昆仑民族文化村的处境和公交线路图上的遭遇有些相似。本章将从迁入地格尔木市、迁出地曲麻莱县两个方面入手介绍昆仑民族文化村生态移民的搬迁实施状况。

第一节　异地安置：格尔木市的曲麻莱县藏民村

2015 年 8 月 19 日早上 9 点左右，我们在农垦饭店附近坐上 4 路车，准备前往昆仑民族文化村。公交车往南开，先经过儿童公园，公园门口有人在跳坝坝舞，接着路过南郊市场及各类驾校。从植被变化来看，刚从儿童公园拐过来就能依稀看见有着累累黄褐色皱褶的山脉。在格尔木市区行道两旁，种着白杨树与格桑花。车道中间的绿化带种了一些矮灌木，隔几十米远就竖着一个人造的仙人球，仙人球很大，头顶着红色的、黄色的花朵。沿着西藏路一路往南走，公路的两边随处可见汽配店与维修店，翻斗车、吊车、挖土机及重型卡车来来往往。再往南走，在“交警南郊中队”站的站牌上，显示着“下一站曲麻莱县藏民村”。不过，到了下一站，却并没有看见“曲麻莱县藏民村”的站牌。这个站点是昆仑民族文化村的另一个大门口，常有部分村民会在这里上下车。2013 年夏天前来调研之时，交警中队站点还没竖站牌，昆仑民族文化村此前也不叫“曲麻莱县藏民村”。

一　命名：从昆仑民族文化村到曲麻莱县藏民村

还未到 4 路车的终点站，很远就可以看见南郊人行天桥右侧的“长江源村”路标。人行天桥两边横挂着格尔木民宗局的宣传标语，分别是用汉语、藏语、蒙古语三种语言书写的“努力创建民族团结进步先进区”与“汉族离不开少数民族，少数民族离不开汉族，各少数民族之间也相互离不开”。天桥上悬挂的五彩经幡，在风吹日晒中显得有些陈旧。2015 年 8 月的这次田野考察，我们看见了两个变化：一是设在南郊的汽车收费站搬走了。此前收费站的位置刚好将两个移民村“拦阻”在外，每天进出两个村子的车辆不得不交纳 5 元/次的过路费。这无疑增加了村民的开支。管委会多次向格尔木市政府提出意见，政府在 2015 年 5 月终于将此收费站搬到远离移民村 1 千米之外的地方。现在，两个移民村终于都在收费站以内了。二是天桥两边各新立了一个高大的铁质宣传柱。宣传柱主体框架涂着鲜红的油漆，三面均是白色的底板，底板上是蓝色字体的“曲麻莱村欢迎您”与“长江源村欢迎您”。

到目前为止，课题田野点昆仑民族文化村的官方名字已有四个，即昆仑民族文化村、曲麻莱县三江源生态移民村、曲麻莱村、曲麻莱县藏民村。

（一）昆仑民族文化村

昆仑民族文化村建有一个网站，即“生态移民网”。网站首页是移民村的部分建筑及裸露着山脊的巍峨山脉，右下角是从曲麻莱县曲麻河乡多秀村搬过来的丹珠一家，网站首页有两行字：“生态移民——从长江黄河源到昆仑民族文化村”。在发现村口多了“曲麻莱村”的牌子后，我查看了该网站，网站尚未做出跟进与修改。

“昆仑民族文化村”是谁命名的呢？我们问管委会的佟姐，她说她不清楚怎么来的，应该是曲麻莱县那边取的名字。2009年，我们到曲麻莱县政府调研，特意询问了三江源办公室的工作人员小张。小张告诉我们，“昆仑民族文化村”这个名字是当时政协的一位老领导取的。那位领导已经退休了。小张回忆说，取这个名字是希望借“昆仑山”这个名片，方便移民后的对外宣传吧。① 借用“昆仑”并非毫无缘由，因为曲麻莱县境内的主要山脉有巴颜喀拉山、昆仑山和冬乌拉山。就像对面的长江源村村民，他们原本隶属唐古拉乡，从沱沱河搬迁下来后村子的命名就侧重“长江”上做文章，“长江源村”既点明他们是从长江源头搬迁下来的，同时也借用了中国人对“国族化的长江”② 的独特感情。长江源村这样响亮的名字，可以为定居后的发展铺设较好的平台。与此相似，“昆仑民族文化村”这个命名里，“昆仑”是对迁出地曲麻莱县自然地理的借用。不过，“昆仑民族”这种

---

① 张新元访谈录，2009年8月1日，曲麻莱县政府三江源办公室。

② 关于“长江国族化”，可参见付海鸿《地理象征与国家认同：“长江”国族化的“跨边界”之旅》，《中外文化与文论》2015年第2期。

“自然地理＋民族”的组合，在我初次听到这一术语之时，唤起的是敬畏、好奇和神秘的情感。对于搬迁定居的村民而言，他们也容易接受“昆仑民族文化村”这个名字。大多数村民的家用汽车上，都能看到油漆喷刷的“格尔木昆仑民族文化村”字样。

（二）“曲麻莱县三江源生态移民村”与“曲麻莱村”

看见盐桥南路竖着的宣传柱上写着“曲麻莱村”，这多少让我感到意外。在此前，除了“昆仑民族文化村”这个名字外，村口的铁质大门还会提醒我们注意“曲麻莱县三江源生态移民村”这个名字。大铁门上的名字指出了村子的行政归属权是曲麻莱县，同时也点明村子是三江源生态移民工程的一部分。与对面的长江源村不同，昆仑民族文化村是异地跨州县搬迁。迁出地曲麻莱县归属于青海省玉树藏族自治州，迁入地格尔木市却归属于青海省海西蒙古族藏族自治州。掌握了这个背景，就能明白大门上的“曲麻莱县三江源生态移民村”所要传达的意思。当然，也会对管委会办公大楼门口悬挂的“曲麻莱县驻格尔木昆仑民族文化村管理委员会”牌子（2013 年移民村成立了居委会，管委会门口的牌子就摘下来了）有更深的理解。

竖在公路边上的“曲麻莱村”宣传柱，框架是红色的，底板是白色的，“曲麻莱村”这四个字是蓝字的，这样的色彩搭配在蓝天白云下很是耀眼。如此一来，距离村口 10 米左右的大铁门就显得有些破旧。大铁门是移民村刚建成之时所立，底色是黑色的，如果不注意辨别，很难看清门楣上金黄色的“曲麻莱县三江源生态移民村”字样。对面的“长江源村”门口也立了一个大门，材质是石头的，大门上是金黄色的“唐古拉山镇长江源村”。从字体与字号来看，长江源村的字体假如是大二号隶书的话，“曲麻莱县三江源生态移民村”则是小四号楷体字，一个清晰可见，另一个模糊难辨。隔着盐桥南路遥遥相

望的这两个大门，难免让人生出比较之心。早几年，大铁门上的金黄色字体还能一眼就看到，现在，铁门已经有些锈迹了。对面唐古拉乡长江源村的石门看起来却似乎坚不可摧。

“曲麻莱村”的命名及“下一站 曲麻莱县藏民村”的官方提法是比较晚近的事。除了这些官方命名外，格尔木本地人是如何称呼昆仑民族文化村的呢？在几次田野调查中，我们都会刻意搭乘出租车，每当我们告诉司机我们要去南郊的移民村时，他们一般都会纠正道：“你们是去藏民村吧？”原来，大部分格尔木本地市民习惯用“藏民村”来指称和他们生活在同一个城市的两个生态移民村。在出租车上，有些司机会主动问我们为什么会去那个“藏民村”，并担心地问我们害不害怕，在部分出租车司机眼里，“藏民村”似乎代表着某种不安定甚至有些危险的因素。此外，个别见多识广的出租车司机会告诉我们，他们知道“藏民村”的人是从牧区搬下来的生态移民，他们一会儿用羡慕的语气说生态移民的房子都是国家给免费修的，一会儿又感叹那个地方除了房子什么都没有。出租车司机的观点多少反映出一个实情，即迁入地格尔木的市民对生态移民村的了解有限，甚至可以说还带有偏见。

这就意味着，我们的田野考察点有如下五个名字：昆仑民族文化村、曲麻莱县三江源生态移民村、曲麻莱村、曲麻莱县藏民村、藏民村，这五个名字都是他称。前两个是迁出地曲麻莱县政府的命名，“曲麻莱村”与“曲麻莱县藏民村”是迁入地格尔木市的官方命名，“藏民村”则是本地市民对生态移民村的他称，强调村民的民族身份，以便和自我做出区分。对昆仑民族文化村的村民而言，他们更喜欢用“昆仑民族文化村”这个名字。

有意思的是，公交站台上 4 路车的路线图终点站“唐乡移民新村”，其突出的是村民的“移民”身份，而不是民族身份。“曲麻莱县藏民村”既强调了行政区划，又强调了民族身份。从公交站台与站牌来看，这两个生态移民村站名标注的确存在明显差异。是否统一名称，看起来似乎是极小的事情，但“名不正则言不顺”，命名关乎身份的确立与认可。自称与他称的背后隐藏着我们如何看待自身文化与他者文化的问题。从这个意义上来讲，当初为昆仑民族文化村的适龄学生上学安全而在盐桥南路上修建的那座人行天桥，就显得颇有意味，它更像是一座天平，考量着迁入地格尔木市对两个三江源生态移民村的亲疏远近。

图 1-1　人行天桥上俯瞰昆仑民族文化村一角

图 1-2　昆仑民族文化村的大门

图 1-3 昆仑民族文化村管委会办公楼

图 1-4 昆仑民族文化村对面的山脉

图 1-5 刚种下不久的沙柳树（2009 年）

注：图 1-4 由 2007 年“绿色江河”志愿者段鑫磊提供。

二　昆仑民族文化村简况

在知晓了昆仑民族文化村多个名称的由来后，有必要了解下迁入地格尔木市的生态与人文环境、安置点的房屋布局与建筑分布情况。

（一）格尔木市南郊盐碱地上建起的村庄

昆仑民族文化村地处格尔木市南郊。格尔木是一个怎样的城市呢？在蒙古语里，“格尔木”意为河流密集的地方。格尔木位处青藏高原东北部、青海省西部，属青海省海西蒙古族藏族自治州管辖，面积 74943 平方千米。就气候而言，格尔木盆区属典型的高原大陆性气候，干燥而少雨，夏季凉爽短暂，冬季却寒冷而漫长。格尔木市设在盆地内，地处昆仑山北麓与格尔木河畔，海拔 2808 米。格尔木的建设始于 1953 年，其形成原因是为了适应彼时西藏革命及建设之需。可以说，格尔木这个城市的主要职能是公路的交通枢纽及进出藏物资的中转站。①

在 2007 年 8 月 5 日清晨初次抵达格尔木时，我感触最大的是格尔木市区绿化带内正在汩汩流淌的清冽的水。我伸出手去触摸，冰冷刺骨，赶紧把手缩了回来。为何要水淹灌溉树木呢？因为格尔木盆地的土壤盐碱度高，用这种蓄水灌溉的方式才能弱化其盐碱度，得以保证植物茁壮成长，若是简单地浇水，无法达到养护植物的目的。

昆仑民族文化村所在地格尔木市南郊，其生态环境如何呢？在《格尔木昆仑民族文化村基本情况》（以下简称“《基本情况》”）一文中，有如下说明：

---

① 参见周乐华、周江涛编《格尔木开发史》，青海人民出版社 2005 年版，第 1—18 页。

> 昆仑民族文化村位于格尔木市南出口，此区气候干燥，地理条件差，造林树种单一，尤其是南郊土壤类型为盐碱土，距土壤深 0.3—1 米处有约 0.2—0.6 米厚的古盐壳，盐壳使得树木发芽后相继死亡，树木成活率极低；同时造林受水资源的制约，造林成本高。格尔木市林业以防风固沙林为主，生态防护效益显著，林木生长周期长，灌木林比重大。
>
> 南郊因盐壳的存在，无原生植被；同时又是格尔木市水源地，不宜进行大规模造林，但移民新村四周均为沙地，无任何植被……①

这两段文字阐明了盐碱土对移民村绿化带来的阻碍与难度。倘若连简单的绿化都要费尽周折，那么这亦意味着“无原生植被”的格尔木南郊，其生态环境算得上十分恶劣，并非一个适宜居住的地方。对于以往抬眼就能望见绿色草场的牧民而言，要让他们安心地在看不见绿色植物的地方生活，显然有些困难，甚至有人感到失落、抑郁与绝望。因此，与后续产业发展一样，绿化成为昆仑民族文化村的头等大事。2008 年夏天，村里得到曲麻莱县林业局的 20 万元资助，购得 1000 棵沙柳树，村民集体劳动几日，欢天喜地地种下了沙柳树。为了保证树苗的存活率，村里专门安排了 29 号户主丹珠负责引水浇灌，县上每个月支付他 500 元工资。2015 年，迁入地格尔木市林业局终于为昆仑民族文化村捐种了白杨树，并直接安排了自己的工作人员管理护养。

在公共空间的绿化落实之前，某些家庭早就开始了院落绿化。以下是部分入户调查资料：

> (1) 231 号院：院子里的树是老公捡来的，每天都浇水，所

① 《格尔木昆仑民族文化村基本情况》，昆仑民族文化村网站（http：//www. stym. org/plus/view. php? aid=91)，2008 年 8 月 8 日。

以活下来了。院子里的花是买的种子撒种的，但是只活了一株。种了两次，都是只活了一株。有了花草，好看些，心里舒服些。

(2) 189 号院：院子里的青稞是老家带来的，花草是买来的，种子只要几块钱。主要是每天要浇水，用的就是水费。

(3) 157 号院：草皮是从牧区拉过来的。想种满整个院子，但是这里下面是盐碱地，草长不好，所以没有办法。

(4) 110 号院：种子是捡来的，没有花钱，金盏菊特别好看。两三天浇水一次。之所以在院子里种花草，是因为现在这里看不见草。以前草原上有很多花草。①

从上述访谈资料来看，村民在盐碱土上种植花草，甚至不惜代价从牧区拉来草皮，用珍贵的自来水浇灌，并不仅仅是为了院子“好看”，也不是为了提高生活品位，而是对迁入地生态环境的一种人为调适或“修补”。当然，这其中还有对迁出地牧区的深深惦记与怀念。实际上，除了盐碱土外，南郊的自然环境中最让人印象深刻的是没有植被的、连绵起伏的昆仑山脉。黄褐色的山脊，毫无遮掩地裸露着，像巨蟒一样静静地匍匐在村子一侧。比起已经建设多年的格尔木市区，南郊的自然生态环境状况显然差了许多。

（二）移民村基础设施及其布局

昆仑民族文化村的住房由政府承诺修建。每户住房 80 平方米，内有三室一厅一厨一卫。为了后续产业发展的多种可能性，每户还修建了一个 200 多平方米的院子。与此同时，还配备了自来水、供电、排水等基础设施。昆仑民族文化村的住房是分两批修建的，第一批有 160 户，其屋顶外墙装饰是红色的；第二批有 80 户，其房子屋顶外装

① 入户调研访谈录，2009 年 7 月 15—20 日，格尔木昆仑民族文化村。

饰是蓝色的，都富有藏族民居特色。

除了生态移民居住的房屋外，移民村的主体建筑还有管委会办公大楼、藏医院、卫生所、博物馆、转经房，主要景观有经幡群。生态环境方面，新增加了绿化带。昆仑民族文化村的布局及其变化，可参考卫星地图截图（图 1-6、图 1-7）。在“谷歌地图软件”上输入“格尔木市”后，能查找到“昆仑民族文化村”的具体位置。

图 1-6　昆仑民族文化村卫星地图概况

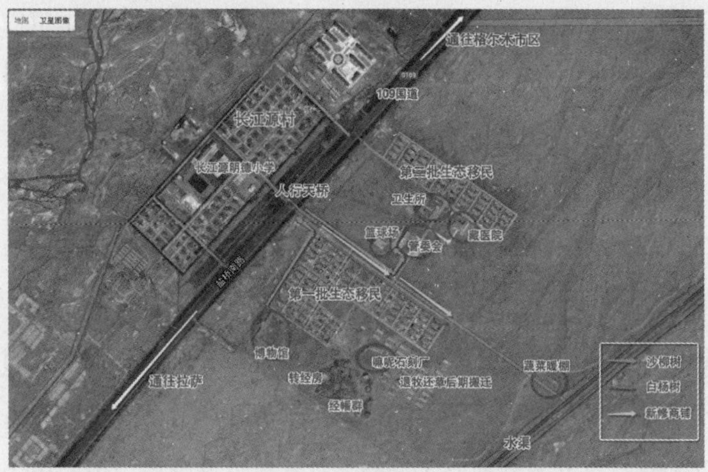

图 1-7　昆仑民族文化村卫星地图近景

图 1-6 是远景图，可以清晰地看见昆仑民族文化村位于 109 国道与青藏铁路之间。109 国道即从首都北京到西藏拉萨的公路。在地图上，长江源村所在地显示的名称是“牧民新村”，昆仑民族文化村的名字没有改变。图 1-7 是拉近的地图，若面朝长江源村大门而站，左手边排列整齐的格子就是第一批生态移民的安置房，右手边则是第二批生态移民的安置房。除了安置房，左侧还有博物馆、转经房、经幡群、嘛呢石刻厂等建筑与景观，以及退牧还草工程实施过程中，自发从山上搬下来的牧民自己修建的房子。在主干道右侧，有管委会办公大楼、村卫生院、藏医院等建筑。在离村子较远、靠近水渠的地方，还有两个蔬菜暖棚支架。除此之外，右侧还有后来新建的商铺一条街，部分铺子出租了，大部分却是空着的。

每次到昆仑民族文化村调查，我们都会首先绕着村子转一大圈，看看外在的变化有哪些。2009 年夏天，我们看见村子种上了沙柳树；2013 年夏天，村子主干道上新增加了一排商铺；2015 年 8 月，村子又新种了白杨树。目前来看，绿化主要集中在第一批生态移民安置房这边，第二批生态移民安置房四周的公共绿化尚未开始。除了绿化，主干道的公共路灯已经竖起来了，但月色不好的夜晚，支干道因为没有路灯，还是比较黑。当然，与 2007 年相比，状况好多了。当时村里没有路灯，到哪里都得打手电筒。几乎家家户户养着不止一条藏狗，在村子里一走动，全村的狗都狂吠起来。快十年过去了，许多藏狗要么送回牧区，要么已经老死。现在，村里再也听不见此起彼伏的狗吠声了。

图 1-7 中的“管委会”，即曲麻莱县驻格尔木昆仑民族文化村管委会办公大楼（见图 1-3）。大楼有两层楼，楼前还有一个院子。2013 年，昆仑民族文化村新成立了居委会，管委会办公楼门前的牌子就被取了下来。组织管理的权力交给居委会后，管委会的协调管理职能就

缩减了。新修的居委会办公室在管委会大楼的左侧，在篮球场与沙柳树之间的空地上，是几间连着的平房。这些新修的平房在卫星地图上，还没有及时更新显示出来。

在2015年的调研中，我们观察到如下一些情况：某些人家的房门紧锁着，有些房门已经用砖头堵上了（见图1-8）；许多人家将原来低矮的院墙增高到3米以上，甚至有人在院墙上插满碎玻璃；几户人家把原来的平房改建成了楼房；主干道上的路灯都安装上了。这些现象或多或少反映出这样的实情：村里的社会治安问题变得严重了；部分生态移民外出打工了；部分人家已经返迁回牧区了；还有些人家已经打定主意要在此安居乐业了。

图1-8　堵死大门的房屋

（三）索南的移民村分布图

当我从卫星地图上勾画昆仑民族文化村的位置及其分布时，我邀请村里的高中生索南也来画一幅村子的地图。索南家是从曲麻河乡措池大队搬过来的，他从牧区搬过来的时候10岁。现在，索南是格尔木市民族中学高2017级学生。他平时热爱摄影，偶尔也写诗歌。在

第五章，本书还会以索南为个案探讨生态移民子女的教育问题。为了让索南了解画地图的意义，我从网上分享了一些“文化绘图”的资料给他，并一再强调“文化绘图主要是从当地社区成员的视角去表述自己的文化”[①]。因此，他只要从自己的角度去画他心目中的村子地图就可以了。在这期间，索南说他不擅长用笔画画，他想用电脑直接绘图。一个星期后，他从微信上发过来一幅村子分布图，见图 1-9。

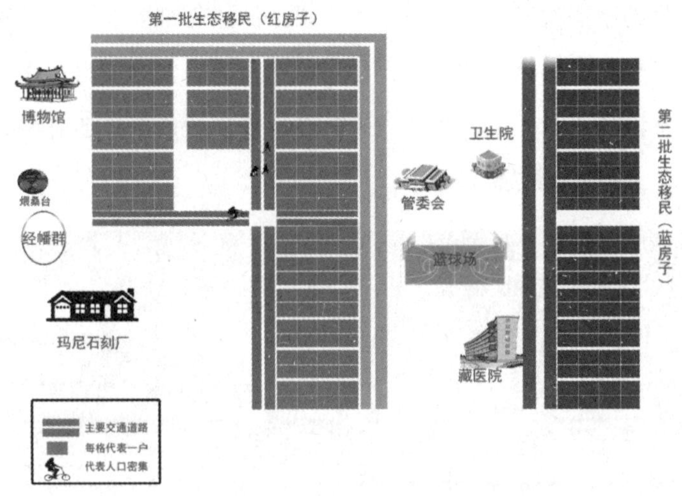

图 1-9　索南制作的昆仑民族文化村分布图

索南的这幅昆仑民族文化村分布图，绘制得十分规整，在卫星地图上看得并不十分清晰的主要交通要道与建筑物都被他直观地标注了出来。为了区分第一批生态移民与第二批生态移民的安置房，他选用了房子屋顶的颜色作为区分，即红房子与蓝房子。不过，细数红房子与蓝房子的细格，再对比卫星地图，会发现索南绘制的格子总数与实际数目有些出入，蓝房子比实际情况多了一排。我问索南房屋的总数

---

① 有关文化绘图的概念及其方法运用，参见曹兴平《文化绘图：文化乡村旅游社区参与及实践的新途径》，《旅游学刊》2012 年第 12 期；付海鸿《文化绘图：文明对话与自我表述——“从江文化绘图”的人类学意义》，《世界民族》2014 年第 1 期。

是多少，索南说总共是240户。房屋格子数的出入说明他并没有特别在意细节，因为他心里有一个默认值。除了安置房，索南在分布图上标出了博物馆、经幡群、嘛呢石刻厂[①]、煨桑台、管委会、卫生院、篮球场与藏医院。实际上，村里现在有两个篮球场，一个在管委会院子的左后侧（见图1-7），这个篮球场是由中国香港灏天集团捐建的；另一个在管委会院子门口（后来修建的，并不标准）。从分布图来看，索南列出的是后来修建的篮球场。在分布图上，篮球场看起来很气派，比背后的管委会办公楼都要大许多。问索南这样画有无特殊原因，他解释说："我画这些的时候，就是没有注意什么比例啊，我喜欢篮球，所以就把篮球场画大了啊。在所有运动中，我只喜欢打篮球，不是说我打得好啊！"在图1-9中，"藏医院"建筑看起来也很宏伟。再仔细对比卫星截图图1-7与索南绘制的图1-9，会发现索南没有列出那两个蔬菜暖棚。索南解释道："那两个蔬菜棚早就荒废了，没有了，现在就是两个破墙，关键是没啥用嘛，没啥用的我就没有写。"[②]

除了具体的建筑外，索南还用图标将"人口密集"的区域画了出来。从分布图来看，"红房子"中间的干道是村民日常聚集的地方，"蓝房子"那边则显得十分寂寥。在田野考察中，我们也有同样的感受，红房子这边的确要热闹一些，白天出来走动与玩耍的村民也要多一些。不过，夜里的情形有所不同。比如，2015年夏天，村里要派人参加县上的锅庄比赛，于是组织了擅长舞蹈的青年男女在管委会门口教跳锅庄，音乐还没有响起，就有人等在篮球场那里了。也就是说，夜晚人口密集的地方在管委会门口，而不是红房子这边。关于这一信息，索南实际上是比较清楚的。只是一放暑假，索南就会回措

① 关于"མ་ཎི།"对应的汉文有"嘛呢石"与"玛尼石"的不同写法。索南绘制的图上用的是"玛尼石"。本书选用"嘛呢石"这一写法。

② 索南访谈资料，微信访谈，2016年4月15日。

池，直到开学才回格尔木。因此，也就能理解索南为什么没有将此标注出来了。

在卫星地图上，“煨桑台”的位置看不清楚。因此，图 1-7 上很难标注。索南第一次发过来的分布图上，也没有标注煨桑台。后来我问他是否知道村里的煨桑台在哪里，他回答说：“当然知道，不过，煨桑台太小了，所以我就没有画出来。”图 1-9 是索南发过来的第二稿，他在原来的图上将煨桑台的位置补上了。

从索南画的分布图里，可以看出他的部分喜好与观念。实际上，除了蔬菜棚已经废弃外，图中的“玛尼石刻厂”也基本上处于发展停滞阶段。曾经作为转产牧民后续产业项目之一的蔬菜棚，已经被索南从地图上抹掉了。村子里好不容易种植存活的绿化带也没有在索南的图中标注出来，或许是因为树木已经种了好几年，他已经习惯了它们的存在吧。比起图 1-7，索南的图更有故事性，更贴近他在移民村的生活。将两张图综合起来，就能对昆仑民族文化村的分布及日常生活有所了解。

第二节　搬迁故事：从曲麻莱到格尔木

昆仑民族文化村门口新立的“曲麻莱村欢迎你”宣传柱与铁门上的“曲麻莱县三江源生态移民村”以其特有的方式，提醒来往的人们注意自己的特殊来历。一般情况下，我们将曲麻莱县叫作“迁出地”，将格尔木市叫作“迁入地”，即生态移民从曲麻莱县迁出后，入住到格尔木市。“出”与“入”的主体是生态移民。不过，迁入与迁出行为的发生有一个西部大开发与国家级三江源自然保护区生态恢复的大

背景，迁移行为是在政府的主导下进行的，并非牧民一时心血来潮的个体行为。

一　迁出地曲麻莱县概况

曲麻莱县是青海省玉树藏族自治州辖县，在青海省西南部，距离迁入地格尔木市昆仑民族文化村有487千米。除了一段109国道路况较好外，另外一段是省道S308，即从曲麻莱县到不冻泉的公路。这段公路全长303千米，路况较差。2013年9月才开始铺设沥青混凝土，2015年8月才全线贯通。所以尽管不到500千米路程，谷歌地图预计的开车时间将近11个小时。实际情形更复杂，2009年我们第一次从格尔木到曲麻莱县府所在地约改镇时，早上5点出发，晚上8点过才到，路上花了15个小时。2010年再去曲麻莱县，我们的车子在不冻泉附近抛锚，后来不得不在曲麻河乡上住了一晚，第二天中午才到县城。2013年的田野，我们又不幸遇上交通事故，深更半夜才抵达县城。几次往返格尔木与曲麻莱县城，在109国道或是S308省道上都能不时看到几辆不幸侧翻的大型货运车或是小型客运车。当然，在高原湛蓝的天空与连绵的云朵下，还能见到自由自在散步的野驴，拍打着翅膀或是站立在某处冷眼等着盛宴的秃鹫，几只跑过的白屁股藏原羚，小心翼翼探出头来东张西望、跑跑停停、钻进钻出的鼠兔，远远近近成群结队的牦牛及骑着马儿的牧民，有时候甚至能看见狼。曲麻莱县到格尔木的这段路途，对我而言，某种意义上更像是一堂丰富生动的生态课。此外，我们的田野调查在格尔木与曲麻莱县之间，有来有往，用的是双程票。对于“三江源生态移民飞地”的移民主体而言，当初从曲麻莱县境内出发前往格尔木的路途，就决定着他们将要从游牧走向定居，将要从牧民变成生态移民。对于大多数生态移民而言，他们实际上是拿着“单程票”搭乘上这条搬迁路的，因为严格意义上的“回程票”要等待十年之后才能拿到。至于十年期满如何获得回程票、是否使用回程票，似乎谁都无从知晓。

在前一节中，本书对迁入地格尔木市区及昆仑民族文化村作了简介。那么，迁出地曲麻莱县的情况如何呢？因为黄河发源于曲麻莱县麻多乡约古宗列地区，所以曲麻莱县素有“江河源头第一县”的美称，此外，长江北源主要源流勒玛河、楚玛尔河、色吾河、代曲河亦发源于该县境内。该县境内地貌多样，高山、盆地、滩地相间，主要山脉有昆仑山、巴颜喀拉山和冬乌拉山。曲麻莱县面积 5.25 万平方千米，下辖 1 个镇 5 个乡，县政府设在约改镇。全县人口约 3.2 万人，藏族占 97.6%，此外还有汉、回、土、满、蒙古、撒拉等民族。[①] 就动植物资源而言，曲麻莱县境内仅野兽就有白唇鹿、野驴、野牦牛、熊、豹等 45 种，野生鸟类有 66 种，此外，还盛产红景天、雪莲、冬虫夏草、鹿茸等名贵药材。矿产资源方面，有岩金、银、沙金、铜、水晶石等。气候方面，曲麻莱县属典型的高原高寒气候，一年只有冷暖两季，冷季长达七八个月，暖季只有四五个月，气候也比较干燥。[②]

昆仑民族文化村的生态移民是从曲麻莱县叶格乡与曲麻河乡搬迁过来的。迁出地叶格乡在曲麻莱县南部，距县府驻地约改镇 89 千米。叶格乡面积约 0.7 万平方千米，下辖红旗、来央、龙玛 3 个牧委会。人口 0.3 万，藏族占总人口的 99% 以上。叶格乡地处通天河北岸滩地，通天河自西向东流经境内，色吾曲纵贯境内汇入通天河；境内有著名的昆仑山脉。生计以畜牧业为主，牧养藏系绵羊、牦牛、马等。

---

① 《曲麻莱县县情简介》，青海省玉树藏族自治州人民政府网（http：//www.qhys.gov.cn/html/12/13.html）。

② 同上。

此外，矿藏方面主要是沙金资源。迁出地曲麻河乡在曲麻莱县境中部，距县府驻地150千米，距离格尔木334千米。曲麻河乡面积1.7万平方千米，下辖昂拉、多秀、措池、勒池4个牧委会。人口0.3万，藏族占总人口的99%以上。曲麻河乡地处通天河北岸沟谷滩地，楚玛尔河自西向东再向南横纵贯境，汇入通天河。生计以畜牧业为主，牧养藏系绵羊、牦牛、马等；通简易公路；矿藏有煤、银、铜、铁、金、食盐等。①

在民俗文化活动方面，玉树藏族有传统的赛马节。谈到日常生活习俗，他们还有一些民俗禁忌。在曲麻莱县政府的旅游宣传手册上，有如下介绍：

(1) 自然和动物禁忌。禁止在神山和寺庙周围乱砍乱挖树木、花草、药材和捕杀动物；忌搅动泉眼或在泉水中洗东西；禁忌捕杀鹰鹫；忌宰杀放生的牛羊和骑用的马匹。

(2) 婚姻和日常生活禁忌。禁忌孕妇到别人家串门或参加婚礼；禁忌吃兽类肉；禁忌父系血统和母系血统的人婚配；忌男女生肖相克；忌父与女、母与子、兄弟与姐妹等在场时谈论与性有关的话题。

(3) 丧葬和宗教禁忌。家人或村里人死后禁忌谈笑、歌舞；服丧49天内禁家人洗头、沐浴、饮酒、盛装；平时忌提死者的名字；禁忌进入经堂不脱帽、喧哗和乱敲钟鼓；禁忌跨过袈裟和经书、法器等；禁忌在寺庙内吸烟、饮酒、随地吐痰、随地大小便；忌逆时针反转寺院、佛塔、圣山、嘛呢石堆和经轮等；忌在供品和酥油灯上吹气和打哈欠；忌用有文字的纸张特别是

① 《曲麻莱县县情简介》，青海省玉树藏族自治州人民政府网（http：//www.qhys.gov.cn/html/12/13.html）。

经文纸擦东西或当卫生纸；禁忌将佛像和经书放在床底下或践踏。[①]

玉树藏族的自然与动物禁忌，是当地人与自然相处的生态智慧的体现。婚姻与日常生活禁忌方面，2007年8月，我们在昆仑民族文化村调研时就遭遇过。管委会让我们调查的问卷中有一项“是否结扎”，每次问到这个问题时，陪同的管委会工作人员就表现得不自在，如果有小孩在旁边，他就不会翻译这个问题，而是直接说出他猜测的答案。丧葬和宗教方面，笔者就曾犯了一个禁忌。为了掌握移民子女教育情况，我拿着一张贴有已经去世学生照片的表格去询问村里的同龄人，他们一看见照片就赶紧把眼睛捂起来，转过头去，说这样不好。当时的情形特别尴尬。即便搬迁到了格尔木，村里人也会严格遵守这些禁忌。

饮食与服饰方面。曲麻莱的头饰，普遍喜好蓄长发、梳长辫并配上工艺精美的金银珠宝等饰物。女性会佩戴缀满琥珀、红珊瑚与绿松石的编带和长发细辫头饰；男性则是长辫盘头、红穗飞扬的康巴汉头饰。此外，还有镶嵌珠宝的项链、耳环、腕带和腰饰等。形态多样的帽子、造型精美的靴子，都有极高的欣赏价值。[②] 民族服饰比赛是当地的一项传统活动。2009年，我们在曲麻莱县调研就曾观看曲麻莱县中心小学举办的民族服饰表演，来观看的人特别多，就像过年一样热闹。在昆仑民族文化村，民族服饰表演也是春节、妇女节等节日活动中的固定项目。

就教育情况而言，曲麻莱县的乡村两级学校通常在高海拔地区，距离政府所在地较远。如曲麻莱县黄河源第一寄宿小学距离曲麻河乡

---

① 《玉树藏族民俗禁忌》，载曲麻莱县人民政府编印《曲麻莱县旅游》，第25页；也可参见“中国民俗文化网”（http：//www.zgwhw.com/news/msjj/1086416205F1JFC3FE4DC3J348AJG.htm）。

② 《曲麻莱藏族服饰》，载曲麻莱县人民政府编印《曲麻莱县旅游》，第31页。

政府有 50 千米，距离曲麻莱县城约改镇有 290 千米；多秀寄宿小学距离曲麻河乡政府约 90 千米，距离县城约 250 千米。迫于交通不便，部分家长只能将孩子留在家中帮忙放牧。因为教育生活配套设施简陋、教学资源有限，寄宿小学师生的日常教学与生活十分不便。[①]

图 1-10　回牧区的路上（由课题组成员周宇拍摄）

图 1-11　曲麻莱县城一角

① 可参见周宇、付海鸿《三江源生态移民迁出地教育现状考察研究》，《北方民族大学学报》（哲学社会科学版）2013 年第 2 期。

图 1-12　牧区的牧人

二　回望搬迁路

原本在玉树藏族自治州曲麻莱县生活的牧民，因为“三江源生态移民工程”的实施，举家跋涉几百公里后，在海西蒙古族藏族自治州格尔木市定居了下来。昆仑民族文化村生态移民搬迁之初的基本情况见表 1-1。

表 1-1　　昆仑民族文化村生态移民基本情况

乡镇	牧委会	生态移民户数
叶格乡	红旗	25
	来央	43
	龙玛	8

续表

乡镇	牧委会	生态移民户数
曲麻河	昂拉	27
	多秀	56
	措池	45
	勒池	36
合计		240

表 1-1 列出了昆仑民族文化村的基本构成情况。与表格上的阿拉伯数字相关联的，还有 240 户家庭的搬迁故事。在历次调研中，我们都会拉家常般地与村民交谈，期望了解他们当初搬迁的决定、想法、当下生活中的困难及期望等。以下是几个访谈记录的录音整理资料。

（一）原多秀小学教师罗布访谈记录

问：罗布老师，您家以前是哪个村的？搬迁时，你们是怎么过来的？

答：我家原籍是曲麻河乡多秀村一队，以前，我们住在曲麻莱县城。搬迁前，我卖掉了一部分家具。我当时在多秀小学教书，学校有辆农用车。我就给教育局局长申请借车，那个车子也不大。我搬过来的家具有沙发和这个白木的藏式桌子。那一年（2006 年），我大儿子刚好初中毕业。我当时在牧区待了一个月左右，在快要开学的时候就搬过来了。就拉了一车，家具基本上都卖掉了。

我们当时分前后过来的。第一次我来的时候，看了下房子，把少部分东西放进来。后面，就是我媳妇和她妈妈过来住下。然后，我又返回牧区，因为我的几个孩子都还在那边上学。等到那边放学，这边快开学的时候，我就用自己的北京吉普车把几个孩子拉到这边来了。在过来的路上，还出了一个事故，车子的轮胎掉了，刚好一个皮卡车上来，撞到别人的车上。我赔了一万多块。

问：您是怎么得知“生态移民”政策的呢？

答：当时，乡上和县上的领导都在宣传“生态移民”的政策，还召集牧民开会。我当时在多秀小学教书嘛，一般他们开会都在我们学校。这个政策是一级一级往下传达的。从县上到乡上，然后再到队上。他们一开会，我们其他人就知道了。他们说，这是国家的政策。反正你们搬过去的话，肯定你们亏不了。也就是说，国家会给我们好处的。我们都相信国家的政策。

这么多年过去了，国家对我们也挺好的。不过，比起对面唐乡，我们就要差一些。比如说，人家的房子就修得比我们的好，他们屋顶有采光瓦，房间里各种设施都有。他们的房子也搞过维修，我们搬过来这么久，一次维修都没有做。包括社区的绿化、围墙、路面，他们的都要比我们的好。我们都搬过来这么久了，格尔木市才在我们村里种了白杨树。

问：生态移民补偿款现在还在继续发放吗？

答：现在，最开始给我们每家每年 6000 元的补助已经停掉了。现在有困难补助，补助对象是 16 岁以下的小孩和 60 岁以上的老人，补助金额按人算，一年是 4800 元。

问：您多久回一次牧区呢？

答：我去年（2015 年）没有回牧区。前年（2014 年）回去

过。每年冬天，我都要返回牧区买牛羊肉。

问：家里现在还喝酥油茶吗?

答：我们曲麻莱的人不喝酥油茶，我们一般是喝奶茶。现在，奶茶的原材料奶子，在牧区已经弄不上了。原来，亲戚偶尔从牧区带点过来。现在都是去市场买了，(速溶奶茶）一包要2.5元。一个月家里吃奶茶比蔬菜还多。我家每天至少要喝6个暖瓶，每个暖瓶冲1包。也就是说每天光是奶茶就要15元。蔬菜的话，平均下来，一年还花不了多少钱。

比起村里其他人，我家吃蔬菜还是比较早的。现在，我觉得我们跟城里面其他人的饮食差不多了。至于藏族牧区特有的饮食习惯，冬天的时候，牛羊肉与酥油拿过来，我们吃得就要多一些，夏天的话，就要少一些。我回牧区的话，住亲戚家。他们不喜欢这里，想着牛羊，不愿意搬过来。他们的子女都送过来在我们这里上学。后来，小孩都不上学了，又回牧区了。现在只有一个人留下来上学了。

问：十年禁牧期就要结束了，您想过搬回牧区住吗?

答：我现在也不想回牧区了。现在我适应格尔木的生活了，回去头昏，睡不着觉。这个和个人的身体有关系。我爱人有糖尿病，体弱多病，但是她回牧区没有问题。

问：冬天家里暖气怎么样?

答：冬天的时候，我们房间的供暖主要是烧煤，没有暖气。现在，水电都有，一般不停。

问：现在家里生活上的困难有哪些?

答：国家给了我们这个80平方米的房子。那我们的孩子长大了，他们也得有房子吧。可是现在这边地也越来越少了，不知道以后怎么办。

问：生态移民后，您觉得牧区的草场有没有得到改善？

答：现在，牧区的草场退化特别严重。鼠害是一个问题。但我觉得应该不是放牧的问题。你看，1970 年的时候，我们曲麻莱不是有 100 万牲畜嘛。还是那么大的地盘，到 1985 年的时候，就变成每家有 20 万牲畜。现在的牛羊，连 1985 年的一半都没有。你看，今年该下雨的时候不下雨，草长不起来；另外，鼠灾也是一个原因。以前还有人在周边去挖金子，乱开采。我们的信仰上有一些说法，就是我们的土地神不高兴了。

问：村里有人搬回牧区吗？

答：村里有人已经把房子卖了。以前我家后面那家，他们的父亲是我们乡上的领导。他走了后，他的女儿带着两个孩子，因为欠了许多账，所以把房子卖了，买了个差点的。她自己生病，干不了活。他的儿子今年考了 333 分，文科。

问：罗布老师，您谈到教育，那您对孩子的期望是什么？

答：对孩子的期望，就是希望他们上学。随着社会的发展而发展，他们也跟着这个社会发展。你看，我们生态移民，毕竟为国家做了这么多（牺牲），我们连自己的地方都放弃了，祖祖辈辈留下来的生活方式也改变了，也不要了，我们主要盼的就是我们的孩子，这些学生以后能够过得很好，受到好的教育。[①]

每次课题组去昆仑民族文化村，都会到罗布老师家。文中这段访谈资料是根据最近一次 2015 年 8 月的录音资料整理的。访谈的时候，我们坐在罗布老师家客厅那套他从曲麻莱县城运过来的沙发上。他神情凝重，心事重重。即便过去了快十年，他仍然清楚地记得搬过来的细节，他笑着说可能是因为当时在路上撞上别人的车子赔了一笔钱，

---

① 罗布访谈资料，2015 年 8 月 21 日，格尔木昆仑民族文化村。

加深了他的记忆吧。讲到这里的时候，他提高了声音，还笑了笑。除了搬迁过程，他还讲了一家人在移民村的生活情况。从他的谈话可以看出，他当初决定搬迁的主要原因是为了孩子上学，然而，村里孩子的整体学习情况并不太好，这让他十分担忧。至于牧区草场退化的问题，他认为过度放牧的说法不成立，鼠患应该是一个问题，但真正的原因可能是过度采矿造成的。罗布老师回牧区的次数已经越来越少，因为在较低海拔的格尔木生活了近十年，高海拔与严寒的牧区对他而言，已经变得难以适应了。

（二）平措访谈资料

问：请问你家以前住在哪个乡？

答：我家是从曲麻河乡勒池大队搬过来的。以前在牧区，家里的房子是土坯房。夏天都是帐篷。现在已经没有了。

问：刚开始国家让你们搬迁的时候，你们愿意吗？

答：我家是自己愿意搬迁的。

问：你家现在还有亲戚在牧区吗？

答：有有有，现在，我老婆的爸爸妈妈，还有哥哥弟弟都在那边。

问：你们什么时候会返回牧区一次？

答：现在不回去了。因为我家有五个孩子，孩子太多了，没有车子的话，实在没有办法把他们带回牧区。我自己一个人的话，回去过。

问：你们希望孩子长大做什么？

答：孩子的将来，现在没有计划。大女儿长大后希望做医生。

问：对于孩子的结婚年龄，怎么看？

答：看他们自己，现在都自由呗。想怎么样怎么样呗，不管他们。

问：孩子们在家里经常讲汉语吗？

答：孩子在家中很少讲汉语，大女儿会讲一点。

问：放假了，他们怎么玩啊？

答：就在家里呗。

问：你认识的人中有出去打工的吗？您去采过虫草吗？

答：我认识的人中，没有出去打工的。我去年去采虫草，赚了。今年价格很低，所以我没有去挖虫草。明年是否去，还说不上。家里就我一个人去的。

问：搬过来后，家里最大的困难是什么？

答：家里小孩多，吃的、穿的要花很多钱。以前在牧区，没有困难。现在搬下来了，房子是修好了。但是，真正搬下来以后，没钱，到处都要花钱。

问：如果草场改善了，你还想回到牧区吗？

答：如果草场改善了，孩子们长大了，也许就不愿意回去了。我们两个老人回去也没有意思啊。

问：政府到时候没有补助了，怎么办？

答：到时候再慢慢看吧。十年后，房子是自己的？这些还说不上。

问：家里如果有余钱，计划怎么用？

答：如果有多余的钱，拿给孩子们读书吧。自己没有找人借过钱，别人也没有来借过。

问：家里现在还喝酥油茶吗？

答：家里现在依然喝酥油茶。如果没有的话，早上起来不想干活呢。小孩子们也喝。如果没有的话，是不行的。

问：家里有没有考虑过种菜？

答：家里的草种得很好，但是没有考虑种菜。因为自己家人不会种，我们牧民不会种菜。[①]

平措简单回顾了搬迁过程，谈得更多的是孩子上学的问题，以及家庭面临的经济困难。三江源生态移民补偿金是以家庭为单位每户一年补助6000元，完全不顾牧户家庭的实际情况进行统一赔偿。对于像平措家这样未成年人口较多的家庭而言，一年6000元实在难以维持其基本的生活。因此，返回牧区挖虫草成为许多生态移民家庭一年收入的重要来源。在随后几章中，本书会以平措一家为个案，讨论具体的饮食变化、转产就业及教育现状等问题。

（三）加西访谈资料

问：你知道当时搬迁的情况吗？牧民是否愿意搬过来？

答：当时搬迁，有些藏民是抢着要搬过来的。措池的人，很多人都想来，但是措池村据说只有30户名额，最后是抽签来决定的。我在措池待了6年，对措池的情况比较了解。

问：搬到格尔木后，你觉得村里孩子最大的变化是什么？

答：现在搬来格尔木，孩子们见的世面要多些。现在来这边，学习语文数学，对于孩子来说，这是很好的事情。但是，藏语是不可以忘记的。家长搬过来后最大的变化主要是卫生方面。因为以前气候不好，没有水。现在来这边后，自己如果不打扫干净，别人会嫌弃。另外，学校对这个问题看得很重要，每天有专门的两个老师检查学生的卫生问题。如果自己的孩子手啊脸啊没

① 平措访谈资料，2009年7月24日，格尔木昆仑民族文化村。

有洗干净，起码会让自己觉得难看。在牧区，很多人不重视孩子的教育问题。但是，看见周围的人家孩子因为学习好，到了西宁等地方后，会对其他人的教育产生影响。

问：你家里情况怎样？有几个孩子？

答：我现在有一个女儿，妻子怀有身孕。不想再要第三个孩子了。孩子必须要受教育。现在，移民村的家长观念发生了很大的变化。如果去上街买东西，不懂汉语的话，买东西的时候，价格可能就要贵很多。所以，他们会认为，自己没有受过教育，一定要让自己的孩子受到教育。

问：村里年轻人现在都在哪里上班？

答：村子里有人去打工，老板让他到楼上去，然后下来。下来后，让他带一块砖去楼上，他就辞职不干了。以前在牧区的时候，只要跟着牛羊走就可以了。所以，现在这边打工的话，一般是干三四个月就不再去了。

问：你家里人已经习惯这边的生活了吗？

答：我妻子最开始不敢去街上买东西，现在已经可以自己去外面买东西了。妻子是跟着我慢慢学习的。

问：你女儿在哪里上学？

答：女儿上的是格尔木的学前班，已经上了两年了。等她上了小学，我可以教她藏语。上到四年级的话，她的汉语应该不错。希望女儿可以上到大学毕业。

问：你怎么看学校的双语教育？

答：我认为最起码不可以忘记自己是藏民。学习汉语是为了应用，但是不可以忘记藏语。对于自己的亲人，一般来说，是只可以与他们讲藏语的，不然会被笑话忘本。

问：十年后，你有什么打算？

答：十年过后，如果政府不给补贴，要看丫头，如果这边的教育和曲麻莱一模一样，那就回去。如果这边好，就留在这边。国家的补贴一年只有6000（元），我自己拿着国家的工资，不是很看重国家的补助。①

加西家的情况与平措家不同。加西是人民教师，每个月有固定的工资，此外，他家孩子少，家庭日常开销与经济负担比平措家要少，因此，加西不太担心家庭的收支问题。不过，他与平措一样，之所以举家搬迁到格尔木，还是为了孩子能有一个良好的教育环境，也就是说他们两家都属于“教育带动移民”② 的典型。

（四）丹珠访谈资料

问：你们是因为什么原因搬到格尔木来的呢？

答：我们是因为国家的一个项目搬过来的，先是省上、州上、县上，再下来就是乡政府，有这么一个项目。这个项目呢，自己愿意搬就搬，自己不愿意搬也可以。但是搬了的话，以后十年，国家会给补助。

问：您家以前有牛羊吗？

答：有。牛羊不能带过来，格尔木这个地方没有牛羊。最后，我们的牛羊全部都卖光了，没有了。我们相信国家，相信共产党。

问：您知道什么是“生态移民”吗？

答：我们这个生态移民，就是“退牧还草”，保护野生动物的世界。我们退牧还草考虑的就是这个野生动物。

① 加西访谈资料，2009年7月22日，格尔木昆仑民族文化村。

② 参见杜发春《三江源生态移民研究》，中国社会科学出版社2014年版，第50页。

问：您觉得搬过来后，生活有没有改善啊？

答：刚到格尔木的时候，小孩还没有上学。这里的房子也比较舒服，格尔木天气也比较可以。搬过来后，有利有弊啊。最开始搬过来的时候特别好，后来就出现了一些问题。管委会没有了，南主任去其他地方了。这样的话我们也不开心。现在，我们群众不满意，反映的问题也特别多。

问：您认识的人中有没有已经返回牧区的？

答：我们这里已经有人把房子卖了回牧区了，有些人卖了四万八千块，有些两万五就卖了。听说中央有个文件，可可西里到曲麻河公社、叶格乡的牧民，愿意搬的就搬，不愿意搬的就在叶格乡那个地方做一个牧场，其他地方都要变成无人区，做一个国家公园，也想保护动物。这个消息真实不真实，我不知道。①

丹珠老人一家是从多秀村搬过来的。他能讲汉语，在和我们进行交流的时候，他特别希望告诉我们更多的信息。2009 年与 2010 年暑期，我们都曾和他交谈过关于搬迁的基本问题。上面这段资料是我在撰稿后期临时决定补做的访谈录音。因为在 2013 年与 2015 年的田野考察中，丹珠老人生病住院，我们未能见到他。为了了解他对一些问题的看法是否有改变，我试着与他的女儿白玛措联系，通过微信交谈，在白玛措的帮助下补做了访谈。丹珠老人以前是村里某个队的队长，他是共产党员，对政策比较了解。他并没有严格按照访谈提纲来回答问题，他会主动讲到他所关心的事情，比如最后谈到的国家公园。这个国家公园就是“三江源国家公园”。就在访谈前两天，青海省政府召开了动员大会，正式启动了三江源国家公园体制的试点工

① 丹珠访谈资料，2016 年 4 月 15 日，格尔木昆仑民族文化村。

作。[①] 从录音资料可以看出，丹珠老人比较关心三江源国家公园建设可能带来的新移民问题。

（五）拉珍访谈资料

问：你今年有没有去挖虫草？赚了多少？

答：我今年去挖虫草了，我老公也去挖了，除去路费，赚了3000多块，今年虫草价格比去年低了一些。我也去采过蘑菇。不然怎么办呢？我们要工作没有工作，要牛羊没有牛羊，你说，怎么赚钱，怎么过生活嘛？

问：蘑菇都是自己吃吗？

答：采来的蘑菇，有时候自己吃，有时候卖。

问：回到牧区后，生活上有没有什么困难？

答：没有困难。在那边（格尔木）有困难。因为买菜、坐车，反正什么都要钱呗。上厕所、水、电费，什么都要钱呗，就过不了生活。第一是过不了生活呗；第二是我们牧区的房子在这儿呗；第三是我们的亲戚比较多一点，他们有牛羊肉，有时候给我们拿来一点。这里比较好一点，我们就搬过来了。现在最大的困难是两个孩子要上学。

问：听说你父母在西宁，会把孩子送到那边上学吗？

答：对，我爸爸妈妈在西宁，等我孩子满了9岁后，我就把她们送到西宁去读书。

问：乡上还有你认识的人是从格尔木搬回来的吗？

答：现在，曲麻河乡上好多人都是从移民村搬过来的。二队

---

① 参见骆晓飞《三江源国家公园体制试点正式启动》，新华网（http：//www.gov.cn/xinwen/2016－04/13/content _ 5063801.htm）。

的、四队的、五队的、六队的都有人搬过来了。他们在移民村过不下去了，他们就搬过来了。[①]

拉珍家原来住在曲麻河乡。她会讲汉语。搬到格尔木昆仑民族文化村的时候，她是村上的妇女主任。在我们2007年的城市生计培训课程中，她有时候还兼任现场翻译。2009年，我们在村里溜达时看见她家的院子里养着藏獒。一问管委会的工作人员才知道拉珍一家已经把房子租给别人，自己搬回曲麻河乡了。没有了牛羊，拉珍买了两个台球桌供镇上的青年人消遣，也赚些生活费用。从当时访谈的场景来看，拉珍一点都不后悔搬回了牧区。她还给我们指了镇上其他几户房子，告诉我们那些人也是从昆仑民族文化村搬回来的。

（六）索南的自述

前面几个访谈都是针对第一代生态移民的，生态移民子女如何看待搬迁的呢？索南在微信朋友圈分享了一篇题为“我与移民的故事”的文章，这篇文章完整地叙述了他们一家的搬迁故事。全文如下：

我与移民的故事

我与移民的故事是在2006年开始的，它终结了我的游牧生活，也让我有机会开始求学之路。在十几年的求学生涯中，我有了很多收获，感谢每一个为我打开心灵的老师。也正是因为多年的求学，我今天才能用文字叙述心中的感慨和回忆。

最后一夜

草原的落日在我家背后的那座山即将落幕，我像往常一样赶

---

① 拉珍访谈资料，2009年7月25日，曲麻莱县曲麻河乡。

着牛群回家了。爸爸和舅舅围着火塘喝茶聊天，我也喝口热茶暖暖身子听着他们聊天。我看见爸爸和舅舅写着牛羊承包协议，阿爸开着玩笑跟我说："明天开始你就不用放牧了，你可以天天在家闲着……"晚上我们收拾东西，阿爸说："明天凌晨就出发了，大概明天晚上才能到格尔木。"家乡最后的夜晚，我睡不着，总是幻想和向往着我们要去的地方。其实（我连要）去哪儿都不知道……草原星空划过最后记忆的流星，我以憧憬的方式告别了草原。

走出牧区

凌晨略带漆黑和一片若隐若现的星光，我们全家坐着那辆东风车向格尔木出发了，穿过黎明的草原，露珠打湿着车轮，晨曦缓缓地升起，意味着我们离草原渐行渐远。大约是在黄昏时刻我们到了从未见过的一片高楼大厦，应有尽有的市场，车水马龙的街道。此时的喧闹便是热闹，并不觉得烦躁。就这样我们来到了格尔木……从此牛羊、黑帐篷、草原等名词成为回忆热词，也在后来进入我的诗歌和文字。

移民后的晚餐

移民后第一份晚餐我们在南郊饭店吃的，我清楚地记得阿爸点了几样菜，那时候全家只有阿爸会说汉语。我们从措池到格尔木可谓舟车劳顿，终于可以吃顿饭休息了，当时我觉得那几样菜真是人间美味，因为我只吃过牛羊肉、乳制品、糌粑，没吃过蔬菜。殊不知后来蔬菜是天天有的，而牛羊肉则是逢年过节的美食！

拿着卖羊的钱上街

移民之前阿爸把牛承包给舅舅家，羊全都卖了，这是我们在城市维持生活的积蓄。来到格尔木移民村几天后，我、阿爸、大舅和姥爷去市场买了茶几和一些家用品。牧民手中的纸币夹杂着酥油的香味，也暗含着生命的血迹！在商品世界的交换中显得那么微小，只是几斤白菜和一张桌子的价值，生活以一点一滴的形式掠夺着牧民手中的积蓄。

我开始上学了

2006 年 9 月，长江源民族小学开始开课了，我带着父母的希望走进学校。当时我的学习是特别好的，一年级没上直接跳级到二年级就读。在当时两大社会系统（即移民村和学校）的作用下，我们的这种环境“鼓励”汉语学习，家里人以及周围的人认为认识汉字，能说一句流利的汉语，就夸这家的孩子学习怎么样的好……我们当时还小，认为只要认识汉字就行了，从意识上把汉语当成了主课。然而殊不知移民村在格尔木的边缘正在被外来文化一点一滴地侵蚀，正如巴让老师所说，“可怕的不是草原沙化，而是人心沙化”。

为生活而生活

那年，我在上初中，周末回家发现爸爸不在家，妈妈说是去牧区了。我问干吗去了，妈妈语重心长地说：“现在你上初中了，两个弟弟上着小学，你们三个的学费，再加上家里的开支……”我知道了，阿爸是去牧区把承包的牛羊卖了，可是这能撑多久，幸亏还有点政府的补助……城市生活把牧民的财富一点一滴地吸食着，而我是牧民到移民的过渡学子，见证过生活！

现　在

现在，我还在移民村，从少年到青年，从小学到高二，我经历了太多的感慨，移民村也经历了太多，也逐渐适应了现在的状态。马背上的民族，还有多少马儿在驰骋？全民信佛的民族，如今在这儿（移民村）有个像样的寺院吗？现在，移民的民族文化是否如这大戈壁的尘埃随风飘远？现在，仅仅是现在觉悟，在大戈壁觉悟！①

索南说他这篇“自我风格的回忆性微小说”借鉴了《哈佛非虚构写作课》的方法。也就是说，其中的内容基本上都是自我生活的叙述与还原。索南分时段讲述了他的移民生活故事，从牧区到格尔木，从牧羊少年到学校的学生，从懵懂的小学生到渐渐觉悟的高中生。索南的笔下，既有细致的观察，又有深刻的思考。他写出了移民家庭在城市生活中的困难，也表达了他对本民族文化在城市边缘的有效继承的担忧。

前面几个访谈中，作为家长的第一代三江源生态移民都提到，当初同意搬迁，主要是为了孩子能接受良好的教育。索南作为生态移民子女中的一员，在移民后接受了学校教育。可以说，索南的自述是对父母当初决定的一种延时回应。

---

① 索南，笔名“措池/行摄人”，格尔木民族中学高 2017 级藏文班学生。该文写于 2016 年 4 月 24 日。

第二章

糌粑与方便面：饮食中的身份认同

2015年8月19日，课题组回访昆仑民族文化村。刚到村口，就遇见多杰的母亲卓玛。两年不见，她的脸庞依然黝黑，不过，脸上的红晕却淡了许多。卓玛佩戴着绿松石耳环与红玛瑙项链，上身着黑白条纹的打底衫，打底衫外面套了一件黄、黑、白相间的细格子衬衣，下身是一条藏族妇女常穿的传统黑色长裙。她手上拿着一个黑色的小手提袋，看起来很精神。我们和她打招呼，她认出我们后开心地告诉我们她正要去南郊菜市场买菜。两个多小时后，我们又在路口几乎同一个位置遇见买菜回来的她。她两手都提着沉甸甸的塑料袋子，右边那个透明的袋子里装着芹菜、大葱、洋葱和绿色的"马奶子"，左手边的塑料袋里则是黄瓜、青椒和苹果，再次遇见，她热情地邀请我们去她家里吃饭，并特意告知她已经学会做菜了。

烧饭做菜，本是寻常百姓生活中再普通不过的事情，为何卓玛要特意提到她会做菜这件事呢？隐藏在烧饭做菜背后的故事有哪些？这些故事又会为理解移民村近十年来的文化变迁与村民的自我身份认同提供怎样的视角呢？本章将从三个层面展开论述：一是移民搬迁以来，两个外来机构组织的厨艺培训；二是当下移民村奶茶与糌粑的饮用状况；三是对两份食谱的考察分析。

第一节　一个茄子与两次厨艺培训

在牧业经济类型中，牧民常常跟随季节的变化逐水草而居，其日常饮食相较农业经济地区精细复杂的烹饪技术，要简单许多。就青海地区的藏族牧民而言，其传统的主食是糌粑与牛羊肉，日常传统饮品则是酥油茶与青稞酒。搬迁到格尔木市南郊后，无论是社会文化环境还是自然环境都发生了较大的变化。仅就日常饮食而言，与此密切相关的变化主要有三个：一是家居环境的改变。政府提供的套房里有单独的厨房，无论是用电还是用燃气都比牧区方便。二是较为便利的城市农蔬市场的出现。新鲜蔬菜瓜果的获取比地广人稀的牧区要容易许多。三是居住地气候的变化。格尔木市区温度比起牧区，要温和许多，加上新鲜牛羊肉的获取没有以前方便，村民身体对牛羊肉的需求也慢慢减少。在这些环境因素的驱动下，他们开始尝试在厨房里做一些新的食物。然而，在牧区生活养成的饮食习惯，使他们在厨房里遭遇了一系列挑战，比如，如何做出可食用的饭菜，如何让食物既可口又富有营养价值等。为了满足身体对食物的需求，昆仑民族文化村村民不断地自我摸索与学习。

昆仑民族文化村村民的“吃饭”问题，后来引起外界相关机构的关注。其中，最为直接的介入是针对村民的两次厨艺培训。这两个外来机构组织的培训，与一个茄子在移民村的遭遇不无关系。

一　炒不熟的茄子

2007 年 8 月，我曾以志愿者身份参与“绿色江河”的“长江源项目”。彼时志愿者中曾流传过这样一个故事：

有位村民去菜市场买了一个又大又圆的茄子回来，但是她并不知道如何处理这个茄子。在没有人指导的情况下，她用刀把茄子从中间剖成了两半。随后，她倒了至少半斤菜油在锅里，还没等到菜油烧熟，她就急着把两块大茄子倒了进去。菜油虽然烧开了，茄子却并没有马上变软，而她做出来的茄子几乎无法食用。

在讲述这个故事的时候，部分志愿者还会辅助以手势，似乎害怕听者不明白。为何志愿者会将其视作故事来讲呢？“绿色江河”的志愿者是从全国各地招募而来的，我所属的那组志愿者主要来自四川、重庆、湖南、广东与北京等地。这几个地区以农耕稻作文化为主，因此餐饮方面比较精细，川菜、粤菜、湖南菜都各有特色。故事中提到的茄子并不是厨房里最难处理的食材，它在各大菜系中早已有诸多为内地民众熟悉的烹饪做法。在移民村，茄子竟然成为厨房里的难题，这对吃过红烧茄子、肉末茄子、鱼香茄子等菜肴的志愿者而言，自然会为茄子在移民村厨房的遭遇感到意外。再来看这个被不断转述的故事。从故事内容来看，焦点其实是茄子处理方式的差异。这些差异大致有三处：一是茄子的切法。在志愿者看来，既然是那么大的茄子，如果不是蒸煮，而是烹炒的话，应该尽量切得细小些。二是菜油的用量。一个茄子用半斤菜油，这不符合普通家庭日常烹饪的情况。三是菜油的生熟。一般而言，应该等菜油烧熟后再放入食材。曾有志愿者就这个故事的真实性去询问村民，被问的村民很腼腆地点头承认村里的确发生过这样的事情。

实际上，作为一名牧民，完全没有必要为自己不擅长炒菜做饭感到难为情，因为精细的烹饪本来就与不断迁移的牧业生活相冲突。藏族牧区传统的糌粑、酥油茶、牛羊肉才是他们的主要饮食。青藏高原三江源区的自然环境限制了他们的饮食资源，同时也制约并养成了他

们独特的饮食方式与习惯。众所周知，青藏高原的高海拔与低气压使得水的沸点低于100℃，要蒸煮熟食物实在不易。加上牧区的主要燃料来源是牛粪，其火力微弱，温度较低，无法提供蒸煮食物所需要的大火。焙炒青稞、碾成粉末做成糌粑则要方便容易得多。不过，从牧区搬到城市郊区后，他们的身份发生了改变，现在，他们远离了牧区，失去了牛羊，自然不再是传统意义上的牧民；然而，他们又算不上真正意义上的市民，因为他们居住在城市的郊区。某种程度上，正是这种游离的身份影响了他们对“茄子”的看法。如果他们还在牧区，“茄子”就不会成为厨房焦点事件，因为昆仑民族文化村村民的迁出地曲麻莱县地处三江源区，土壤类型主要是高山寒漠土、高山草甸土、高山草原土与沼泽土。[①] 这几类土壤均不适宜栽种茄子。在牧业生活中，牧民能吃到的蔬菜有限，不会烹煮茄子乃寻常之事。在几次去曲麻莱县城调研的途中，我们曾在迁出地之一的曲麻河乡停留就餐。曲麻河乡只有一条长约200米的街道，为数不多的几家餐饮店老板都是回族人，其提供的食物主要是大盘鸡与拉面。因为运输与保存问题，蔬菜主要是土豆、番茄与大白菜。前来店里就餐的本地人极少，这些店面的客人主要是往返过路的行人。

如今，原来的牧民作为异地安置的生态移民生活在城市郊区，厨房里添置了煤气罐、高压锅、电饭煲、电磁炉等器具，以往牧区餐饮中面对的高温燃料问题得以解决。此外，市区的农贸市场里有多种农副产品可供他们选择，各式餐饮店亦为他们品尝各种口味的食物提供了便利。社会自然环境的上述变化逐渐影响着他们的厨房餐饮选择。于是，主动尝试自己烹饪食物，便是情理之中的事情了。

---

① 参见青海省地方志编纂委员会《青海省志·长江黄河澜沧江源志》，黄河水利出版社2000年版，第100页。

实际上，对茄子的不同处理方式还折射出不同族群与社区的饮食文化与身份认同问题。西方有句谚语“You are what you eat”（人如其食）。这即意味着通过观察个体所吃的食物，我们能大体了解到个体的秉性。Scholliers 在《过去与现在的三餐、食物叙述与情感归属》一文中亦指出，通过食物，我们能够接触到一个人的本质。[①] 我们每天入口的食物其实并不简单。它不仅为维持我们身体机能的正常运行提供能量与营养，它还是我们文化的关键组成部分，亦是我们认识自身的核心。[②] 选择哪些食材，用什么方法烹饪，通常能折射出个体的社会身份。是否拥有相似的食物处理方式或是共享同一种口味，在人群的区分上，往往有异常微妙的作用。因为在人们看来，那些吃着与自己截然不同的食物，或是以截然不同的方式吃类似食物的人，往往与自己有着天壤之别。[③] 移民村的“茄子”就是极好的例子。志愿者对茄子烹煮的认识与村民处理茄子方式之间的差异，表面看起来只是厨艺高下的问题，实际却与各自的地理、风俗甚至是民族文化心理密切相关。

因此，这颗茄子在移民村的遭遇不仅呈现了村民搬迁初期的饮食现状，同时还揭示了他们渴望融入城市生活的焦虑心态。

二　被展示的“青椒土豆丝”

自 2006 年 6 月搬迁以来，移民村共有两次重要的厨艺培训。第一次由前述“绿色江河”的志愿者主讲。2007 年 7 月，“绿色江河”

---

① Scholliers, Peter, “Meals, Food Narratives, and Sentiments of Belonging in Past and Present”, *Food, Drink and Identity*, Ed. Peter Scholliers, Oxford: Berg, 2001, Print, p. 8.

② Mustafa Koc and Jennifer Welsh, “Food, Identity and the Immigrant Experience”, *Canadian Diversity*, 2002—1 (1), pp. 46-48.

③ 参见［美］西敏司《甜与权力——糖在近代历史上的地位》，王超、朱健刚译，商务印书馆 2010 年版，第 15 页。

在长江源开展了一系列与环保、生态相关的项目。其中一个子项目在昆仑民族文化村展开。针对移民村彼时的情况，“绿色江河”设计的活动主要有：①语言及城市基本常识培训；②农业生产项目的确定；③旅游产品出售与生态旅游知识培训；④旅游纪念品的开发、设计与制作；⑤移民村网站建设与对外宣传。其中，“农业生产项目”最终确定为建设蔬菜大棚、辅导村民种植蔬菜。有关蔬菜暖棚的情况，后面会列专章展开论述。厨艺培训是“语言与城市基本常识培训”课程中的一讲。“绿色江河”的上述项目是与移民村管委会商议后设定的，其初衷是通过快速的培训，使移民能尽快融入当地人的生活圈子。厨艺培训的开展，亦与志愿者对茄子遭遇的介怀不无关系。

在“绿色江河”的项目材料中，还能找到彼时归档的厨艺培训教案。教案内容如下：

第六课时

教学目的：通过学习与现场模拟，学会认识各种蔬菜瓜果，让藏民能够学会简单的营养搭配，做出可口的饭菜，提高藏民生活质量。

教学重点：认识常见蔬菜瓜果的营养价值，学会用其做简单的饭菜。

教学过程：

一、简单的导语；

二、常见蔬菜瓜果及其营养价值的认识；

三、学做简单的蔬菜。①

---

① 四川省绿色江河环境保护促进会：《绿色江河 2007 项目书》；也可参见生态移民网（http：//www. stym. org/html/gejiejuanzhu/20070812/69. html）。

这份志愿者设计的教案值得细加辨析。首先，教案中潜藏着一个判断，即如果不能学会做出可口的饭菜，那么，人们的生活品质就可能是差的、不好的；其次，教案将移民村村民有关蔬菜瓜果的认识与饮食烹煮的技能默认为零，也就是零起点；最后，教案还内隐了志愿者的关怀。不过，这种关怀某种程度上又暴露了城市生活的优越感。前面提到过，“绿色江河”2007 年招募的志愿者来自四川、重庆、广东、湖南等省份，这些地区的餐饮各有特色。因此，志愿者容易从自身文化出发来设计课程，而未能充分肯定昆仑民族文化村村民原有的饮食习俗。不过，志愿者彼时曾入户调研，对移民村生活有一定了解，加上那颗“茄子”的遭遇，如此设计课程还是较为吻合移民村当时的情形。

这堂课有两个教学重点。第一是认识蔬菜瓜果的营养价值。我们的教科书常用“地大物博”来形容祖国的地理与物产。的确，仅以水果为例，东西南北各有特色。现代便捷的物流运输使他乡的蔬菜水果得以在遥远的异地出售。但对牧区的大多数牧民而言，大部分外地蔬果还停留在书本与电视屏幕里。此外，绝大多数牧民的汉语水平有限。迁入地格尔木市尽管是一个多民族杂居的城市，市区内的菜市场里彼时懂得藏语的摊贩寥寥无几，因此，认识蔬菜瓜果及其营养价值的前提是掌握它们的汉语名称。至于营养价值层面，涉及的内容繁杂，在一两堂课程中并不可能讲到多少实质性的内容。不过，“绿色江河”课程培训中强调果蔬的营养学问题是有特定缘由的。当时入户调查结果显示，村民中患肺结核、乙肝的人数不少，因此，志愿者怀疑不当的饮食结构是影响村民身体健康的因素之一。

第二是学做简单的饭菜。这部分教学内容通过现场展示实现。负责现场操作的是来自广州的志愿者小刘。小刘是四川人，大学毕业后在广州工作。笔者是协助人员，同时也负责现场讲解。课堂现

场同时安排了管委会的南主任做翻译。教室设在管委会办公楼一楼会议室。当天，工作人员将厨房里的煤气罐、燃气灶与其他用具搬到了会议室。为了让志愿者能现场展示从洗菜、切菜到炒菜的整个过程，会议室里还准备了一张木桌，“讲台”设在会议室进门右手边，操作台后面还立了一块黑板。村民挤坐在会议室里，以“学生”身份参与“课堂”，学习观摩炒菜的全过程。

当天课堂上准备的蔬果是菜市场里最常见的苹果、香蕉、番茄、黄瓜、青椒与土豆等。先是志愿者挨个介绍蔬菜的名字、营养价值、搭配禁忌，随后才进入炒菜环节。小刘要在现场制作家常菜“青椒土豆丝”。课堂准备的主要原料有土豆、青椒，其他辅料有生姜与大蒜。小刘将土豆剥皮、切片、切丝，然后用水泡洗；接着，她将青椒切丝，将生姜与大蒜切成细小的颗粒。整个过程中，她不时放慢动作，并停下来将准备好的原料高高举起，以便“台下”的“学生”都能看清楚，与此同时，台下的“学生”也都伸长脖子认真观看，甚至后排有人为了不被遮挡站了起来。开始炒菜前，小刘特意强调了使用煤气罐与煤气灶的安全事项。在讲解与展示的过程中，小刘会停下来等南主任翻译后再继续。台下的“学生”则一边看操作，一边听翻译，显得很忙碌。炒菜过程中，小刘特意指出菜油一定要烧熟，检测的标准就是把手掌心放在离油一定距离的位置感受热度或者观察油的变化。菜油烧熟后，她将姜蒜放进去，过会儿再将土豆丝倒进去翻炒，差不多的时候再放入切好的青椒丝，再翻炒，起锅前再放适当的盐。整个炒菜过程，小刘动作娴熟，以至于两位助理几乎没有插上手，也在一旁观看。青椒土豆丝起锅后，南主任邀请了几位“学生”上来品尝。“学生”品尝后，伸出大拇指表示夸赞。厨艺观摩课程告一段落。

图 2-1　“绿色江河”组织的厨艺培训现场

图 2-2　中式面点培训结业现场

从现场来看，这堂厨艺课给人的直观感受是炒菜并不难，能在一定程度上缓解村民进入厨房的压力。但是，仅仅一堂“青椒土豆丝”展示，显然不能让村民迅速掌握烹炒各种菜品的技能，尤其是对于刚从牧区搬下来不久的牧民而言，选择什么食材、炒什么菜、怎么炒菜

并不是简单的事情，而是与舌头、味蕾、身体和经验息息相关的大事。课堂上，来听课的男女老少都很认真，他们殷切希望通过观摩学习能提高厨艺。然而，志愿者在村里停留的时间只有一个多星期，志愿者离开后，他们又会回到自我摸索的状态中。当然，其中不乏实践能力强的人，比如多杰的母亲卓玛。

2007 年 1 月，移民村就完成了第二批生态移民的搬迁。逾半年后的 8 月，移民村才开设第一次厨艺培训课程。彼时，糌粑、牛羊肉和酸奶仍然是绝大多数村民一日三餐的主要食物。在志愿者离开格尔木之际，移民村特设宴为志愿者饯行。饯行当天，办公室的会议桌上放满了糌粑、风干肉等藏族传统食物，此外，还有一锅蕨麻做的粥。管委会的南主任告诉我们，这些食材并不是在格尔木市区购买的，而是牧民搬迁的时候从牧区带过来的。需要说明的是，距离格尔木最近的迁出地是约 340 千米外的曲麻河乡。因为路况原因，有些牧户从牧区搬过来那天，从早赶到黑，天黑了才到达格尔木。这些食物中，蕨麻是青海的特产，在藏语里叫“卓老沙曾”。蕨麻也被叫作延寿果、莲菜果和人参果，营养价值极高。① 在给志愿者介绍这些食物的时候，管委会的藏族工作人员都表现出对本民族食物的自信与自豪。他们极力推荐蕨麻与风干肉给志愿者，在他们看来，这两种食物无论是味道还是营养价值，都是内地食物无法媲美的。老实说，对我而言，风干肉吃起来有点痛苦，我更喜欢蕨麻，因为蕨麻吃起来甜甜的，口感不错。

在“青椒土豆丝”的课堂展示中，尽管“培训老师”的确考虑了移民村的饮食现状，但讲授什么课程还是由公益组织的志愿者最终决

---

① 蕨麻喜湿润，耐高寒。可在海拔 4700 米的高山草甸生长，同时又能适应盐碱土质。青海蕨麻的主要产地是果洛、玉树、黄南和海南等藏族自治州。其相关信息可参见韩舞凤《青海特产风味指南》，青海人民出版社 1985 年版，第 60—61 页。

定。某种程度上，这堂课程还意味着外来餐饮习俗的“强势进入”。有意思的是，在答谢志愿者的饯行宴上，管委会代表村民为志愿者提供的食物并不是新学会的各种炒菜，而是前述藏族传统食物。实际上，这次厨艺课程与饯行宴里隐藏着两组对应关系：一是汉族志愿者与藏族生态移民所代表的汉族地区餐饮与藏族地区餐饮；二是农业经济类型与牧业经济类型。因而，管委会拿什么招待从外地来的志愿者就显得颇有意味。尽管搬迁到格尔木后，移民村村民的牧民身份被“生态移民”所取代，但他们还有一个藏族身份，因此，无论“青椒土豆丝”多么美味，它都不可能取代糌粑、风干肉与蕨麻等食物在他们心中的位置，因为后者才是藏族“风味”的食物。同时，唯有后者能够定义并呈现他们的藏族身份。

李炳泽先生曾对“风味”作过这样的解释：“风”是意识方面的东西，“味”是物质方面的东西。[①] 因此，民族的传统风味不仅与食物的口感有关，同时还与民族文化心理密切相关。饯行宴上的食物均取材于牧区，它们是村民搬迁之初随身所携。可以说，这些食物经历了艰难的跋涉才得以抵达移民村。学者 Mustafa 与 Jennifer 曾把移民从家乡带到迁入地的食物称作“漂洋过海的食物”，并指出这些食物对于移民而言，早已不是单纯意义上的食物，而是故乡和故乡文化的象征。[②] 传统食物与家乡食物在维系自我身份认同上，往往具有决定性作用。[③] 或正因此，从牧区远道携来的掺杂着故乡感觉与情绪的糌粑、风干肉、酥油等食物，成为昆仑民族文化村村民怀念故乡牧区的情感

---

① 参见李炳泽《多味的餐桌：中国少数民族饮食文化》，北京出版社 2008 年版，第 58—59 页。

② Mustafa Koc and Jennifer Welsh，“Food，Identity and the Immigrant Experience”，*Canadian Diversity*，2002，1（1），pp. 46-48.

③ Maheshvari Naidu and Nokwanda Nzuza，“Food and Maintaing Identity for Migrants：Sierra Leone Migrants in Durban”，*Journal Sociology Soc Anth*，2013，4（3），pp. 193-200.

表达，也成为他们确认自我的方式之一。因而，“青椒土豆丝”与“饯行宴”上的食物是了解移民村村民划分自我与志愿者群体的一个窗口，同时它们也预示着未来移民村饮食结构中的冲突与张力。与此相关的论述，将在本章第二节中展开。

三　职业技术学校的专门培训

如果说 2007 年“绿色江河”组织的厨艺培训尚属业余级别，那么 2008 年与 2009 年，移民村迎来的则是专业厨师的特别指导。2009 年 7 月 13 日，笔者与志愿者周宇从西宁乘坐白天的火车前往格尔木，在火车上遇见一位短发干练的女士，闲聊中得知她是青海省华夏职业技术学校（以下简称“华夏职校”）的员工，她也去格尔木的昆仑民族文化村。此前，格尔木市就业局与她所属的学校合作，计划在昆仑民族文化村免费为村民培训初级烹饪、面点、家常菜与饮食业的经营等课程。这些课程已经于当年 6 月 10 日正式展开，而她这次是代表学校方参加 2009 年 7 月 14 日的结业典礼。[①]

抵达格尔木后，我们还未能很快适应 2800 米的海拔，身体有些疲惫，决定先去宾馆休息，顺便采购些生活物资。第二天一早，我们带上行李，坐上 4 路公交车抵达南郊的昆仑民族文化村。在管委会办公楼二楼与工作人员打招呼后，征得同意在他们闲置的办公室里安顿下来。彼时，一楼会议室里，部分村民与工作人员正在为下午的烹饪培训结业展示做紧锣密鼓的准备。这间会议室正是 2007 年“绿色江河”志愿者开展“城市生活基本常识”培训的教室，也是“青椒土豆丝”观摩课程的教室。不过，这一次讲台换了个方向，设在会议室的另一端。一到门口就看见对面墙上挂着两排红色布面条幅，最上面的

① 相关报道参见《西宁都市报》2009 年 6 月 19 日第 A7 版。

条幅上印着白色字体的“曲麻莱驻格尔木生态移民 2009 届中式面点技能培训班”，条幅右下端是小字体的“青海省华夏职业技术学校举办”（见图 2-2）。之所以写成“2009 届”，是因为 2008 年已举行过一届为期 15 天的初级中式烹饪培训。下面的条幅上印着黄色字体的“培训成果技能竞赛与颁奖活动”。很明显，下面的条幅是为当天的结业仪式特意新挂上去的。

会议室里所谓的“讲台”，其实是临时搭建的简易操作台。操作台由四张条桌组成。桌子上面，除了摆放有菜板、刀具、青椒、姜、葱、蒜外，还有揉好的面和等待下锅的拉面、饺子、包子，以及一个大型号的煤气灶，煤气灶上是一口正烧着沸水的大铁锅。桌子旁边放着一个煤气罐。离操作台不远处靠墙有一张椅子，椅子上面有一大盘摆得整整齐齐的饺子。会议室两边各竖放着一排桌子与凳子，桌子上堆放着阿尔卑斯水果糖、炒熟的花生，以及白色的一次性纸杯。此外，桌子上还有几瓶 2 公升装的康师傅鲜橙多和七喜汽水，在这些物品中间，偶尔还能看见几个盛着奶茶的藏族特色小瓷碗，再仔细点，还能在桌子底下看见存放奶茶的暖瓶。

华夏职校负责这次培训的厨师姓严。严老师是汉族人，不会讲藏语。他穿着白色的工作服，戴着白色的厨师帽，看起来很专业。严老师忙碌着招呼他的学员为下午的展示做最后的练习。

当天下午三点，学员与前来参加典礼的学员家属（多半是小孩）约 60 人早已准备妥当，等着管委会的工作人员、华夏职校的代表及格尔木市电视台的记者到场后，结业仪式就正式开始了。在管委会工作人员对华夏职校表示感谢后，培训班学员现场展示了一个月来学到的技能。与蔬菜种植培训一样，这些学员全部是女性，年龄参差不齐，最小的十五六岁，最大的六十多岁。现场展示从和面开始，学员们根据喜好，有的做包子，有的做面片，有的做拉面，有的做饺子。

整个场面看起来其乐融融，大部分学员都显得自信从容，全然没有2007年学做“青椒土豆丝”时的矜持与胆怯。一一展示后，严老师让学员把“作品”放进大锅里，或蒸或煮。在等待“作品”呈现的时间里，学员们坐在位置上，拉家常、嗑瓜子、喝饮料，当然，有几位阿妈端着瓷碗，小口地喝着自家的奶茶。最后，蒸煮熟的食物端上来，由管委会的工作人员和培训机构的老师品尝，评定优秀学员，为优秀学员颁发奖状，同时也为每位学员颁发了中式面点培训班的结业证书。如此，一个月的培训算是告一段落。

优秀学员中有位妇女名叫雍措。当天，雍措是严老师指定的“墩子”，负责切肉切菜。只见她不慌不忙地把青椒与红椒切成细长的丝，又将葱姜蒜切成细小的颗粒。看着她的刀法，我不禁回想起那颗被切成几大块的茄子来。不仅是雍措，在场的其他妇女也都表示她们现在刀功不错，能够把菜切得细细的。什么是“刀功”呢？在烹饪里面，所谓“刀功”，即根据烹调和食用的要求，厨师选择运用不同的刀法，将食材加工成一定的形状。好的刀功，对后面的烹制、调味、菜肴形态的美化和菜肴质感的提高都至关重要。[①] 刀功的提高，从某种程度上证明，自2007年的第一次培训后，村民的饮食生活在两年间发生了不少变化。另一名优秀学员名叫拉姆。拉姆三十多岁，为人性格爽朗，能讲较为流利的汉语。课堂上，拉姆很积极，加上汉语较好，与严老师沟通容易，所以她在培训班上义务“代理”了翻译一职。拉姆说，培训课上教了30多种面点，她学会的至少有一半，其中，她觉得最简单的是面片与包子。

结业典礼成果展示上的面点，除了日常食用的普通面点，还有一些“化过妆”的面点。严老师在面粉里加了食用染料，于是，做出来

---

① 参见吕新河《中式烹饪》，旅游教育出版社2002年版，第72—73页。

的包子、馒头与饺子就有红色、绿色和原色。摆在托盘里花花绿绿的，惹人喜爱。这些有形有色的面点，不正是生活情趣的表达吗？她们已然不再仅仅满足于将食物煮熟，还希望在食物的烹饪与享用过程中获得美感与幸福。

与2007年“绿色江河”组织的培训相比，华夏职校的培训有如下特点：一是专业技术人员的参与。华夏职校是一所中等层次的职业技术专修学校，开设有中式烹饪专业，同时拥有专门的厨师培训实习厅。学校委派资深的厨师严老师进驻村子教学，其长期积累的教学经验，以及专业技能确保了教学的顺利展开。二是教学时间的延长与持续。2007年的厨艺培训时间极其短暂，且无完整的教学体系，教学内容随机性大。此次培训历时1个月，较长时间的不间断学习与课堂实践操作能有效保证教学内容的完成。同时，严老师住在村子里，能随时解决学员在家庭餐饮中出现的疑难问题。三是村民已有两年的自我摸索实践。自2007年的培训后，已是两年。两年，逾700天，每日三餐，村民必然在应对处理食物的过程中，累积了不少经验与教训。此外，2008年6月的初级中式烹饪培训让村民掌握了基本的烹炒技术，这些因素促成了此次中式面点培训的成功，也促进了随后移民村饮食生活的多样化。

第二节　奶茶与糌粑VS速溶奶茶与方便面

从集体的厨艺培训来看，移民村的饮食习惯在各种外力的促动下，已经慢慢发生着改变。从管委会办公大楼一楼的会议室回到村民家中，厨房与饭桌就成为考察生态移民饮食变化的隐秘而私人化的空

间。在以往对中国移民群体的文化变迁研究中，早已有学者触及饮食文化在移民群体身心调适过程中的特殊作用与意义。比如，客家人迁往南方后，在面食为主的生活无以为继的情况下，接受当地食材，同时巧妙利用相似的食物制作方法，用豆腐酿代替饺子，圆了思乡情结。[①] 就少数民族移居城市或牧民定居后饮食习俗变化的研究，有白晓荣的《东乡族人移居城市后饮食习俗的传承与变迁》[②] 与沙拉古丽·达吾来提拜的《哈萨克牧民定居与饮食文化的变迁》。后文谈到了厨房炊具与日用器皿的种类变化如何影响了哈萨克族定居牧民的进食方式与传统食物的继承等。[③] 在三江源移民文化的研究中，亦有学者开始关注此移民群体的饮食变迁，如薛立娟与史玉梅的《三江源移民文化的演进与博弈——以青海省贵南县过马营镇移民新村为例》[④] 一文。在美国，有学者直接提出“厨房作为文化的媒介”，并用以分析美国明尼苏达州的墨西哥移民的食物体验。[⑤] 这些研究为通过日常生活中的饮食习俗考察三江源生态移民文化变迁与身份认同提供了有益的借鉴与思路。

回到田野考察，我们几次往返昆仑民族文化村进入村民家中调研，每次落座后，村民都会端上热气腾腾的奶茶、油炸的食品，如油条、煎饼等。然而，最近一次在卓玛家，她端来了用搅拌机制作的奶茶、花花绿绿的糖果、花生与香蕉片，油条与煎饼已经从卓玛家的待

---

① 参见罗舜芬《客家饮食中的原乡情结》，《江西食品工业》2008 年第 3 期。

② 参见白晓荣《东乡族人移居城市后饮食习俗的传承与变迁》，《中国穆斯林》2005 年第 1 期。

③ 参见沙拉古丽·达吾来提拜《哈萨克族牧民定居与饮食文化的变迁》，《中国穆斯林》2009 年第 4 期。

④ 参见薛立娟、史玉梅《三江源移民文化的演进与博弈——以青海省贵南县过马营镇移民新村为例》，《青海师范大学学报》（哲学社会科学版）2013 年第 5 期。

⑤ Tosoulla Hadjiyanni and Kristin Helle，“Kitchens as Cultural Mediums：The Food Experiences of Mexican Immigrants ”，*Housing and Society*，Volume 35，No. 2，2008，pp. 97-116.

客食品名单上剔除了，制作奶茶的器具也已经悄然改变。从制作食物的餐具与从厨房端出来的食物中，能觉察到牧区传统的饮食方式与城市居民饮食之间的碰撞、融合，甚至是相互妥协。与此同时，分散在移民村各处的小卖部里，货架上堆满了可口可乐、七喜、鲜橙多等饮料，方便面、口香糖、小福贵等包装花哨的零食也充斥眼球并吸引着移民村的青少年。此外，村里开张一年又因利润太低无奈搬走的回民餐馆与新开张不久的藏族风情园，又提醒着我们应该从多层面来考察移民村的饮食习俗与文化变迁。

的确，搬迁已近十年，昆仑民族文化村村民原有的牧区日常饮食习俗在新的自然环境与社会环境中，必然会发生变化。这种变化究竟如何呢？他们吃糌粑多一点还是米饭多一点？他们喝奶茶多一些还是碳酸饮料多一些？他们平常吃肉多一些还是蔬菜多一些？这些具体的问题都引起我的关注。在这些看似杂乱的现象中，本书将以主食糌粑与主要饮料奶茶为切入点，爬梳昆仑民族文化村日常饮食生活的变化及其中呈现的身份认同问题。

一　奶茶与速溶奶茶

2007 年 8 月，笔者以志愿者身份去村民家中进行生态移民的摸底调查。出发前，“绿色江河”给志愿者进行了“志愿者须知”的培训。在诸多“须知”中，有一条就是到底喝不喝村民热情端上来的奶茶。如果不喝，会显得没有礼貌，容易伤害村民感情。我们被告知，最好的办法就是志愿者随身携带水杯，如此一来，就有了一个推脱的借口。于是，刚开始的一两天，大家带着灌满水的杯子出门。每到村民家中，看见他们起身倒奶茶，我便笑着善意地拒绝；再后来，不忍拂了村民热情的笑脸亦不忍辜负泡好的奶茶，我开始品尝村民家的奶茶，彼时，奶茶的奶味很浓，咸中带甜，感觉很奇妙。有一两次，我

在奶茶杯底，看见了一两根黑色的毛发，或许是牛羊的毛发，这些毛发，又忽然提醒我肺结核和乙肝的一些传言。可以说，在移民村喝奶茶的心理过程，反映出我对肺结核和乙肝的无知与惶恐，同时也暴露出彼时我还未能站在生态移民的立场上去尊重、体恤与理解他们的处境。在后来的研究中，奶茶成为一个象征，时时提醒着我注意自己的言行举止。

最初，我以为我在移民村喝到的奶茶就是酥油茶。后来才知道，曲麻莱县的牧区日常喝的并不是酥油茶，而是奶茶。“奶茶”，即藏语里的“噢嘉”，其主要原料是茶、牛奶与盐。这个茶，有些人家用砖茶，有些人家用四川产的藏茶。较为传统的做法是先将茶叶放在锅里或是茶壶里熬煮，当茶水变成赤红色时，用漏勺捞去里面的茶叶末，再倒入牛奶，适当加盐，煮沸即可食用。奶茶的营养学研究，最为通常的说法是能醒脑提神、消乏解困、生津止渴，在高原寒冷干燥的环境中，能滋润咽喉、消食化腻，同时还能补充高原肉食引起的维生素C缺乏。[①] 因此，奶茶是牧民家中日日必需之物。

在随后几次暑期调研中，重返移民村走访时，都能喝到奶茶。然而，村民日日饮用的奶茶却悄悄发生着变化。比如，在罗布家喝的奶茶味道变淡了，在卓玛家喝到的奶茶是用电动搅拌器做出来的，今年在德吉家，却没有喝到奶茶。这背后的情况具体如何呢？

（一）罗布家的速溶奶茶

罗布原是曲麻河乡多秀寄宿小学的老师。搬迁前，他家住在曲麻莱县城。那时，他的大儿子刚高中毕业，大女儿刚上小学，小女儿还未上学。搬迁后这些年，罗布老师的大儿子结婚生子了。2016 年 6

① 参见韩舞凤《青海特产风味指南》，青海人民出版社 1985 年版，第 112 页。

月，他的大女儿参加了高考。作为离职的老师，在移民村，他一直关注移民村孩子的教育问题。在村里，他是“青少年学习速成班”的班主任，也曾接管过幼儿园的教学工作。得知我也是老师，他与我的交谈便增多了。每次回移民村，我们都会前去罗布老师家里拜访。

2009 年 7 月与 2010 年 7 月，我们在罗布老师家喝到的奶茶是他从暖瓶里倒出来的。这种暖瓶，罗布老师家里有好几个。2013 年 7 月，我们问起罗布老师家中有无困难的时候，他说：“家里经济紧张，光是每天喝的奶茶都要十几块（钱）。”为何这么贵呢？因为罗布老师的爱人体弱多病，现在家里喝的奶茶都不是自己做的，而是从市场上买的袋装奶茶。这个袋装奶茶，就是速溶奶茶，与速溶咖啡一样，方便快捷。罗布老师谈到，这个奶茶虽然一小包只要一块五，但是一小包只能泡一个暖瓶。家里人多，每天至少要喝 6 个暖瓶的奶茶。这样算下来，每天光是奶茶就要花掉近 10 元。“1.5 元/小包”是 2013 年的价格，2015 年，每小包的价格已经涨到 2.5 元了。这就意味着，罗布老师家现在每日喝速溶奶茶的开销是 15 元。罗布老师提到，政府最初承诺给生态移民每家每年 6000 元的补偿款已经停发了。现在，村里 16 岁以下与 60 岁以上的村民每人每年能享受 4800 元的困难补助。也就是说，如果没有其他的经济来源，生活必然会过得紧张拮据。罗布老师感叹道：“尽管价格这么贵，这个奶茶却不能不喝啊，因为这么多年都习惯了。”[①]

藏族传统食品的“速溶化”，在早几年前已经形成市场规模。速溶酥油茶、速溶青稞奶茶、真空包装的糌粑等产品的出现，原本是为配合旅游市场的开发，满足外地游客馈赠亲朋所需。2009 年，有细心的旅行者曾撰文《十年拉萨新印象——请喝一杯“速溶”酥油茶》，

① 罗布访谈资料，2013 年 7 月 7 日和 2015 年 8 月 20 日，格尔木昆仑民族文化村。

分享了作者在拉萨品饮藏族友人亲手煮制的酥油茶与批量生产的速溶酥油茶后的感受。旅游者感叹藏族传统食物的速溶化与现代化，并将其称作“新式藏族用品”[①]。这些新式藏族用品可谓琳琅满目，单就藏族的青稞速溶奶茶粉而言，市面上品牌众多，如圣湖牌、可可西里牌、雪域珍品牌、青藏高原牌等。在淘宝网等购物平台上输入“青稞速溶奶茶”，检索到的商品繁多。淘宝网上的价格，与罗布老师讲的相差无几，有的甚至还要贵一些。

当听闻为旅游者所需而生产的“速溶奶茶”出现在移民村，并成为某些人家的日常饮品时，我的确有些“大惊小怪”。我惊叹于速溶产品如此快速地侵入移民村的领地，同时亦对罗布家放弃传统奶茶的制作有些不解，甚至为他的孙子尝不到自己家人亲手制作的奶茶味道而遗憾。速溶奶茶与传统奶茶究竟有何差别呢？或者换句话说，在藏族传统食物速溶化的过程，有哪些东西丢失了？从产品的批量化生产而言，统一配方的、无差别的速溶奶茶粉所提供的几乎是无差别的口味。这种统一的、标准化的配方为消费者所提供的服务类似于快餐连锁店提供的统一标准化服务。速溶奶茶方便快捷，省时省事，的确具有家庭熬煮奶茶所不具有的优势；然而，在家庭生活中，由主妇亲手熬煮的奶茶，可根据饮者喜好随意增减牛奶与盐的分量，具有速溶奶茶无法提供的体贴与“温度”。从某种层面而言，亲手熬煮的奶茶就如传统餐饮店根据顾客所需提供的私人服务。这种“温度”类似于Seymour提到的传统餐饮店服务员提供的微笑、倾听等“感情劳动”(emotional labor)[②]。但服务员的感情劳动自然不能与家人的劳动相提

---

① 点子正的网易博客(http://blog.163.com/dian_zizheng/blog/static/16457381820104240240612/)。

② Seymour, Diane, “Emotional Labour: A Comparison between Fast Food and Traditional Service Work”, *International Journal of Hospitality Management*, Volume 19, Number 2, 1st June 2000, pp. 159-171 (13).

并论。在区别速溶奶茶与家庭熬煮奶茶的时候，除了看到工业化与手工劳作的较量外，我们不能忽略家庭熬煮奶茶中隐藏的情感元素，诸如只有家人才知晓的与奶茶有关的趣事、主妇的娴熟技巧与烹煮过程中的特别处理方式、个人喜好的咸度与牛奶的用量等。如此一来，比起以往家庭熬煮的奶茶，速溶奶茶的确少了一分“温度”。

当然，村里喝速溶奶茶的人并不算多数，最主要的原因，还是价格的问题。传统奶茶需要的原料中，盐的价格低廉，茶叶的价格则有高有低。如果选用四川出产的藏茶或是砖茶，价格是普通人家可以接受并长期食用的，此外，还有饮食安全方面的考虑。就此，笔者曾询问管委会一位工作人员是否喝过速溶奶茶。他回答道：“我没有喝过速溶奶茶，以后也不会喝。我也不会让我的儿子喝。哪怕是袋装的牛奶，我也不会让我儿子喝。我只让他喝牦牛奶。哪怕贵一些，但是安全。”① 这位工作人员的家人都在牧区生活，他不喝速溶奶茶与袋装牛奶就是出于食品安全的考虑。实际上，有关速溶食品安全问题的争论一直未曾中断，速溶奶茶亦不例外。

回来再看罗布老师家的情况。罗布老师的两个女儿都在格尔木市民族中学上学，因是寄宿制，只有周末与寒暑假在家。两个孩子忙于学习，参与家务劳动的机会不多。实际上，在牧区生活之时，她们每天看着母亲蒸煮奶茶，早已耳濡目染掌握了传统藏族奶茶的技艺。在搬到格尔木后，替代的速溶奶茶购买方便，她们平日忙于学业，是否亲自烹煮奶茶已经不再重要。罗布的孙子丹增 2011 年出生于格尔木，尽管才 4 岁多，他已经随父母回过两次牧区，他在牧区喝过蒸煮的奶茶。然而，在格尔木移民村，他只能喝到爷爷为他买的速溶奶茶。

① 嘉央访谈资料，2015 年 9 月 20 日，微信访谈。

除了奶茶外，罗布老师也谈到他家食用肉类的情况：

> 现在夏天吃不上（牛羊肉），不是身体受不了，而是肉弄不上。夏天的话没有肉。冬天的话有冻肉，宰上一两头放在亲戚那里，自己拿钱买。夏天的话，买上一两斤炒着吃，以前的话是大块大块地用手抓着吃。现在吃不上了，没有了。[①]

居住环境的改变使得原本自给自足的牧业生计被迫中断，罗布老师家的肉食习惯也不得不做出调整与适应。

（二）卓玛家用电动搅拌机做奶茶

2009年8月，为了了解曲麻莱县县城长江路社区生态移民的情况，我们搭乘村里司机才仁的车前往曲麻莱。同车的全是昆仑民族文化村的村民，其中就有卓玛一家。卓玛一家三口要从曲麻莱县辗转去卓玛在四川德格的娘家。途中，车子在多秀寄宿小学门口停下休息，车上的人都下车活动筋骨，补充能量。我们吃着简单的糕点与饼干，喝着矿泉水。卓玛一家与车上其他几位村里人则围坐在一起，从随身携带的口袋里拿出瓷碗、装奶茶的水壶、酥油和炒面。他们就地做起了糌粑，谈笑着，还邀请我们也去尝一尝，他们笑着说："在这里就应该吃糌粑喝奶茶。"正是因为这次行程，我们得以与卓玛一家熟识起来。

与罗布家一样，卓玛家是昆仑民族文化村第一批生态移民。搬迁前，卓玛家住在曲麻河乡多秀村。她家只有一个孩子，2006年，他们搬到格尔木时，儿子多杰才4岁。从房屋装修与室内布置来看，无论是新买的沙发与餐桌，还是洗衣机与大彩电，卓玛家应该算得上村里比较殷实的人家了。2015年8月，我们在卓玛家院子里新修的门廊里

① 罗布访谈录，2013年7月7日，格尔木昆仑民族文化村。

坐下后，卓玛端来糖果与热气腾腾的奶茶。仔细一看，卓玛手里拿的不是暖壶，而是一个大容量的搅拌机机身，一问才知道，卓玛家已经不用传统的水壶烧煮奶茶了。

随后几天，我们又去卓玛家，得以观察了她做奶茶的全过程。从门廊进去就是卓玛家的客厅，在客厅左侧角落的地上，有一个电热水壶。招呼我们坐下后，卓玛就去厨房的斗柜里抓了一把砖茶出来。只见她掀开电热水壶的盖子，把茶叶放进去，盖上盖子，按了下水壶的开关，不一会儿，就听见烧水的响声。原来，电热水壶里已有烧过的开水，所以，再次烧开需要的时间并不长。卓玛起身，拿起电热水壶进入厨房。在厨房里，她拿出电动搅拌机与漏勺，将电热水壶里的茶渣过滤掉，随后，她随手舀了些盐、倒了些奶粉到搅拌机里。她插上搅拌机的电源，按下开关，搅拌起茶水、奶粉与盐来。这个过程中，因为搅拌机的晃动并不是很大，所以她一直用手抱着搅拌机。搅拌了一两分钟后，奶茶就做好了。

在牧区，卓玛烧水用的水壶是普通的铝质水壶，她一般会把装满茶水的水壶放在烧着牛粪的炉子上。烧煮茶水的时间比起用电热水壶来，自然要长许多，如果要等到茶水变成赤红色，时间就会更久。搬到格尔木后，厨房生活设施改善了。现在，卓玛家的电热水壶取代了普通的水壶，电动搅拌机取代了以往较为繁重的人工劳作，可以说是省时省心。卓玛烹煮奶茶的器具，除了那个漏勺还留有牧区的痕迹，基本已经实现了“现代化”。在藏区，许多藏族人家已经用电动搅拌机来做酥油茶了，卓玛家的搅拌机也具有做酥油的功能。仔细打量卓玛的厨房，与奶茶相关的器具中，除了电热水壶与电动搅拌机外，装茶叶的斗柜是藏式的，装碗筷的柜子亦是藏式的，盛奶茶的瓷碗上亦印着吉祥八宝的图案。单就卓玛烹煮奶茶的工具与器皿而言，可以说是现代科技产品与民族传统物件的较量与妥协、碰撞与融合。藏族家

庭的传统厨房，亦不可避免地遭际了全球一体化的裹挟。卓玛的厨房，自然也无例外。

当卓玛给我们斟奶茶的时候，奶茶特有的香味迎面扑来。与罗布老师家的速溶奶茶比起来，笔者自然更喜爱卓玛亲手做的奶茶。尽管现代厨具缩短了卓玛耗费在奶茶制作过程中的“感情劳动”时间，但盐、茶与奶之间的比例也就是奶茶的“配方”仍具有卓玛的特色。事实上，这杯奶茶的“配方”并没有量化，究竟抓几把茶叶、加多少水、舀几勺盐、搅拌到何种程度，全凭卓玛的感觉。可以说，这个配方看起来很随意，然而，这种“随意”正好体现出卓玛熬煮奶茶的娴熟与自信。卓玛“随意”的奶茶配方是其多年生活经验的积累，其中夹杂着幼年时耳濡目染母亲烹煮奶茶的回忆，还有曲麻莱牧区生活时捡拾牛粪烧煮茶水、搅拌奶茶的印记。卓玛的随意配方更像是不可言传的“祖传秘方”，是藏族家庭主妇勤劳与从容的体现。因而，卓玛家的奶茶尽管有了电动搅拌机的参与，但仍然是卓玛的奶茶，不是统一配方的速溶奶茶。

前文中，本书曾提到每天的速溶奶茶增加了罗布老师家的生活费用，暖壶里的奶茶味道比起以前，的确是淡了一些。卓玛家制作奶茶的电动器具，会增加他们的生活支出吗？市面上，普通的电热水壶售价在 100—200 元，酥油茶搅拌机的价格是 200—500 元不等，若按最低价格计算，电热水壶与酥油茶搅拌机的价格加起来是 300 元，若每小包速溶奶茶售价 2.5 元，相当于 120 包速溶奶茶的价格。罗布家每天消费 6 包速溶奶茶，这即意味着罗布家 20 天所喝的速溶奶茶就可以买回一套制作奶茶的电动器具。因而，喝速溶奶茶还是喝自家做的奶茶，选择的背后除了有家庭经济条件的区别，还有自身对物质生活的要求与期许，或者说是生活品位的不同追求。

（三）平措家的清茶

平措是移民村的第二批移民，他家有5个孩子，二女儿身体有些残疾。平措家以前在曲麻河乡勒池村。在牧区时，平措以放牧牛羊为生。他的妻子与其他牧区家庭妇女一样，每天都在忙着挤奶、烧茶，做各种家务。搬迁那年，他的长女德吉刚10岁，女儿平日里会帮着捡拾牛粪。搬迁后，平措参加了村里组织的嘛呢石刻工艺培训，并成为嘛呢石刻厂的得力员工。他家的几个孩子，能够上学的都送去长江源民族学校了。嘛呢石的销售收入，改善了平措的家庭生活，也吸引着部分内地游客去他家停留参观。只要我每次回移民村，都会去他家里探望，并为他的家人拍一张合影。

2015年8月，我们去平措家时，平措不在家。原来，平措的二女儿脊椎有问题，广州一家医院愿意免费为其治病，平措就带着二女儿到广州去了。平措的大女儿德吉热情地招呼我们坐下，并与我们交谈起来。进门请喝茶，这是礼节。虽然父亲不在家，德吉并没有落下这些礼节。不过，德吉要请我们喝的茶，不是自己做的奶茶，也不是冲泡的速溶奶茶，而是藏族的清茶。

为何德吉不请我们喝奶茶，却要请喝清茶呢？是德吉不会做奶茶吗？我望着德吉，有些疑惑。德吉说，她很小的时候就会做奶茶了。她细致地描述了一遍做奶茶的过程，德吉最小的妹妹曲珍也在一旁抢着说："我也会做，我也会做。"曲珍是在牧区出生的，刚满一岁就被带到了移民村。2015年，她10岁，在长江源民族学校上五年级。搬到移民村后，曲珍没有再回过牧区。曲珍会做奶茶，是因为她看见妈妈与姐姐在家做过奶茶。刚到格尔木生活的前几年，德吉家人每天都喝奶茶。后来，为什么又不喝奶茶了呢？德吉说：

> 在牧区的时候，牛羊奶都是自己家产的。现在到了格尔木，

新鲜的牛羊奶没有了，慢慢地家里就不喝奶茶，改喝清茶了。[①]

什么是清茶呢？与奶茶相比，清茶少了一样原料，即牛奶。在藏族地区，那些只放盐、不放酥油与牛奶的茶水被称为“藏族清茶”，有些地方也叫“盐茶”。清茶在藏语里面被称作“当”。[②] 有关清茶的做法，德吉没有详细讲述。后来，笔者翻阅了不少藏族清茶调制方法的资料，得以知晓除了是否添加牛奶外，其熬煮步骤与奶茶亦有差别。与奶茶一样，清茶也是将敲碎的砖茶放入茶壶或锅内，加水加盐熬煮。不同之处在于，当将茶水滤出后，清茶会再加水熬煮，再滤出，再加水，反复数次，直到熬出来的茶水已无茶汁的颜色，最后，再将各次滤出的茶水混合在一起盛在茶壶里，以供家人全天饮用。[③] 清茶里面加了盐，因此，清茶之“清”应该不是指清淡、无味，而是指没有加牛奶。

在生活节奏变得越来越快的今天，不少城市里生活的藏族人已不再反复熬煮清茶，而是直接用开水冲泡。这一点，与卓玛改用电热水壶烧煮茶水有些相似。德吉家的清茶也会重复煮几次，但不会煮到茶水无色。与速溶奶茶比起来，清茶因为不是统一精准的、标准化的批量配方，家人的口味偏好都能在茶叶分量与盐分多少上予以充分的照顾。因此，熬煮清茶的过程中，亦有家人付出的“感情劳动”，具有速溶奶茶不可比拟的温度。

不过，罗布老师曾强调过，曲麻莱牧区的习俗是喝奶茶，不是酥油茶，亦不是清茶。尽管有些人家会喝后两者，但奶茶才是曲麻莱牧区一般家庭的日常饮品。德吉家改喝清茶的原因在于获取奶子没有以前方便了。以前在牧区，家中牛羊能够直接提供奶制品所需的原料；

---

① 德吉访谈录，2015 年 8 月 22 日，格尔木昆仑民族文化村。

② 参见陈立明《藏族饮料与饮具的历史与现状考察》，《西南民族学院学报》2002 年第 3 期。

③ 参见杨江帆等编著《入乡随俗茶先知：中国少数民族及客家茶文化》，厦门大学出版社 2008 年版，第 272 页。

搬迁后，牛羊没有了，奶源就被切断了，需要奶制品为食材的奶茶及其他传统食物就面临着食材缺乏的问题。德吉家从喝奶茶到喝清茶的口味改变，与家庭生活环境的改变不无关系。当然，没有了新鲜的牛奶，还可以寻找奶粉这样的替代品。不过，德吉家没有选用替代品或许是出于经济方面的考虑。德吉家一共7口人，每天的日常开销不是一笔小数目。每日的茶水不可不喝，但若加上奶粉的费用，必然是一笔不小的支出。尽管父亲平措辛劳工作，但要抚养5个孩子长大，他的经济压力实在不轻。因而，从喝奶茶转变到喝清茶，某种程度上意味着平措家饮茶的品质变差了。仅就饮茶而言，假如一直在牧区生活，平措家的奶茶自然不会变成清茶了。

总体而言，搬迁前，传统烹煮的奶茶是曲麻莱牧民的日常饮品。搬迁后，有些村民还坚持用传统的器具与方法制作奶茶，另一些村民却有了新的选择，文中提到的速溶奶茶、搅拌器做的奶茶与清茶就是常见的三种。最初为旅行者专门生产的方便携带的速溶奶茶，最后被部分村民带回家中。选择速溶奶茶自然有家庭的特殊原因，但其中仍体现出传统食品工业化后对本土民众产生的影响；用电动搅拌机做奶茶，正好呈现了现代科技与传统技艺的融合，亦是生态移民以开放的心态接受新科技与新事物的明证；未加牛奶的清茶，既能满足家人每日饮茶的需求，又保留了牧区传统的饮品习惯。这几种饮品的原料虽有所差异，但都包括茶叶、盐与水。这实际意味着，尽管搬迁前后，生活环境发生了变化，各自的家庭境况也各不相同，但在饮茶这件事情上，他们都在尽可能地满足祖祖辈辈在牧区生活里培育的、有奶茶记忆的舌头与味蕾的需求。留存在茶水中的口味，早已经过年岁的沉淀，融入祖先的血液中，成为牧区生活集体记忆中的一部分。至于从牧民到生态移民后，这种口味在未来还会发生怎样的变化，恐怕只有时间才能做出回答。

二　糌粑与方便面

在江源藏区，流传着这样的顺口溜："早上舔，中午拌，晚上吃顿糊糊面。"[①] 那么，"舔"的是什么？"拌"的又是什么呢？

笔者曾在移民村一户人家吃过早餐，得以目睹"舔"与"拌"的"二重奏"。同时，那顿早餐又因为福满多方便面的出现，以及我这个汉族客人的在场，显得多元而有意味。

2015年8月21日，我在卓玛家作客并留宿她家中。第二天早上，洗漱完毕后，我在客厅陪卓玛的儿子多杰读英语。卓玛从客厅角落里拿起电热水壶走进厨房接水，她开始做起当天的第一壶奶茶来。多杰问我早上想吃什么，我回答说："你们吃什么，我就吃什么吧。"多杰一听，有点不敢相信地笑着说："真的吗？"差不多九点过，卓玛从厨房出来，手里抱着装有奶茶的搅拌器，她为我们斟上了当天的第一杯奶茶。我用的是自己随身携带的550毫升装保温杯，多杰用的则是他家印有吉祥八宝图案的瓷碗。在我们喝奶茶的时候，卓玛陆续从厨房端来馒头、酥油、炒面、曲拉[②]与碗，当天的早餐，算是正式开始了。

炒面其实就是糌粑，是将青稞或豌豆炒熟后磨成的面粉，藏语里一般叫它糌粑，说炒面或青稞面的主要是汉族人。多杰为了便于我理解，介绍的时候用的是"炒面"这个词。为了遵从当地习俗，以下统一用"糌粑"一词。不同原料做的糌粑，在藏语里叫法不同。单用青稞磨成的面是"乃糌"，单用豌豆磨成的面是"散玛"，二者混合磨成的面，则叫"毕散"。[③] 卓玛端出来的糌粑是青稞磨成的，因此细分的

---

① 梁钦：《江源藏俗录》，华艺出版社1993年版，第33页。

② 曲拉，藏语译音，意为奶渣。参见丹珠昂奔等主编《藏族大辞典》，甘肃人民出版社2003年版，第625页。

③ 参见同上书，第956页。

话就是“乃猎”了。

（一）我的早餐：不能随意浪费的酥油

我与多杰聊着天，趁我不注意，卓玛笑眯眯地往我杯子里放了一大块酥油。金黄色的酥油在杯子里融化，瞬间遮住了本来就小的杯口。望着漂浮在杯子里的厚厚酥油，我有些为难，因为我第一次喝酥油时，差点被它的味道噎住。多杰笑着说：“酥油是很珍贵的东西，你一定要把它全喝下去啊!”为了减轻酥油的味道，我用手撕了块馒头，希望把酥油浸在馒头上，然后不咀嚼，囫囵吞下去。我很努力地吃着馒头与酥油，但仍然无法减轻酥油对我那用大米饭养了多年的舌头的刺激。

因为与多杰比较熟悉，我就半开玩笑地对他说：“我有些不习惯酥油的味道，我可以把它倒掉吗?”多杰很紧张地问：“我想知道你如果要倒的话，你会倒在哪里?”我想了想，告诉他：“就倒在你家花坛里吧。”听我这样一讲，多杰似乎松了口气：“如果你把酥油倒掉，你下辈子、再下辈子就不会有酥油吃了。你把酥油倒在花坛里，养了花，有点功德，不会得到什么惩罚。但是你如果倒在其他地方，就不一样了。”看他小小年纪却说得头头是道，我为自己刚刚闪过倒掉酥油的念头而羞愧，于是，我咬着牙，继续撕馒头到杯子里，希望能把漂浮的酥油裹走。不一会儿，我就吃了大半个馒头。馒头是前一天晚上剩下的，没有加热就端了出来。多杰说，他们习惯这样吃馒头，加不加热都没有关系。

多杰是在牧区出生的，他 4 岁以前在牧区生活。他说他完全记不住牧区生活的情形。受父母教育与移民村整体生活氛围的影响，多杰对酥油的食用及其禁忌依然如数家珍。从多杰提到的“下辈子”“再下辈子”“功德”与“惩罚”等说法来看，其食物禁忌与佛教里的因

果报应、轮回转世等密切相关。也就是说，这样的禁忌具有宗教色彩，同时又完全世俗化了。[①] 多杰提到了把酥油倒在其他地方后的各种可能后果。比如，倒给他家的狗吃，因为供养了狗的功德，不会受到惩罚，但是，如果倒在厕所里，必然会以后好几辈子都尝不到酥油的味道。对于藏族人来讲，几辈子没有酥油吃自然是异常严重的惩罚。尽管我不习惯酥油的味道，但多杰的话仍令我心存敬畏，不敢再有一丝倒掉酥油的念头。

顺着酥油的话题，多杰提到他不吃鱼肉。藏族食用鱼、蛙等水生动物的禁忌，应与古代藏族人眼里上为天界、下为地、人居中间的宇宙观有关。在三界中，鱼蛙等水生动物是下界的神。同时，鱼是禁忌的动物，又是魂命物，《格萨尔王传》中一些魔王的灵魂就系在鱼的身上。[②] 因此，万不能食用，否则会遭到天谴。关于水生动物的禁忌，我印象尤为深刻。2009 年冬天，管委会的南主任与村里一位干部在成都参加一个培训，我们在一起吃了顿火锅。四川火锅的食材较多动物内脏与水生动物，如武昌鱼、耗儿鱼、鳝鱼、虾丸等。因为一起吃饭的大部分是四川人，各自按照喜好点了一堆菜。在吃的时候，我们才发现南主任与那位干部几乎没有怎么动筷子，主要原因就是藏族人对水生动物的饮食禁忌。

（二）顿珠的早餐："舔者合"

卓玛的丈夫顿珠在青藏铁路火车站工作，他上夜班，专门为过往的货运火车加油。他晚上 8 点上班，早上 5 点下班。下班后，他会在工作的地方休息两三个小时，然后回家与家里人一起吃早

① 参见切排、王兰《藏族食物禁忌的人类学解读》，《西藏大学学报》（社会科学版）2013 年第 1 期。

② 参见南文渊《藏族生态伦理》，民族出版社 2007 年版，第 3、75—76 页。另可参见丹曲《试论灵魂寄存观念在藏族史诗创作中的作用》，《中国藏学》2005 年第 2 期。

餐。顿珠那天回来时已经9点半了，与他一起进家门的，还有对面罗布家的妻子央拉。进到客厅，大家彼此打了招呼，就围着茶几坐下。

顿珠每天早上都吃酥油与糌粑，不过，他吃早餐的姿势与卓玛却有很大差别。只见他在小碗里放了糌粑与曲拉，差不多有半碗。他用手将糌粑与曲拉搅拌均匀，又用右手的四个手指将其紧紧压到碗的半边，接着，他放了一块酥油并倒了奶茶在留出来的另半边碗里。于是，这半碗糌粑与半碗酥油茶就是顿珠的早餐了。在《江源藏俗录》里，梁钦介绍了藏区不同地方的人对这种早餐的称谓，玉树西部的藏族人称其为“者麻”，玉树东部的藏族人则称其为“者合”。[①] 顿珠吃的这半碗糌粑与半碗酥油茶就是“者合”了。怎么吃才是标准的吃法呢？顿珠将装满酥油茶的半边碗对准自己的嘴边，只见他喝一口茶，然后伸长脖子与舌头舔了舔对面半边碗里的糌粑。就这样喝一口茶水，然后又舔一下糌粑，茶水喝完后，他又往里面添了些奶茶，继续喝茶舔糌粑，直到最后将糌粑全部舔完。这就是俗语里的“早上舔”了。“舔者合”满足了饮茶与吃糌粑的双重需求，同时，茶水缓解了糌粑难以下咽的难处，又保留了酥油茶本身的味道。

搬迁前，顿珠是标准的牧民。他舔者合的时候，神情自若，动作娴熟。等他放下瓷碗，碗里面干干净净的。在顿珠舔者合的时候，我有些难为情，不敢直视他，因为，在我成长过程中，我所接受的餐桌礼仪里有一条就是吃饭不要伸出舌头来舔，那样做不礼貌。当然，我更知道我应该从文化持有人的角度去理解与尊重顿珠的文化习俗。所以，我尽量克服自己难为情的心理，同时积极主动地与他们聊天。在藏区，因自然地理与宗教习俗的影响，形成了一套独特的餐桌礼仪。

---

① 参见梁钦《江源藏俗录》，华艺出版社1993年版，第33页。

比如，藏族人在喝青稞酒前，总是先用无名指蘸一下酒杯中的酒，然后洒向天空或者大地，如此三次，方才饮用。为何如此做呢？因为青稞酒要先给神灵享用。这样的场景，我在移民村与牧区都曾亲眼见过。有一次在曲麻河乡，一位村民斟了一杯青稞酒给我，我忘记了他们的习俗，端起来就准备饮用，被他们善意拦住并做出示范。这件事情，亦让我为自己的疏忽感到难为情。

那天的早餐，顿珠只是舔了者合，他对放在一旁的冷馒头熟视无睹。舔完者合，他又倒了一碗奶茶，一边喝着，一边与我们谈着话。卓玛与罗布的爱人央拉笑着听我们谈话，手里却在忙着拌糌粑。

（三）卓玛与央拉的“拌糌粑”

卓玛与央拉的早餐吃法与顿珠不同。顿珠的吃法是俗语中的“早上舔”，她们俩则是“中午拌”的吃法，拌的自然是糌粑了。卓玛与央拉先喝了一碗奶茶。喝第二碗奶茶时，她们喝了一大半，留了一小半，随后，她们把酥油、曲拉放在碗里，又根据个人喜好，放了些白糖，在做完这些后，她们一勺一勺往碗里添糌粑，直到添满了整个碗。接下来就是“拌”了，在外行人看来，这个拌的动作看起来挺简单，不过，事实并非如此。在 1937 年出版的《羌戎考察记》中，庄学本先生曾记录了藏族人拌糌粑的过程，不妨辑录如下，以做参考比照：

> 酥油茶吃到半碗，喜欢多吃些油水的，可自动在瓷盆中先挖一块酥油放在茶中，然后再在糌粑盒中抓满一碗糌粑。先用一只食指或中指在碗中触了几下，再在碗边流环触了一转，等到上半碗的糌粑和下半碗的茶调和了，就用五个指头，在碗中捏揉，没有两分钟，于是一个圆形的糌粑团便揉成在手了。这

时再将空碗倒上一碗酥油茶，一面吃糌粑，一面吃酥油茶，很是写意。[①]

庄学本先生的记录可谓翔实。“在碗边流环触了一转”的具体动作究竟如何呢？只见卓玛左手托着瓷碗，右手从左到右，从上到下地依次将糌粑压入茶水中，边压边拌，这才将糌粑与茶水调和在一起。[②] 捏揉好糌粑后，吃一口糌粑，喝一口酥油茶，恬淡自适，与庄先生说的“写意”无异。我没有亲自尝试拌糌粑，主要是手笨，亦害怕闹出笑话来。庄先生提到，拌糌粑的时候，最容易被人笑话的就是手指把糌粑带出来，弄脏桌子或衣服，或是过于小心，拌了一刻钟，还是半干半湿，不匀净，以致糌粑团拿不出碗来。[③] 卓玛与央拉手里的糌粑团的确拿捏把握得很好，干湿适度。因此，吃完糌粑，她们的手指干干净净的，丝毫没有粘上糌粑。在牧区生活的时候，糌粑是她们的主食，即便搬迁了近十年，糌粑还是她们早餐的主食。

顿珠、卓玛与央拉都是移民村的第一代生态移民，他们在牧区生活过多年。搬迁到格尔木后，早餐的选择已经丰富多样，但对于他们而言，糌粑仍然是其挚爱。舔者合、拌糌粑，早已从生理需求转变为心理的需求，因为这种食物是牧区生活的沉淀与记忆，也是从祖先那里继承来的遗产。或正因此，是否吃糌粑还被用来区分藏族人与非藏族人两个群体。

在顿珠、卓玛与央拉吃糌粑的时候，多杰在吃什么呢？

---

① 庄学本：《羌戎考察记》，良友图书公司 1937 年版，第 163—164 页。

② 有关拌糌粑的过程，可参见丹珠昂奔等主编《藏族大辞典》，甘肃人民出版社 2003 年版，第 956 页。

③ 参见庄学本《羌戎考察记》，良友图书公司 1937 年版，第 164 页。

（四）多杰的“福满多”方便面

在父亲顿珠回家前，多杰看我在喝酥油茶、吃馒头，他也撕了块馒头。他一面讲着不能乱倒酥油，一面捏着块酥油，合着馒头吃起来，奶茶放在他的右手边，他偶尔会端起来喝几口。他看起来似乎不太喜欢吃这样的早餐。

在顿珠舔者合、卓玛与央拉拌糌粑的时候，多杰忽然站起来说他要出门买方便面吃。我以为他在开玩笑，卓玛笑着说：“他经常这样。”几分钟后，多杰就拿着一袋“福满多”方便面回来了。方便面是麻辣味的，售价两元。看见多杰回来，卓玛就去烧开水、拿碗筷。水烧开后，多杰就动手泡起方便面来。从他熟练地撕开方便面与里面的料包、观察方便面的软硬程度来看，他泡方便面的次数应该不少。多杰说：“糌粑与馒头味道都太淡了。我喜欢方便面的味道。”

在移民村，像多杰这样喜欢方便面与可口可乐的青少年不在少数。方便面与可口可乐是批量生产的工业食品，并不是藏族的传统食物与饮料。刘志扬曾对一个藏族农村社区的饮食生活进行考察，他将其食品分为三类：第一类是传统食品，如糌粑、藏面与夏馍馍；第二类是外来食品，包括米饭、各类汉式风味炒、炖、炸、蒸菜，以及面条、馒头和包子等白面类食品；第三类是工业化食品，如方便面、饼干、糖果、糕点、冰淇淋和罐头类食品等。此外，他将饮料分为两类，一类是甜茶、青稞酒、酥油茶和酸奶等传统类饮料；另一类是可乐等苏打水、水果类软饮料、矿泉水、啤酒、瓶装白酒等工业化饮料。[①] 多杰喜欢的方便面是在村里小卖部买的。小卖部出售的绝大部分物品就是上述工业化食品与工业化饮料，这些物品最受儿童青

① 参见刘志扬《饮食、文化传承与流变——一个藏族农村社区的人类学田野调查》，《开放时代》2004 年第 2 期。

睐。多杰放着家里的糌粑不吃而另购方便面来吃，自然与工业化食品的入侵有关，这种入侵得益于交通运输的快捷与便利。不仅是城市郊区，迁出地牧区的情况亦如此。2009 年，我们在迁出地曲麻河乡调研时，乡上青年男女在朗玛厅唱歌跳舞，除了喝本地产的青稞酒，他们还几乎人手一瓶娃哈哈集团生产的啤儿茶爽。这个饮料是由娃哈哈集团在 2008 年推出的品牌，2010 年失败退出市场。尽管如此，啤儿茶爽仍然一度"占领"过曲麻河牧区的各种宴饮场合，手拿一瓶啤儿茶爽，似乎就变得与电视广告中一样时尚了。另一个受到青少年青睐的是口香糖。不管是打台球、打篮球，还是骑摩托车、走路，他们大部分人嘴里都在嚼口香糖。电视广告影响着孩子们的消费观念与选择。

回头再来看方便面。有关食用方便面对儿童危害的新闻屡屡出现，若将方便面的营养价值与糌粑的价值做一比较，方便面自然败下阵来。在我善意提醒多杰要少吃方便面的时候，卓玛也附和着表示同意，但她对儿子吃方便面一事的干涉看起来没有什么效果。卓玛与顿珠只有多杰这一个孩子，对他疼爱有加。虽然在学习上对他管教严格，在饮食这件事情上，却对多杰的任性表现出极大的宽容与爱护。譬如当天的早餐，多杰吃过酥油、喝过奶茶，还吃了点馒头，与此同时，他心里还惦记着小卖部的方便面。他喜欢吃藏族的传统食物，但在有其他食物可以选择的时候，他也会主动地去选择与尝试。

在移民村，吃不吃糌粑、喝不喝奶茶是非常敏感的话题，因为这意味着你是不是真正的藏族人。在村民家做客，如果我告诉村民自己吃不惯糌粑喝不惯酥油的时候，我总是会得到谅解，因为他们会善意地做出解释："没关系，你是汉族人，不习惯很正常。"在村民心里，早已经把糌粑、酥油、奶茶这些传统食物作为区别藏族与其他民族的

标识物了。刘志扬曾指出，吃糌粑是藏族孩子社会化过程中必不可少的程序，同时也是强化年轻一代民族认同的必不可少的手段与方式。[①]顿珠与卓玛通过舔者合、拌糌粑的方式，身体力行地对多杰进行本民族传统文化传承的教育。这种潜移默化的家庭教育，对多杰的影响很大。这一点，从前面多杰提醒我不能乱倒酥油就可以看出来。不过，与父辈相比，多杰现在所生活的环境与时代已经发生了很大变化。在昆仑民族文化村，除了藏餐餐馆，还有一家回族餐馆，多杰就曾到这家店里吃过牛肉面，一碗牛肉面的价格是 6 元。2015 年 8 月底，就在我们返回移民村调研之日，这家餐馆正收拾桌椅迁往市区，尽管如此，这家回族餐馆对村里人的饮食还是有过不少影响。此外，村里四处都设有小卖部，方便面、饼干类工业化食品已经从零食变成少部分儿童的主食，这对于试图用糌粑区分藏族人与非藏族人的家长而言，大概是他们未曾预料到的吧。

顿珠与卓玛对多杰早餐吃方便面并没有太多批评，因为他们自信作为藏族人，无论是在牧区还是在城市，他们身上总有一些无法改变的东西，就像他们日日舔的者合与拌的糌粑提醒并证明着他们的身份。他们深信多杰作为他们的子女，无论吃多少方便面，也改变不了他与生俱来能吃糌粑喝酥油的事实。的确，一个人早年的饮食习惯与偏好，往往是由那些哺育他的人，以及这些人所身处的社会和文化所规约的。进食与口味往往承载着大量的情感元素。[②] 对于我这个外来者而言，在这多味的早餐中，我看到了“相互碰撞”“多元共存”与“开放接纳”。“相互碰撞”来自我接受的汉族餐桌礼仪与藏族餐桌礼仪之间；“多元共存”指这顿早餐的丰富呈现，既有舔者合、拌糌粑，

---

① 参见刘志扬《饮食、文化传承与流变——一个藏族农村社区的人类学田野调查》，《开放时代》2004 年第 2 期。

② 参见［美］西敏司《甜与权力——糖在近代历史上的地位》，王超、朱健刚译，商务印书馆 2010 年版，第 16 页。

又有啃馒头与泡方便面；“开放接纳”则是指藏族传统食物面对工业化食品进入时的毫无防备心态。再过些年，多杰有了孩子后，他的孩子早餐会是怎样的多元化呢？这个问题我们不得而知。

第三节　两份食谱

前面一节，本书以奶茶与糌粑为例，讨论了搬迁后生态移民的饮食情况。一方面，他们保持了传统的藏族牧区饮食习俗；另一方面，在传统的自给自足经济中断后，家庭经济状况与工业食品的便利获取影响着他们的饮食选择。尤其是速溶奶茶与方便面等工业食品的出现，使其世代相传的饮食结构不得不面对现代消费观念带来的变化。此节，本书将以两份家庭食谱为个案，考察搬迁近十年后，移民村村民的日常饮食情况，并试图从食谱中探究生态移民的文化变迁与身份认同问题。

一　多杰的食谱

个案选取的两份食谱，一份由多杰记录，他现是格尔木市民族中学初中三年级学生。格尔木市民族中学是寄宿制学校，之前，多杰的母亲卓玛在学校后勤打工，主要负责管理学生宿舍。卓玛轮休，上一天班然后休息一天。当卓玛上班时，多杰就住在学校，反之，他会跟着母亲回家住。升到初三后，多杰星期一至星期五都住在学校，星期五晚上回家，星期六与星期天在家休息。多杰 2015 年 9 月 21 日至 9 月 27 日这个星期的饮食情况见表 2-1。

表 2-1　　　　多杰一周的食谱

日期	早餐	午餐	晚餐	零食
9月21日 星期一	包子　盐茶	甘蓝炒肉 炒土豆　米饭	炒土豆　炒茄子 米饭	方便面 冰红茶 面包 辣条 水果 月饼
9月22日 星期二	馒头　奶茶	炒土豆　米饭 茄子炒肉	炒茄子 炒辣椒　米饭	
9月23日 星期三	馒头　盐茶	羊肉汤　馒头	糌粑　羊肉汤	
9月24日 星期四	稀饭　油条	炒土豆　炒花菜 米饭	炒土豆 炒辣椒　米饭	
9月25日 星期五	馒头 鸡蛋汤	炒蒜薹　米饭 炒土豆	炒肉　米饭	
9月26日 星期六	米饭 手抓羊肉	干拌面	手抓羊肉 米饭	
9月27日 星期日	糌粑 酥油茶	酥油茶 肉包子	面片	

多杰往返学校与家庭，因此其记录的食谱包括两部分：一部分是从星期一到星期五的学校食谱；另一部分是从星期五晚上一直到星期日晚上的家庭食谱。此外，多杰的食谱还可以分为早餐、午餐、晚餐与零食等四类。

先来看早餐类。在学校食谱中，早餐既有藏族传统的盐茶①与奶茶，亦有油条、馒头、包子、稀饭与鸡蛋汤等食物；在家庭食谱中，早餐食物有藏族传统的手抓羊肉②、糌粑与酥油茶，此外还有米饭。单从早餐来讲，学校不仅提供了藏族传统的盐茶与奶茶，同时准备了

① 盐茶，即前文提到过的“清茶”。多杰记录的食谱中用的“盐茶”。此处遵从他的习惯，仍用“盐茶”。

② 手抓羊肉是藏族民间传统肉食品。制作与食用方法：将羊宰杀后，带骨切成大块放入锅内，不加佐料，只加入少量食盐，用清水煮至七八成即可捞出，盛入木盘里，用手抓着吃，或是用藏刀割着吃。可参见丹珠昂奔等主编《藏族大辞典》，甘肃人民出版社2003年版，第718页。

更多可以选择的其他食物。相对而言，由多杰母亲亲手烹煮的周末家庭早餐更具有本民族的饮食特色。

其次来看午餐类。从表 2-1 可以看出，多杰在学校的五天，其中四天午餐，他都选择了炒菜与米饭，只有星期三是羊肉汤与馒头。多杰曾告诉我，在所有的蔬菜当中，他最喜欢吃蘑菇与大白菜的帮子，遗憾的是，学校午餐食谱中并非每天都有多杰最爱的这两种蔬菜。因此，甘蓝、茄子、土豆、花菜、蒜薹得以进入多杰的碗中，丰富了他的学校饮食。多杰周末离开学校，回到家中，每个星期六上午，他会到市区补课，补课出来就在附近餐馆吃饭。这个星期六中午出来，他在一家清真餐馆吃了干拌面。星期日的家庭午餐，多杰与父母一同在家吃的。这周星期日，他们的午餐是酥油茶与肉包子，肉包子是卓玛去菜市场买的。

再来看晚餐类。同午餐一样，学校食堂晚餐菜品以炒菜和米饭居多。星期三中午与晚上，多杰都吃了羊肉汤，因为学校食堂只有星期三会提供羊肉汤。回到家中，多杰这周周末的晚餐是手抓羊肉、面片与米饭。

最后来看零食类。多杰这个星期所吃的零食有：方便面、冰红茶、面包、辣条、水果与月饼。前文已经提及多杰喜欢吃方便面。辣条是简易包装的零食，零售价 0.50 元/包，因为辣条价格便宜，深受少年儿童喜爱，不过，这类食品的安全卫生问题却得不到保障。冰红茶类饮料，在移民村小卖部与学校小卖部都能买到，价格是 2.50 元/瓶。多杰这周所吃的月饼是为 9 月 27 日的中秋节专门准备的，在移民村，村民除了过藏族传统的节日，中秋节与春节也会当作重要的节日来过。

从多杰记录的食谱中可以见出，学校食堂既为藏族学生提供了其民族的传统食物，同时又尽可能供应多种蔬菜让其选择。这种丰富多

元的食谱没有蛮横地切断学生从民族、社区与家庭中习得的饮食习惯。在多杰的家庭食谱中，藏族传统食物多于外来食物。卓玛的烹炒饭菜技艺不错，她也常在家做多杰喜欢的炒香菇与炒白菜。① 但是，在牧区生活多年，他们早已有一套较为固定的饮食习惯，拌糌粑、喝奶茶、吃手抓羊肉的饮食传统并没有因为学会了炒菜就从餐桌上消失。可以说，第一代生态移民的餐饮习俗影响并决定着整个家庭的餐饮选择。家庭食谱对生态移民子女，即第二代生态移民的族群文化传承，是潜移默化的言传身教。当然，食谱还与生态的限制，以及在不同地区所存在的机会有关。② 因此，第三代生态移民的情况如何，还需等待时日，再做调查。多杰一个星期的食谱里，学校食谱与家庭食谱共同协作，在为多杰的身体提供必要养分的同时，也在多杰的胃里暗地较量、争夺与抗衡。多杰的胃里是学校食谱多一些还是家庭食谱多一些，表面看起来是无关紧要的问题，实际却可能影响甚至改变多杰的舌头与味蕾，从而最终影响多杰的饮食选择。我们不正是我们所吃的食物吗？不管未来怎样，起码今天我看到的是，在搬迁近十年后，多杰的食谱里仍有不少藏族的传统食物。

二　德吉家的食谱

平措的大女儿德吉现在海南州职业技术学校学习歌舞表演专业。小学毕业后，她就到那里去上学了。2015 年 9 月，德吉升入中专三年级，开始实习。因为父亲平措带着妹妹到广州看病去了，她的实习单位还没有落实，于是，她就待在家里帮助母亲照顾弟弟妹妹。她的弟弟贡布排行老三，2015 年 9 月成为格尔木市民族中学的一名学生。与

① 笔者曾在多杰家用过晚餐。当天晚餐，卓玛做了青椒炒牛肉、平菇炒牛肉、番茄炒蛋与凉拌黄瓜。不过，黄瓜片是用的白糖，而不是盐。

② 参见［美］马文·哈里斯《好吃：食物与文化之谜》，叶舒宪、户晓辉译，山东画报出版社 2001 年版，第 6 页。

多杰一样，贡布星期一至星期五在学校住宿、吃饭，周末返回家中；另外两个妹妹还在长江源民族学校念书，因为学校就在公路对面，她们没有住校，中午在学校吃饭，晚上则回家吃饭。之所以选择德吉家的食谱为个案，一是因为德吉10岁以前在牧区生活，她对牧区生活仍有深刻记忆；二是彼时德吉暂时赋闲在家，负责家人的饮食起居，她对家人的饮食习惯较为熟悉；三是两个较为年幼的妹妹早晚均在家中用餐，尽管学校食谱对其家庭食谱有一定冲击与影响，但家庭食谱对她们日常饮食的养成起着关键作用。因此，在分析这份家庭食谱的时候，可以暂时不考虑学校的午餐食谱。

在表2-2中，德吉列出的早餐有糌粑、馍馍、馒头、油条、稀饭与肉。因为每天都要喝清茶，有时候也喝奶茶，所以德吉便没有将喝茶的情况一一记录下来。这个星期中，德吉家有三天早餐是糌粑，而多杰只有一天早餐是糌粑。德吉家的七天午餐中，有三天是炒菜与米饭，主要蔬菜是甘蓝、土豆与蒜薹，与多杰的学校食谱基本一样；另外四天，是面条、粉条、肉稀饭与手抓羊肉。

表2-2　　德吉家一周的食谱

日期	早餐	午餐	晚餐	零食
10月8日　星期四	糌粑	炒甘蓝　炒土豆 米饭	肉稀饭	方便面 可口可乐
10月9日　星期五	馒头	面条	酸奶	
10月10日　星期六	油条 糌粑	炒蒜薹　炒辣子 炒土豆　米饭	糌粑	雪糕 棉花糖 棒棒糖
10月11日　星期日	稀饭	炒肉　米饭	酸奶　糌粑	水果
10月12日　星期一	肉	青菜煮粉条	面条	
10月13日　星期二	糌粑	肉稀饭	肉稀饭	水果
10月14日　星期三	馍馍	手抓羊肉	酸奶	

相对牧区生活而言，德吉家的午餐菜谱大多是外来食物。这些食物出现在德吉家的日常餐桌上，并非偶然，德吉的母亲参加过村里的餐饮培训。德吉彼时在学校读书，没有经过厨艺培训，母亲与厨房就是她学习厨艺的对象与地点。搬迁后，移民村居处格尔木市南郊，交通相对便利，能买到丰富的蔬果。在生活环境改变后，村民的餐桌亦慢慢发生着变化，无论是前文提到的厨房餐具变化，还是食谱的多元化，都体现出变化的痕迹。

德吉家的晚餐与早餐相似，有肉稀饭、酸奶、糌粑与面条，与午餐相比，早餐与晚餐更具有藏族特色。德吉回忆说："在牧区，我们一般就是吃糌粑、肉与馍馍，有时候晚上吃酸奶。"德吉说的酸奶不是市面上出售的酸奶，而是用新鲜的牦牛奶制作而成的。具体方法是将新鲜的牦牛奶煮沸后倒入木桶或盆子中，在冷却到 40 度左右时，放入酸奶引子，然后掩上盖子进行发酵。[①] 吃酸奶的时候，牧民一般都会根据个人喜好添加白糖。德吉家晚餐吃酸奶的习惯就是在牧区生活中养成的。在牧区时，牛羊肉与奶制品都由自家所养的牛羊提供；搬迁后，牛羊尽无，奶茶亦因为奶源中断有时候不得不变成清茶，吃酸奶的习惯却并没有因此中断。在表 2-2 中，酸奶在德吉家的晚餐中出现了三次。

德吉家这周消费的零食有方便面、可口可乐、雪糕、棉花糖与棒棒糖。在记录的时候，德吉与多杰一样，都将水果算在零食一栏。从记录的食谱来看，他们并不是每天吃水果，食用水果的次数仍然有限。多杰的零食与德吉家的零食中，重合的是方便面；就饮料来看，多杰喝的是冰红茶，德吉家喝的是可口可乐。这两种饮料价格相当，口味有些差别，但都是工业化食品。此外，雪糕、棒棒糖与棉花糖是

① 酸奶的制作可参见汪玺、师尚礼、张德罡《藏族的草原游牧文化（IV）：藏族牧民的生活》，《草原与草坪》2011 年第 4 期。

女孩子喜爱的零食，多杰喜欢的则是口味辛辣的辣条。

综合两份食谱来看，家庭食谱中，多杰与德吉家的早餐与晚餐还保留着藏族牧区的传统饮食习惯。从早餐食谱与晚餐食谱中糌粑、酥油茶出现的频率，就可以大致推断出用餐者的民族身份。尽管这样的判断并不能确保万无一失，但是否食用糌粑与酥油茶，早已成为区分藏族与非藏族的族群标志物了。学校食谱与家庭食谱午餐类以炒菜和米饭为主，若要根据这部分食谱来辨析用餐者的身份，便比较困难，不过，正是这部分食谱反映了搬迁以来生态移民饮食生活的变化。原本是别人家餐桌上的各种炒菜与米饭，最后不知不觉从自己家的厨房中端出来，这起码说明，移民村的村民在饮食上并没有故步自封，而是积极接纳了外来食物。尽管这种接纳最初源于外部环境的改变，并非出自本心。外来食物变成自家常用食谱，说明生态移民已经开始适应城市生活。

总体而言，透过这两份食谱，我们能看到其间交织着牧区与城市、牧民与市民、父辈与子女、现代与传统、传承与变革、学校与家庭等多组张力关系。这些复杂的关系隐藏在食谱里，从厨房到餐桌，再从餐桌进入生态移民的肠胃里，在提供身体基本机能所需的营养与能量的同时，还内塑着他们的民族文化心理与自我认知。

第三章

牧民、生态移民与农民工：转产牧民的多重身份

在昆仑民族文化村管委会办公大楼二楼左边第一间办公室门上，挂着一块匾额，上面写着“昆仑民族文化村农民工工会办公室”。分明是从牧区搬迁下来的牧民，为何在生态移民后就变成了农民工呢？牧民、生态移民与农民工，这三个身份是如何在昆仑民族文化村的村民身上关联起来的呢？除了前述三个身份外，在他们身上还有无其他可能的身份呢？本章将以昆仑民族文化村温室暖棚蔬菜种植的兴起与败落、嘛呢石雕刻由工厂到家庭作坊的发展路径为个案，结合生态移民的后续产业发展来讨论其文化变迁、身份转换与身份认同问题。

第一节　转产牧民的文化技能培训与劳务输出

平措没有想到，搬到格尔木后，他家竟然成了村里扶持发展“藏族牧家乐”的实验户。平措的爱人成为蔬菜种植培训班的学员，他自

己亦在后来成为村里嘛呢石刻厂的骨干石刻艺人。原本是牧区再寻常不过的牧民家庭，在搬迁后的短时间内就发生了如此变化，这的确让平措有些意外。实际上，在昆仑民族文化村，不只是平措一家面临这样的改变，其他家庭亦遭际类似的变化，因为，搬迁后，以往的牧业生计方式已经不复存在，他们必须寻求新的谋生方式。

一　文化技能培训与后续产业发展

从2006年搬迁至今，昆仑民族文化村的村民接受过多次文化技能培训。搬迁过来后的最初三年是培训最为密集的时段，大大小小、长长短短的各种文化技能培训几乎成为这一时期村民的主要生活。这些技能培训的主要目的是让村民能快速掌握新的技能，在适应城市日常生活的同时，谋求一条能赖以为生的道路，这条道路常被称作后续产业发展道路。什么是“后续产业”呢？“后续”，既指时间，亦指状态。就时间而言，即指生态移民异地安置之后；就状态而言，“后续”指紧紧跟随、持续跟进的状态；“产业”一词，在这里应指生产事业；“后续产业发展”对应的英文用法有“follow-up industry development”。就三江源生态移民的后续产业发展而言，一般是逐步从传统农牧业向第二、第三产业转产转移、就业，发展相关支柱产业。[①] 昆仑民族文化村是一个在荒壁上新建的村子，原本没有任何工业可言，因此，其后续产业发展是白手起家式的。选择哪一种产业作为昆仑民族文化村的后续发展项目，的确让曲麻莱县政府与昆仑民族文化村管委会的工作人员费尽心思。从管委会登记在册的文化技能培训名单来看，这条后续产业发展的道路是在摸索之中进行的。根据管委会提供的名册，笔者制作了表格，见表3-1。

---

① 参见吴俊瑶《关于生态移民后续产业发展定义研究的文献述评》，《赤峰学院学报》（自然科学版）2012年第10期。

表 3-1　　　　昆仑民族文化村文化技能培训汇总

序号	项目名称	培训时间与地点	人 数
1	嘛呢石雕刻培训	2006 年 9 月 16 日至 10 月 15 日，30 天；村内	46 人
		2011 年 8 月 20 日至 8 月 26 日，7 天；村内	7 人
		2011 年 11 月 15 日至 11 月 24 日，10 天；村内	25 人
2	蔬菜种植培训	2006 年 9—10 月，30 天；村内	20 人
		2007 年 6 月，30 天；村内	100 人
		2007 年 7 月，30 天；村内	16 人
3	牛羊头饰加工技能	2007 年 6 月，30 天；村内	20 人
4	民族歌舞培训	2008 年 2 月 7 日至 3 月 19 日，40 天；西宁大舞台演艺中心	22 人
5	掐丝唐卡培训	2008 年 1 至 2 月，50 天；村内	40 人
6	民族服饰加工	2008 年 3 月 31 日至 5 月 20 日，50 天；村内	40 人
7	地毯编织与藏毯加工	2006 年 9 月，30 天；村内	19 人
		2008 年 3 月 25 日至 5 月 14 日，50 天；村内	19 人
8	手工编织培训	2006 年 9 月，30 天；村内	20 人
		2008 年 3 月 25 日至 5 月 14 日，50 天；村内	28 人
9	机动车驾驶与修理培训	2008 年 11 月起；格尔木市内	26 人
10	中式烹饪培训班	2008 年 9—10 月，50 天；村内	60 人
		2009 年 6—7 月，60 天；村内	50 人

表3-1中列有10项培训，时间跨度是2006—2011年。从培训类别来看，实际包括四类：一是为适应城市日常生活开办的烹饪培训班；二是为转向农业发展进行的蔬菜种植培训；三是为转向技术工人所举办的机动车驾驶与修理培训；四是为转向民族文化产业发展的民族民间手工艺培训。上述培训项目是如何产生的呢？在选择产业的时候，管委会首先权衡了昆仑民族文化村现有的可资利用的资源环境情况。在自然资源有限的情况下，才将民族文化资源的充分利用作为昆仑民族文化村新的生计方式重点，因此，在10项培训项目中有7项都是民族工艺加工。这样的设计，与迁出地曲麻莱县政府民族文化旅游资源的开发有关。曲麻莱县的旅游宣传册就重点介绍了该县的掐丝唐卡、马饰、马笼头、马绊、缰绳、火镰等。[①] 尤其是掐丝唐卡，介绍得尤为仔细。因此，迁出地的民族文化资源优势成为昆仑民族文化村后续产业发展的重头戏。

不过，转产的途中，难免存在“跟风”的状况。比如，其他生态移民社区温室暖棚蔬菜种植成功的经验搬到昆仑民族文化村后，却因自然环境与人文环境不同而几经波折。这个问题在本章第二节会有专门讨论。此外，曲麻莱县另一处生态移民安置点约改镇长江路社区，其分管领导看见昆仑民族文化村的嘛呢石刻厂曾经获得的成绩，也计划开办一个嘛呢石刻厂。他们迅速选派了4名村民参加嘛呢石刻培训，然而，现实的自然环境很快就阻断了这个后续产业发展，因为约改镇地处草原，不盛产石头，即便找到了石头，这些石头又因硬度不够根本无法雕刻。没有石头，就只能去买石头，如果去邻近的治多县城购买石头，加上来回的运输费用，成本太高。因此，约改镇长江路社区的嘛呢石刻厂自然就无法顺利开展。[②]

---

① 参见《曲麻莱县旅游》，曲麻莱县人民政府印刷。

② 久才仁访谈资料，2009年7月27日，曲麻莱县约改镇。

作为村民，是选择蔬菜种植培训、机动车驾驶修理，还是选择嘛呢石雕刻技术培训，很可能因此决定家庭未来的生计方式，与此同时，这一选择也可能改变自己的身份。究竟是从牧民转变为种菜的农民、修车的工人还是手工艺人，在家庭新的生计方式尚未最终确定下来之前，将是游移不定的。或正因此，官方开始用“转产牧民”一词来指称正在寻找新的生计方式的三江源生态移民。“牧民”是其搬迁前的身份，“转产”是生计方式改变的正在进行状态。“转”向哪一种生计方式，就意味着转向哪一种新的身份。在转产成功之前，“转产牧民”的身份具有不确定性与游离性。

伴随后续产业摸索发展的过程，相关硬件基础设施陆续出现在昆仑民族文化村。在文化技能培训展开的前后，昆仑民族文化村修建了嘛呢石刻厂、民族服饰加工厂与两座温室暖棚。政府一心希望借助完善的基础设施，推动后续产业发展的速度。然而，这种急迫的心理，并不能保障每一项后续产业的可持续性。以民族服饰加工厂为例，该厂由青海省文化厅与曲麻莱县三江源办公室共同筹集 8 万余元所建。管委会协助购买了电动缝纫机 14 台、锁边机 1 台、自动加水锅炉烫台 1 套、电剪刀 1 把及其他工具。厂房安置好后，村里还请来了青海省夏都民族服饰工艺品有限公司的技术指导前来亲自培训员工。[①] 民族服饰厂隆重开张了，然而，在勉强运营三年后，民族服饰加工厂就处于半倒闭状态。2014 年，原民族服饰加工厂的工人在村里开了两家缝纫店，算是民族服饰加工的后续发展吧。这两个村民亦因为以缝制藏族服装而被村里人称为“裁缝”，实现了从牧民到裁缝的身份转换，然而，这种成功转换身份的个案毕竟是少数，当初参与民族服饰加工

① 昆仑民族文化村的转产培训，可参见课题组成员周宇《三江源生态移民与后续产业可持续发展——以青海格尔木昆仑民族文化村为例》，硕士学位论文，四川师范大学，2010 年，第 22—23 页。

培训的40人中，还有38位未能转产成功。

实际上，并非昆仑民族文化村才有转产失败的遭遇。对面长江源村的藏毯加工厂同样如此。该加工厂是2007年由青海省某集团过来投资修建的。部分村民参加了三个月的培训。培训前，集团方承诺每个月给村民500元工资，然而，培训结束后，工人每个月的实际收入还不到300元。工人编织一条地毯要花20—40天，等到集团鉴定地毯的等级后，工厂才会根据等级支付不同的工资给工人，工人觉得工资到手的时间太长，还不如出去打工来钱快。因此，地毯加工厂运营几个月后，就停产了。[①] 尽管地毯加工产业失败了，但厂房还在，落满灰尘的设备，空落的房间，提醒着人们“转产”实践的艰难与辛酸。

就昆仑民族文化村的后续产业而言，温室暖棚蔬菜种植培训与嘛呢石刻代表了两种转产方向，即蔬菜种植业与民族手工业。这两种转产在该村持续的时间最长，也最具有代表性。本章第二节与第三节将对这两个个案加以考察。

二　转产扶持项目与转产劳务输出中的民族文化因素

除了集体参与的转产培训外，昆仑民族文化村还试图以家庭为单位扶持实践家庭转产项目，并期望在实践成功后，发展新的家庭。

（一）转产扶持项目与藏族文化认同

刚搬迁不久，管委会讨论确定了5个转产扶持项目，可见表3-2。

---

① 长江源村村主任访谈资料，2009年7月24日，长江源村。

表 3-2　　昆仑民族文化村扶持项目

序号	项目名称	支持户数
1	三轮车、摩托车支持户	6
2	手扶拖拉机支持户	5
3	养狗支持户	5
4	养牛支持户	5
5	藏族牧家乐实验户	3

表 3-2 中列出的 5 个项目名称各自对应着不同的身份表述，如开车的生态移民、开拖拉机的生态移民、养狗的生态移民、养牛的生态移民、开牧家乐的生态移民。从这个意义上而言，具体选择哪一项转产扶持项目，就会使整个家庭获得相应的新身份。仔细分析这几个项目会发现这些项目的提出不乏理想化色彩，对现实的考虑尚不够周全。首先来看养牛支持户项目。虽然昆仑民族文化村的生态移民在牧区有丰富的畜牧经验，但格尔木南郊没有草场，如果依靠购买草料来喂养牲畜，那么，畜牧成本就会增加。其次来看养狗扶持户项目。村民要养的自然不是普通品种的狗，而是闻名遐迩的藏獒。藏獒养殖作为一个产业的兴起，主要在于部分人热衷于以藏獒为宠物。藏獒养殖的投入高，同时要大规模养殖的话，家庭院落空间局促，并不利于藏獒的生长。2010 年 7 月，我们返回昆仑民族文化村，在当年藏獒养殖户的院子里连藏獒的影子都没有看见。最后来看藏族牧家乐扶持项目。平措家被选中为“藏族牧家乐扶持户”，同时被选中的还有晋美家与那那家。在管委会 2008 年的工作计划中，牧家乐只是“三江源民族风情园”项目的试行子项目。管委会计划修建的“三江源民族风情园”有一个富有民族特色的大门，进入门内，里面设有健身房、棋

苑、茶艺、民族歌舞厅和牧家乐。[①] 从这个设计来看，其针对的消费对象主要是村外那些对三江源民族文化感兴趣的游客，因此，这个项目的推动必须依靠旅游的宣传推广。因为宣传推广的力度不够，加之青藏高原气温影响导致一年中只有7月和8月才是旅游旺季，平措家最终并没有成功发展为“藏族牧家乐”。村里的“三江源民族风情园”也未能如愿建成，不过，2014年，一家名叫“藏族风情园”的餐厅倒是在村子里开张了。

在后续产业发展初期规划中，与“藏族风情园”相似的项目还有以“挑战自我　挑战极限”为主题的昆仑山口景点“黑帐篷旅游项目”。在昆仑民族文化村的《移民安置与后续产业发展情况》中还能查到当初对这一项目的构想。[②] 遗憾的是，这个项目基本上“胎死腹中”，未能实践。

从表3-2中的五个扶持项目来看，昆仑民族文化村的“转产”是基于藏族文化认同的转产，管委会试图以民族文化为基础资本，去开拓生态移民的新生计方式。然而，对于大多数村民而言，他们的转产并未能获得持续性的成功，于是，劳务输出成为转产的另一出路。

（二）转产就业：有奶茶与牛羊肉吗

生态移民的“劳务输出”被称作“转产就业”。昆仑民族文化村的转产就业项目情况可见表3-3。表3-3中的转产就业项目名称各对应着不同的身份表述，如临时工、保安或是工人。实际上，对于大多数村民而言，这些身份仍然是可变的、临时性的。比如表3-3所列转产就业项目中，待遇较好的一个应是在昆仑山矿场做保安。最初，这

---

① 《移民安置与后续产业发展情况》，生态移民网（http：//www.stym.org/html/zhengyaogongbu/20080808/89.html）。

② 同上。

个岗位吸引了12位村民报名，然而，实际前往工作地点就业的村民有8人，最终在这个岗位上坚持做下来的只有2人。其余6位村民为何离岗呢？管委会的工作人员不解。经过调查后才知道，这几位离岗的村民认为矿上食堂提供的免费饭菜不符合他们的胃口，他们不能像在家里那样随时喝到热气腾腾的奶茶、吃不到牛羊肉。[①] 的确，对于刚从牧区搬下来不久的生态移民，如果饮食满足不了胃口的基本需求，吃不好就会心情不好、休息不好，离岗自然也是情理之中的事情。不过，因为吃不到奶茶、酥油与牛羊肉就放弃一份来之不易的工作，这对于千方百计为他们寻求就业机会以缓解家庭经济压力的管委会工作人员而言，确实有些难以接受。在后来的转产就业中，他们便不得不考虑餐饮习惯的问题，这无疑增加了管委会转产就业工作的难度与进度。

表 3-3　　昆仑民族文化村转产就业情况[②]（2007—2015 年）

序号	项目名称	项目描述
1	零散短工	季节性劳务输出： (1) 前往四川、西藏，以及青海的果洛州与玉树州等地采挖虫草 (2) 前往都兰县诺木洪地区采摘枸杞 临时性劳务输出： 建筑工地帮工、返回牧区临时帮人放牧牛羊等
2	青藏铁路工人	由管委会与青藏铁路公司协商签订了100人的劳务输出合同 工资待遇：免费食宿，1500元/月

① 嘉央访谈资料，2009年7月14—15日，格尔木昆仑民族文化村管委会办公室。

② 课题组成员周宇的硕士学位论文中，曾以表格和文字的形式对昆仑民族文化村转产就业的现状有描述。此表格在其基础上修改完善，特作说明。可参见周宇《三江源生态移民后续产业可持续发展——以青海格尔木昆仑民族文化村为例》，硕士学位论文，四川师范大学，2010年，第25页。

续表

序号	项目名称	项目描述
3	铁路公司保安	由管委会与格尔木铁路保安公司协商，选送 80 名村民当保安 工资待遇：免费食宿，统一制服，1000 元/月
4	矿场保安	工作地点：昆仑玉矿场，距离移民村 30 千米 工作职责：确保昆仑玉安全；两人一组，2 小时换班 工资待遇：1600 元/月，管吃管住，购买“三金”；承诺干满一年后，月工资涨 100 元

在这几个转产就业项目中，凡是提供免费食宿的工作都要求员工必须集体食宿。从节约开支的角度来讲，这其实会为家庭省下一笔生活费用，然而，对于离不开糌粑、奶茶的生态移民而言，这个看似诱人的条件却是他们转产就业中的一个障碍。反而是零散短工，因为没有统一要求食宿，时间亦较灵活，参与的村民人次最多。尤其是返回牧区采摘虫草备受青睐，虽然这是一项繁重的工作，但是因为工作地点在自己熟悉的牧区，饮食习惯相同，不必担心没有糌粑吃、没有奶茶喝。因此，不用远离家庭，就近在建筑工地找临时性的工作成为转产就业的最佳选择。2015 年 8 月，村里的藏医院改建，村里部分村民就主动前去工地询问施工队是否需要临时工。我们在村子调研之时看见一对夫妇在那里帮忙搬运砖石，他们的工资按天计算，丈夫每天工资 100 元，妻子每天工资 80 元。工地上的工头说，在最初来帮工的十几个人中，这对夫妇坚持得最久，请假最少。不过，工地就在村子里的机会并不是很多，如果不转变观念的话，转产就业的机会仍然少之又少。

总体而言，昆仑民族文化村的转产扶持发展项目与转产就业项目背后充满了浓浓的民族情愫。一方面，转产扶持发展项目充分考虑了“转产牧民”的民族身份，试图借助藏族文化的底蕴发展有藏族特色

的生态移民家庭；另一方面，因为藏族传统餐饮习俗的影响，昆仑民族文化村的生态移民无法勇敢地迈出脚步走上转产就业的道路。这种纠葛的感情，不正是三江源生态移民身份表述的困境吗？从牧区到城市郊区定居，生存环境改变了，他们不再是牧民，而是“转产牧民”。转产不成功就意味着他们没有找到新出路，就可能在将来饿肚子。是该先满足肚子的需求呢，还是满足胃口的需求，在生态移民的转产过程中，这个问题一直困扰着他们。

第二节　以牧转“农”：温室暖棚蔬菜种植的起落

2007 年 7 月，距离昆仑民族文化村住宅区附近的温室暖棚收获了第一季蔬菜。彼时刚建成的生态移民网站上公布了这一喜讯。作为“绿色江河”的第二批志愿者，我于当年 8 月初抵达村子，遗憾地错过了这一丰收时刻的见证。不过，跟随管委会的干部，我与几位志愿者在丰收后的温室暖棚里有幸看见了几株细小的未被收割的蘑菇。在随后几年不定期的回访中，前往温室暖棚见证它在戈壁盐碱地上艰难的生存与发展已成为固定项目。2009 年 7 月，我们到村里时，温室暖棚里蔬菜长得十分热闹；2010 年 7 月，我们在蔬菜暖棚里看见的却是荒废寥落；2013 年 6 月，在部分村民的院子里，我们看见小型的院落蔬菜暖棚，暖棚里蔬菜长势不错；2015 年 8 月，我们四处搜寻院落蔬菜暖棚，却发现它已不复存在。昆仑民族文化村的蔬菜种植可谓起起落落，其间村民的喜悦与苦恼、坚持与挣扎似乎正诠释着在从牧民转变成农民或是城市居民过程中的困难、磨砺与艰辛。

一 集体兴建的两个温室暖棚

昆仑民族文化村所在地遍布着大小各异的鹅卵石，除了被混凝土覆盖的路面外，只要用脚一踢，就能随便踢出几块石头来。覆盖在石头上面的是硬硬的凝结在一起的沙土，即使狂风在耳畔呼啸而过，还是能清晰听到鞋子踩在上面发出来的咯吱咯吱的响声。土壤盐碱结层严重，加上雨量稀少，导致此地的生态异常脆弱，可谓寸草不生。一大片土地裸露着，毫无遮拦地呈现在我眼前，让人感到荒凉而悲壮。抗干旱的沙柳树与白杨树是格尔木最常见的植物，然而，即便是这些树种也需要悉心的养护与照料才能存活。因此，从农业发展所需要的自然地理环境来看，这里的原始土层并不适合种植蔬菜。不过，管委会干部还是决定在如此自然环境下，为一群从未与农业打过交道的、刚从牧区搬迁下来的牧民建造温室暖棚种植蔬菜。

（一）荒漠上的菜地[①]

管委会干部提出修建温室暖棚种植蔬菜的想法，主要是想通过村民自己种植蔬菜，降低城市生活的成本。种植蔬菜背后的发展思路是“以牧转农”，即将原先的牧业生计转变为以农业为主。无独有偶，昆仑民族文化村对面的长江源村在2007年的政府工作报告中亦明确提出，其第一个发展思路就是以牧转农，将农业确定为其基础性产业。[②]作为长江源村的近邻，昆仑民族文化村自然会向其学习借鉴经验。彼时，在青藏高原高寒牧区已有人利用夏秋季闲置的牲畜暖棚进行蔬菜

---

① 生态移民网站上有一篇名为“荒漠上的菜地”的文章，此处援引该文题目。参见http：//www.stym.org/plus/view.php？aid=31。

② 参见唐古拉山镇镇长才仁闹吾《唐古拉山镇长江源村移民工作汇报材料》（2007年1月1日）。

种植，其相关技术亦得到深入的讨论与推广。[①] 因此，这一设想并非毫无依据。管委会修建温室暖棚种植蔬菜的提议得到玉树州曲麻莱县人民政府的支持。2006 年 8 月 25 日，管委会利用政府拨付的 10 万元开始着手修建，当年 9 月 15 日，政府就验收了两座占地各 0.5 亩的暖棚，不过当时还未添置暖棚内所需设备，直到 2007 年 5 月初才在气温回升后准备妥当。按照当时的预想，一旦蔬菜试种成功，政府将着手规划 100 亩土地用于蔬菜基地建设，以便发展后续产业。[②] 这即意味着，政府将在昆仑民族文化村再投入 1000 万元发展温室暖棚蔬菜种植。尽管这只是一个构想，仍让刚搬迁下来的村民兴奋不已。

就暖棚的修建而言，颇费了一番周折。先是选址，既要考虑水源灌溉的可持续问题，又要顾及与住宅区的合适距离，因为若用自来水浇灌，成本无疑很高。后来，暖棚选在附近一条专为格尔木市区提供自来水的水渠旁，距离村民住宅区大约一千米处（具体位置见图 1-5）。接下来是解决土壤盐碱的问题。南主任请来的专家指出，昆仑民族文化村地表 60 厘米下有着厚达 30 厘米的盐盖，必须清除掉盐盖，盐盖清除后，才是筛掉遍地杂乱的石头与沙子，最后才能铺上按每立方米 25 元价格购买而来的适合种植的土壤。这一系列过程实际就是“拓荒”，即将不适合农作物生长的盐碱土壤开拓成适合农作物生长的肥沃土壤。最后铺上的土壤即是“换土”，就如对人体进行的“换血”与“骨骼再造”。

将荒土变成耕地的实践，显露出昆仑民族文化村改造自然地理的勇气与决心，亦让昆仑民族文化村的蔬菜种植有了浪漫而悲壮的色彩。生态移民官方网站上有一则题为“荒漠上的菜地”的新闻。从题

---

① 参见马本元、尹卫、张宪《青海牧区暖棚蔬菜种植技术》，《青海科技》2005 年第 5 期；韩梅《青藏高原牧区两用暖棚蔬菜种植技术》，《北方园艺》2007 年第 5 期。

② 《昆仑民族文化村（格尔木）政府建设公布》（2007 年）（以下简称《政府建设公布》），参见 http：//www.stym.org/plus/view.php？aid=6&pageno=2。

目就可见农耕文明与游牧文明在昆仑民族文化村的相遇。何为“荒”呢？按《说文解字》：荒，芜也。其字义后面所承载的即是农耕社会的自我确认，以及由此引申的边界划分。[①] 将荒土开发改造为可耕种的土壤，其实就意味着这是在向农耕文明靠近。然而，昆仑民族文化村的村民是从三江源区搬迁而来的游牧民，他们并不是农民，在农业耕种方面毫无经验可言。何谓“游牧民”呢？“游”指的是迁徙，“牧”则是畜牧，“游牧民”也就是迁徙畜牧的人。[②]《说文解字》亦曰：牧，养牛人也。农民则不同，农民要耕种土地，其大部分时间都被捆绑在土地上，必须精耕细作才能获得作物收成。如果说游牧民依靠手中的羊鞭放牧牛、羊、马匹谋生，那么农民则全靠犁耙锄头与土地打交道了。

有了可以耕种的“土地”，昆仑民族文化村的村民就能一夕之间变成农民吗？在温室暖棚建成后，去哪里找愿意来指导村民种菜的菜农与愿意学习种菜的村民，成为彼时的大难题。据管委会的人回忆，单是找会种菜的菜农就找了好几拨人，后来才找到一位会种蘑菇的菜农愿意来村里做技术指导。接下来，村干部四处动员村民参与种菜培训，为提高菜农与村民参与的积极性，管委会提出蔬菜收成归菜农与村民所有。最后，终于有 16 名村民报名成为蔬菜种植培训班的学员。菜农带着 16 名学员在 2007 年 5 月播下种子，7 月底便迎来蔬菜的丰收。彼时两个暖棚，一个种的全是蘑菇，这部分收成归菜农所有；另一个暖棚种了菠菜、油菜与萝卜等，收获的逾千斤蔬菜由 16 名学员及其家属共享。第一次丰收的喜悦让村民激动，以至于昆仑民族文化村官方网站预言：“文化村的村民吃上新鲜实惠的蔬菜并不是一件遥

---

① 参见徐新建《牧耕交映：从文明的视野看夷夏》，《思想战线》2010 年第 2 期。

② 参见［日］杉山正明《游牧民的世界史》，黄美蓉译，北京时代华文书局、中华工商联合出版社 2014 年版，第 12 页。

远的事情。”① 的确，若按第一季的收益来计算，投入大量资金建造100亩蔬菜基地的规划看起来指日可待（见图3-1至图3-3）。

温室暖棚试种蔬菜成功，在某种程度上说明，让曾经的牧民拿起锄头尝试简单作物的种植并非不可能，不过，搬迁至格尔木后，昆仑民族文化村没有严格意义上的可以耕种的土地。他们的生活既不能退回到游牧时期，亦不能算是农业生活，而是非农业生活方式的城市生活。城市生活寄生在农业上，其存在前提是在势力所及的范围内有与之保持联系的农业人口，同时，这些农业人口能持续不断地生产出超过自身生存所必需的食物。② 从农业生产的角度而言，16户种菜移民共有1亩温室暖棚，显然不能做到自给自足，此外，是否能可持续种植亦很难预料。因此，这部分参加过种菜的村民并不是真正从事农业的人，只是学过种菜的生态移民。搬迁定居后，原本生活在牧区的牧民尴尬地成为非农、非牧也非城镇居民的特殊社会群体。③

图3-1　蔬菜暖棚（2009年）

① 生态移民网站（http：//www. stym. org/plus/view. php？aid＝31）。

② 参见［英］阿诺德·汤因比《人类与大地母亲：一部叙事体世界历史》，徐波等译，上海人民出版社2001年版，第78页。

③ 参见关桂霞、索南旺杰《三江源生态移民面临困境 后续产业发展艰难》，《中外对话》2012年2月8日。可参见 https：//www. chinadialogue. net/article/show/single/ch/4757-Hard-times-for-eco-migrants。

图 3-2　蔬菜暖棚（2010 年）

图 3-3　蔬菜暖棚（2013 年）

（二）萝卜切块种植与菠菜开花还未食用

2009 年 7 月，我们跟随村主任贡布一起去蔬菜暖棚。暖棚附近新种植了近百株幼小的枸杞树，贡布说，这是村里新发展的种植项目，如果栽种成功，以后将大规模种植，甚至会考虑栽种其他药材，以便增加村民的收入。

暖棚里，一位60多岁的藏族阿妈正在摘菜。阿妈名叫旺姆，搬迁前，她在曲麻莱县政府食堂打杂；彼时，她与村里其他7位妇女在负责暖棚的蔬菜种植。旺姆说，当年蔬菜种植培训班的部分学员中，家里经济条件好一点的，后来都自己买了泥土，在院子里开辟了一小块菜地。旺姆也想和隔壁邻居家一样，有块自己的小菜地，但是，她家是村里出了名的贫困户。搬迁前，她家为了买羊找别人借了3万多元。后来家里发生变故，牛羊卖不出去，没有及时还钱给人家，就被人家告上了法院，法院判决，让她家及时偿还3.5万元债务。因为家里的确没钱，他们和债主协商分期还款，每年还3000元，12年还清债务。为了早日还清欠款，旺姆的丈夫与几个儿子都在外找零工，家里就只有她和一个双亲都不在的外孙。实际上，旺姆并不是2007年温室暖棚蔬菜种植培训班的学员，她主动到暖棚种菜，主要出于节省家庭生活开支的考虑。

彼时，两个蔬菜暖棚里生机盎然。萝卜、小白菜、油菜、青菜、土豆、莴笋、韭菜、葱都绿油油的，只是菠菜有些老了。在高寒地区，温室暖棚里种什么或不种什么，并不是根据个人喜好随机而定，而是需要考虑温度、技术与投入的劳动时间等。按牧区暖棚种植蔬菜的经验，应该栽种抗逆性强、生长周期短、耕种方便的品种，如油白菜、菠菜、红旦旦萝卜、花缨萝卜、大蒜、葱、马铃薯与胡萝卜8种作物。[①] 昆仑民族文化村栽种的这几种作物与此相差无几，可见前期的技术指导起了作用。在村里调研，我们见得最多的是土豆与青菜，也有人种大葱。比如，96号扎西家的小菜地就种了这些蔬菜，不过，扎西家没有种菠菜，他说菠菜在这里长得不好。

暖棚里的大部分蔬菜都到了采摘的时节。旺姆当天拔了几株青菜

---

① 参见郭石生《青海牧区日光暖棚蔬菜种植技术》，《中国园艺文摘》2013年第10期。

与一个又长又大的白萝卜，她准备回家炒一份青菜、将萝卜做成汤或是切成片炒来吃。旺姆参加过村里的两次厨艺培训，以前又在曲麻莱县政府食堂帮工，所以，她能烹炒常见的蔬菜。至于萝卜的叶子，她说萝卜叶子没有什么用，只能扔掉。我觉得这样扔掉很可惜，就把我老家四川用萝卜来做泡菜、用萝卜叶子做腌菜的经验告诉她，她听完后，睁大眼睛表示惊讶。实际上，旺姆及村里其他几位种菜的妇女并不全然清楚菜地里所种作物的食用方法。比如暖棚里种的菠菜已经开花，早就错过了食用的最佳时节，只能任由它变老、开花、结籽，留作明年的种子用了。贡布说，他们以前没有吃过菠菜，不知道怎么做来吃。其实，2007 年暖棚第一季收获的作物中就已有菠菜。两年过去了，菠菜的食用方法却没有在村里得到推广，不知如何食用，说明种菜人对农作物还很陌生。

一般在收获之后，农人会等待适合的季节，迎接新一季的播种。不过，谈到自己留种子以备第二年栽种时，旺姆害羞地摇头，贡布倒是说了他对萝卜播种的看法。贡布说，应该将萝卜切成块状，埋在土里，等着它发芽。贡布说的时候并不确信，但显然他看见过类似的播种，比如暖棚里种的土豆。不同的作物，其播种方法自然有所差别。如果种菜人不熟知作物的正确播种方法，很可能面临一季的歉收甚至颗粒无收。比如，彼时暖棚里所种的大葱，因为过于密集，长得不好，此外，他们的莴笋是播撒的，没有留出空间让其成长，而是密密麻麻地挤在一起，因此长得很纤瘦。

从菠菜与萝卜的食用及作物的播种来看，昆仑民族文化村的暖棚蔬菜种植需要解决的核心问题还是蔬菜种植技术。尽管他们曾经参加过相关培训，但他们拥有的技能尚不足以合理地安排、管理、培植、利用这两个半亩得之不易的土地。

在集体共有的温室暖棚获得第一季丰收后，有部分家庭在院子里

开辟角落种植蔬菜。家庭菜园的兴起，减轻了村民对集体温室暖棚的依赖，因为栽种所得全归自己，避免了不必要的分配麻烦。从某种程度上来说，私有的暖棚激励了自身的劳动积极性，投入栽种与管理中的时间增多，积累的经验亦随之增多。因此，尝到“甜头”的村民很可能带动其他有条件的村民加入家庭菜园的行列中，与此同时，则可能对集体温室暖棚的管理造成疏漏。不过，在240户村民中，彼时拥有小菜地并种植蔬菜的人家尚不到10户。

简单来讲，萝卜切块种植、菠菜开花还未食用与村民缺乏蔬菜种植与食用的经验和常识有关。旺姆与贡布对蔬菜种植比较生疏，所以他们在温室暖棚里有些羞怯，动作亦有些笨拙，他们小心翼翼地拨弄蔬菜，因为菜地原不是他们擅长的领域。若是在牧区，旺姆与村里其他妇女一样，熟知打酥油、磨青稞、挤牛奶、做酸奶、捡牛粪、织氆氇的每一个诀窍，她在牧区处理家务的时候，自然轻车熟路、游刃有余。然而，格尔木市郊与牧区的生活环境全然不同，她们熟知的家务领域亦随之发生了重大改变。一时之间，要让原本熟知挤牛奶的双手去侍弄温室暖棚里的蔬菜，必然会显得有些笨手笨脚，甚至胆小慎微了。

（三）温室暖棚里的秋千

2009年夏季丰收后，因为气候变冷，温室暖棚被迫闲置了。如果气温升高，根据时令，在5月底或是6月初的时候，就应该进行新一季的种植。如果与往常一样，那么，在2010年7月，就应该能看见温室暖棚里的一派生机，或是规划中的100亩暖棚已经建成。蔬菜暖棚的发展究竟如何呢？2010年7月，我们回到村子，再次前往温室暖棚，远远地就看见暖棚一片死寂，因为无人耕种，原本蓬松的土壤已经变硬，剩下一两株幼小的菜苗在风里摇曳，估计是掉落在地上的种子自然生长起来的。温室暖棚的塑料薄膜绝大部分早已不知踪影，只留下几片残破的塑料挂在那里，供偶尔前来的人们凭吊。暖棚附近种植的枸杞树因为无人浇水看护，也已残败。

在我们绕着温室暖棚走动的时候，两个村里的小女孩从村子方向走过来。一到暖棚，她们便坐在从水泥架上耷拉下来的绳索上，愉快地荡起秋千来。这个绳索原本是用来绑缚塑料薄膜的，大多数绳索都不见了，唯一剩下的几根就被小女孩变废为宝用作娱乐道具了。小女孩在空荡的暖棚里玩得尽兴，让人疑惑这里是否曾经种植过各种蔬菜。

实际上，此时的温室暖棚已经不能称作“温室暖棚”了。因为控制温度的塑料薄膜早已消失，只剩下两座暖棚的水泥支架躺在那里，就像被剥光了皮肉裸露着骨架的两个扇形动物，顽固地躺在荒漠里。在湛蓝的天空下，水泥的坚硬生生地灼伤着对面黄褐色的山脊。这个当初投资十万元、作为“以牧转农”先行项目的温室暖棚，仅仅运作三年就宣告失败，“荒漠上的菜地”变成了荒土，以致成为小朋友的“秋千乐园”。那么，废弃温室暖棚的原因是什么呢？村主任贡布说：“去年种菜的人，有些人家里有事，有些人回牧区了，种菜的事情就被耽误了。”此外，贡布谈到他们私自用水渠里的水浇菜的事情被格尔木市自来水公司知道后，曾经被警告过，因此，种菜的困难增多。从村主任的角度而言，他说他当然希望村民去蔬菜暖棚种菜，但如果她们不愿意了，他也不好强迫她们。

“以牧转农”的温室暖棚项目曾经获得过成功，其中的喜悦亦曾让村里人生发出耕种土地成为菜农的愿望。遗憾的是它并没有成为可持续发展的后续产业项目，而是被列入昆仑民族文化村的失败后续产业项目队列之中。“以牧转农”的集体实践失败了，但并没有让管委会彻底放弃这一转产目标，随之兴起的是村民院落里的温室暖棚蔬菜种植。

二　家庭院落里的蔬菜暖棚

其实，早在2007年，有条件的村民就买来土壤，在院子角落里修整出一小块地或是一个花坛，种花草或是青稞，后来，也有人在院子里种植蔬菜。2013年3月，三江源某公益组织协助村民在院子里修建蔬菜棚。当时的方案是：技术人员与工人的工资由公益组织筹集资金解决，每户家庭需要支付200元人民币购买塑料和泥土。也就是说，凡是提出申请并愿意支付200元费用的家庭，都可以拥有一个自己的院落蔬菜暖棚。

2013年6月底，在大部分村民的院子里能见到种着蔬菜的暖棚。暖棚大小根据院子里可以利用的面积来决定，因为尽管每家每户的院子面积一样，但是有些人家摆放了车子，或是新修了门廊，院子空间就不一样了。比如罗布老师家，在刚搬来的时候，罗布老师就在院子里修了一个暖棚种花草。但是，他家有三个孩子。儿子长大结婚需要单独的房间，牧区亲戚的孩子送过来读书住在他家也需要房间。政府修建的宽敞房子对于他家越来越多的人口来说，就显得有些拥挤。无奈之下，他只好拆了暖棚，在院子里搭盖起房子来。于是，院子剩下的面积很小，已经无法再修一个蔬菜暖棚。与罗布老师家情形相似的家庭不在少数。

2013年7月初，笔者与志愿者戴晓艳到村民家中查看暖棚里的蔬菜生长情况。我们发现院落蔬菜暖棚与集体温室暖棚种植有几点不同：一是蔬菜种类的扩大，除了前面提到的几种蔬菜外，院落蔬菜暖棚里新种了菜瓜。菜瓜的长势不错，好几家人的菜瓜秧上都挂着几颗大小不一的菜瓜。二是种植者不再限于女性。2007年，参与温室暖棚培训的学员全是女性。院落蔬菜暖棚建成后，家庭里的男性也开始加入种菜行列。桑姆家的暖棚就由她与父亲一同看管，桑姆的舅舅也是他家暖棚的主要种植者。

就蔬菜种植的劳动工具而言，我们在好几户人家提出能否看看工具，得到的回答是："我们没有锄头，是找别人借的。"桑姆家就是找她舅舅家借锄头来松土的。要种植蔬菜，从事农业，却连最基本的劳动工具都不配备，不免暴露出大部分家庭种植蔬菜的临时性、实验性与不稳定性，其中不乏"过家家"式的心态。在曲麻莱县约改镇的长江路社区，情况也基本如此。搬迁不久，政府就帮助愿意种植蔬菜的12户人家修建了院落温室暖棚。然而，2009年7月，我们在河源新村只见到几户人家还坚持种植蔬菜，绝大多数暖棚都已闲置。昆仑民族文化村的院落温室暖棚会有不一样的命运吗？

2015年8月，我们再回村子时，院落暖棚已经不复存在。四处寻找不果。绕了一大圈，才终于找到一个还没来得及拆掉的弃种暖棚。院落暖棚蔬菜种植项目，与集体共有的暖棚一样，亦以失败告终。大多数人家的院子里，原先是暖棚的地方，要么被改建成停车库，要么被扩建为门廊或是饭厅了。

为何蔬菜种植在昆仑民族文化村一度兴盛又一再衰落呢？这背后的原因如何？难道"以牧转农"从根本上就是错误的决策？为何在报端又经常见到城市附近安置的生态移民村院落暖棚蔬菜种植成功的个案呢？比如，青海省海南藏族自治州兴海县唐乃亥乡龙曲村移民社区的"菜篮子工程"。龙曲村100户村民，最初只有10座蔬菜大棚，2014年增加到了62座。《青海日报》经常报道这个村子，介绍说他们种的韭菜、油菜、西红柿、黄瓜、辣椒等品种，除了能够保证自己食用，还能不断卖到县城。[①] 龙曲村算得上"以牧转农"的成功个案，其村民已自豪地称自己为"菜农"了。

---

① 参见刘建民《保护中华水塔的伟大行动》，《青海日报》2014年1月13日第1版与第6版；李明《龙曲村移民社区的菜篮子》，《青海日报》2012年4月20日第3版。

昆仑民族文化村的蔬菜种植失败的原因何在呢？从 2007 年到 2015 年的田野调查来看，主要存在以下几个方面的问题：一是种植技术未能得到可持续的援助与跟踪。二是没有相应的监督管理机制。尤其是投资 10 万元建成的温室暖棚，因为缺乏有效的管理体系，村民参与蔬菜种植就会凭一时热情，高兴时就种，不高兴就不种，造成资源的浪费。三是对于大多数家庭成员较多的家庭而言，80 平方米的住房面积无法满足家庭住宿的需求，原本宽敞的院子不得不被占用，改建为门廊、客厅或是车库，余下的空间有限，就只好修建一个小花坛种点花草，养眼的同时，还能勾起曾经在绿油油草原生活的回忆。① 四是种菜的实际收益与期望值之间存在差异。村民原本希望种植蔬菜能减轻部分生活费用支出，但温室暖棚种植蔬菜存在一定难度，实际的蔬菜收益并不能满足家庭成员的每日蔬菜需求。在最初种植蔬菜的新鲜感过去后，第二年就很可能难以继续种植（见图 3-4 与图 3-5）。

图 3-4　院落蔬菜暖棚（2013 年 7 月）

① 访谈中，大多数村民都提到对绿油油草原的回忆。有几户人家在院子里只种草皮。

图 3-5 院落蔬菜暖棚（2015 年 8 月）

昆仑民族文化村蔬菜种植实践以失败告终，意味着政府“以牧转农”改变村民生计方式的目标受挫。对于村民而言，这即意味着他们从牧民到农民的身份转换失败了。实际上，生态移民工程后，他们既不能依靠畜牧业为生，亦没有一定数量的土地可以耕种。在没有找到适合他们的生计方式之前，他们的身份将是游移不定的。

第三节 以牧转工艺：从工厂到作坊的昆仑嘛呢石刻

2008 年 6 月，管委会的南主任与村干部晋美带着村里生产的民族服饰、嘛呢石及掐丝唐卡到了西宁。在 6 月 13—19 日举办的“青海省民族民间工艺美术品展”上，他们将这些民族工艺品作为生态移民的后续产业成果推介了出去。① 这次是他们第二次去参展，2007 年，

① 《转产牧民的新产品在西宁展销》，生态移民网（http：//www. stym. org/plus/view. php？ aid=102）。

他们在展览会上捧回了嘛呢石刻的奖牌。这次展览会期间，晋美以昆仑民族文化村嘛呢石厂雕刻工人的身份在展台前负责解说，与平措一样，晋美是嘛呢石刻厂技术最熟练的工人之一。在随后几年的雕刻工作中，他们的技术得到提高，只需要 15—20 分钟就能雕刻出一个嘛呢石来。

从后续产业发展的状况来看，村里的嘛呢石刻厂与温室暖棚蔬菜种植情况有些相似，先是经历集体的繁荣，后来转向家庭作坊。不过，与蔬菜种植相比，嘛呢石刻厂作为依托藏族牧区特色文化发展的产业，其情况显然要更复杂一些。

一　嘛呢石可以当作旅游产品售卖吗

在昆仑民族文化村博物馆附近，有一个经幡群。经幡群周围，除了惹人注意的转经房外，就是大大小小的嘛呢石堆了。嘛呢石堆，就是堆积起来的嘛呢石。何谓嘛呢石呢？在藏区，石刻艺人有在石块或片石上雕刻“六字真言”的传统，以此求福禳灾。“六字真言”，即“唵嘛呢叭咪吽”（藏文：ཨོཾ་མ་ཎི་པདྨེ་ཧཱུྃ），这是藏传佛教信徒所说的除苦成佛的方法。嘛呢石中的“嘛呢”就取自“六字真言”中的第二、第三字。“嘛呢”意为“珍宝”，它能满足一切愿望，除去阿修罗战争之苦与人道生老病死之苦。嘛呢石上，除了雕刻“六字真言”外，也常见佛像、神像，或是虫、鱼、猫、狗、蛙等动物形象，以表示对此动物伤生的忏悔。[①] 藏族人认为白色石块是美好、吉祥的象征，白石崇拜与藏族的山神崇拜不无关系，所以，一般会把“六字真言”或动物形象刻在白石上。或正因此，有学者指出嘛呢堆之所以有神力，主要是来源于白色石块，与其说嘛呢堆是藏族的保护神，倒不如说白色

① 参见丹珠昂奔等主编《藏族大辞典》，甘肃人民出版社 2003 年版，第 471—472、503 页。

的石块充当了保护神。[①] 昆仑民族文化村嘛呢石堆中的大部分嘛呢石都刻在从昆仑河里捡来的白色石头上，出自村里嘛呢石刻厂的工匠之手。

嘛呢石刻厂始建于2006年10月，其全称是“曲麻莱县三江源生态移民昆仑嘛呢石刻厂”。2007年，在青海省李津成副省长的协调下，青海翰海集团投资了20万元，在村里建成一座370平方米的嘛呢石刻厂房。厂房最初有30套玉雕机，员工20人。2007年6个月时间里，工人一共生产了8640块嘛呢石。这么多嘛呢石去向何处呢？除了被留作政府对外赠送的礼品，或是被本村及对面长江源村的信徒买走外，大部分嘛呢石作为青藏铁路旅游专供产品，在青藏铁路火车上由乘务员进行推介销售。铁路线上售卖的嘛呢石冠名“昆仑嘛呢石”，其中的“昆仑”既指石头来源于“昆仑河”，又指产品出自“昆仑民族文化村”。在管委会积极推广嘛呢石销售的同时，昆仑民族文化村却有人提出质疑：藏传佛教信徒用来祈福禳灾的嘛呢石，可以当作旅游产品出售给非信徒的普通游客吗？这些不同的声音背后有着怎样的立场呢？

（一）志愿者：“石来运转”的嘛呢石

2007年8月，绿色江河的志愿者在昆仑民族文化村开展项目，其中一项就是嘛呢石旅游产品的开发推广。在“生态移民网”上，还能查到当初志愿者撰写的邮件《来自中国生态移民第一村的昆仑嘛呢石——绿色江河志愿者给您的一封信》。信中，志愿者先是介绍了昆仑民族文化村的村民是从哪里搬迁而来的，接着谈论了他们在城市生活中所面临的困难，最后谈到了“嘛呢石”。现摘录与“嘛呢石”有

① 参见林继富《藏族白石崇拜探微》，《西藏研究》1990年第1期。

关的内容如下：

> 在种种尝试和努力后，他们想到了古老相传的“嘛呢石”，想到了这条位于世界屋脊的青藏铁路。于是，他们从“中华龙脉、万山之祖”的昆仑山上采撷天然而成的各样灵石，用祖传的工具，原始的工艺，精心雕琢出这一枚枚昆仑嘛呢石，并通过铁道部和青藏铁路公司的帮助，特许带上了这趟奔驰在“天路”上的火车来。愿这样的昆仑嘛呢石能助您“石来运转”，能给您美好吉祥。①

这封邮件主要从旅游推介的角度突出了“昆仑嘛呢石”的三个独特之处：一是石材独特，它是“中华龙脉、万山之祖”的昆仑山灵石；二是工艺独特，祖传技艺、原始工具打造；三是制作者独特，他们是为保护国家生态环境而放弃原有家园的生态移民。因此，作为青藏铁路线上推介销售的旅游产品，昆仑嘛呢石的意义超越了普通的旅游纪念品，它的独特性赋予了它神性，能为拥有者“转运”。在生态移民网站的“昆仑嘛呢石”栏目下，还有两篇志愿者撰写的文章：一篇是《曲麻莱的昆仑嘛呢石》，其内容与这封邮件相似，只是叙述的方式不同；另一篇是《嘛呢石》（*Mani Stones*）的中英文简介。这三篇文章都配有精美的嘛呢石图片。② 综合这三篇文章来看，志愿者对嘛呢石的推介焦点集中在嘛呢石在藏传佛教中的祈福禳灾功能，同时，他们深信这种功能的普适性，即嘛呢石对普通游客也会有同样的效用，因此选用了迎合游客心理的“石来运转”一词作为信件的结束语。

---

① 《来自中国生态移民第一村的昆仑嘛呢石——绿色江河志愿者给您的一封信》，生态移民网（http：//www. stym. org/plus/view. php？ aid＝9）。

② 参见《昆仑嘛呢石》，生态移民网（http：//www. stym. org/plus/list. php？ tid＝13）。

后来，“绿色江河”的志愿者西南民族大学的青年教师邓文就嘛呢石的生产与市场推广，向温洛克国际申请了一个项目，该项目亦拟写了《神奇的嘛呢石》宣传文章。邓老师一共撰写了三个版本。现摘录第二版如下：

> 在众神居住的昆仑山，有很多故事随着高原的风吹送，在冰雪天地间回荡，在江河源头流淌。在那里，有生命的祈愿，有天籁的牧歌，有阿妈的笑脸，还有朝圣者虔诚的回眸……
>
> 所有的故事在此演绎成一段石的奇缘，化作昆仑圣山脚下空灵的嘛呢石。
>
> 昆仑民族文化村村民世代居住在昆仑山脚下，他们为保护三江源地区的生态环境，离开了自己熟悉的家园，开始新的生活，也带来了有故事的嘛呢石。
>
> 这里的嘛呢石取自“中华龙脉，万山之祖”的昆仑圣山，经藏族工匠以传统工艺精雕细琢，蕴含的是祝福、虔诚和信念。
>
> 对嘛呢石许个愿、默些情吧，这里面就会有你的故事。传说，在嘛呢石里有故事的人，一定会被上天庇佑……①

与前面那封公开信相比，这个版本的语句更抒情。《神奇的嘛呢石》三个版本尚未定稿前，其初稿曾在“绿色江河”的志愿者之间流传，这第二个版本就曾传到笔者的手上，传递者要求我从文学修辞的角度对其进行修改。可以说，《神奇的嘛呢石》是数名志愿者的集体创作，其中不乏他们的善意与真诚。然而，“许愿”与“默情”的说法听起来多少有些浪漫，反倒弱化了嘛呢石在藏传佛教信徒心中的“禳灾”功能。诗意的语言表述，在激起旅游者的想象与向往的同

① 《神奇的嘛呢石》，资料由西南民族大学的邓文老师提供。

时，强化了嘛呢石的神圣性，却消解了它在藏族地区随处可见这一事实（见图3-6、图3-7）。

从2006年“昆仑嘛呢石”建厂开始，它就受到外地公益组织与热心人士的关注与参与。部分志愿者将嘛呢石推介给亲朋好友，或是旅行时帮忙外销。比如格尔木市人民医院的退休藏族医生寒梅大夫，她每次前往成都、长沙等地时，都在行李里装十多枚嘛呢石。公益组织方面，除了“绿色江河”，温洛克国际亦曾扶持过“曲麻莱县驻格尔木昆仑民族文化村嘛呢石生产及市场推广项目”，这个项目由前面提到的邓文申请。作为“绿色江河”的志愿者，邓文参与嘛呢石项目的时间较长。该项目的预计产出是20户家庭能参与培训并从中获益，除了产品系列包装与产品图案的设计外，项目还将协助移民村建立相对稳定的市场采购与销售渠道并帮助他们建立网上在线销售体系。温洛克国际为此项目提供十万元的资金支持，邓文则组建团队回到移民村开展项目。组织嘛呢石刻厂的石刻艺人再培训很顺利，因为嘛呢石销售的确能增加家庭收入，原本已经掌握雕刻技艺的村民愿意再提升自己的工艺。但是，在嘛呢石的图案设计与宣传海报设计上，二者却出现了矛盾与分歧。邓文带领的团队提供的新图案有可可西里、牛头、藏羚羊、吉祥结、佛手等，最终得到嘛呢石刻艺人认可的只有藏羚羊与吉祥结。尤其是“可可西里”的设计，要求石刻艺人以汉字雕刻出来，这样的设计一看就是为了满足汉族游客的需求，篡改了“嘛呢石”本来的意义，让“嘛呢石”显得有些不伦不类，因此，邓文团队设计的“可可西里”嘛呢石最终未能获得管委会的认可。“可可西里”嘛呢石的设计暴露出外来人士在参与过程中持有一些主观想法，对昆仑民族文化村的宗教信仰和文化习俗的理解还不够深入。后来，这个项目在成都、广州等地进行过宣传推广，但并没有达成最初的预期目标。

图 3-6　嘛呢石堆

图 3-7　嘛呢石板（由废弃的木板做成的大型嘛呢石）

从始至终，“昆仑嘛呢石”就没有拒绝过外界的参与。然而，谁才是“昆仑嘛呢石”的真正主人呢？答案显然是昆仑民族文化村的村民。无论是志愿者、NGO 还是管委会的干部，他们均不是“昆仑嘛呢石”的主人。他们要么是外来者，要么是政府机构下的管理部门。值得庆幸的是，管委会的工作人员中藏族人居多，他们会在嘛呢石旅游产品开发的过程中严格把关、协调。因此，由他们将项目开发委托

给志愿者，借助他们的旅游专业知识打造“昆仑嘛呢石”品牌，这件事情本身并无不妥。然而，假如不顾及“昆仑嘛呢石”真正主人的心理感受，其推广宣传很可能伤害到昆仑民族文化村村民的感情。

（二）卖嘛呢石：卖的是现在与将来的运气？

2009年7月，在藏尕卓玛家问询她是否知道村里的嘛呢石刻厂时，她说了如下一段话：

> 嘛呢石上面刻的六字真言，是我们藏族人的宗教信仰吧。如果要我把嘛呢石拿来卖给别人，（我）心里不开心。没有钱用，我也不准备卖，还可以去干其他的活来挣钱吧。我的阿妈也这样想的。①

藏尕卓玛已经结婚，她与父母、弟弟、妹妹住在一起。藏尕卓玛的丈夫是汉族人。她小时候跟着到牧区挖金子的汉族人学会了讲汉语，所以我们的访谈是以汉语进行的。访谈的时候，只有她与她母亲两个人在家，其他人都回牧区替人放牛羊了。她家里没人在嘛呢石刻厂工作，与其他藏传佛教信徒一样，她家需要的嘛呢石都是请石刻艺人刻的，与此同时，她们会赠送一定的财物给工匠以示感谢。不同规格的嘛呢石有不同的价码，这亦是彼此心知肚明的事情，因此，藏尕卓玛家的嘛呢石也是从工匠那里“买”来的，只是说法不同而已。那么，为什么把嘛呢石卖给“别人”她会不开心呢？这个“别人”是谁？在后来的交谈中了解到，她说的这个“别人”是指那些不是藏传佛教信徒的人，也就是那些外地来的旅行者。藏尕卓玛的态度很明确，即便是家里没有钱用，也不准备靠售卖嘛呢石给那些根本不相信

① 藏尕卓玛访谈资料，2009年7月17日，格尔木昆仑民族文化村。

藏传佛教的旅行者。这也就意味着，藏尕卓玛并不认同将昆仑嘛呢石当作旅游产品。当然，她肯定也不会赞同把神圣的嘛呢石拿到火车车厢叫卖这件事情了。

在昆仑民族文化村，与藏尕卓玛有类似想法的人并不在少数。村里有个私人诊所名叫“济民医院”，给人看病的老医生扎西也是从牧区搬过来的。他家院子里悬挂着经幡，角落里放着一个从牧区带来的牦牛头骨，以及一些他自己从山上捡回来的白石头。扎西医生对嘛呢石刻厂对外出售嘛呢石的看法，说得要委婉一些。他说：“他们刻了石头，应该是卖给那些比较相信的人。因为他们卖的是现在和将来的运气。”① 扎西医生提到的“石头”是指嘛呢石。石刻艺人雕刻嘛呢石为人祈福禳灾，本是在积攒累生累世的功德。但是，在扎西医生看来，只有当这个嘛呢石被合适的、相信藏传佛教的信徒拥有的时候，这种功德才有效，否则，工匠损耗的将是今生与来世的福报与运气。

有关嘛呢石与个人来世福报的问题，在藏族导演万玛才旦的电影《静静的嘛呢石》中，嘛呢石艺人索巴大叔讲了这样一段话：

> 这些都是别人捐刻的。我正在刻的这尊度母像是纳隆村的里科为年前去世的母亲捐的。快刻好了。这孩子真孝顺。他的亲人一定能够往生天界的。②

嘛呢堆上的每颗嘛呢石都是有主人的，嘛呢石能帮助往生的亲人前往天界，别人的嘛呢石自然不能随意拿走。昆仑民族文化村的嘛呢石堆同样如此，放在那里的每颗嘛呢石都是有缘由的。比如，多杰的爷爷去世后，他的父亲就利用废弃的整张台球桌面画了“六字真言”，因此，为谁刻嘛呢石自然不是随随便便的事情了。那张台球桌面是从

---

① 扎西访谈资料，2009 年 7 月 21 日，格尔木昆仑民族文化村。

② 万玛才旦编导：《静静的嘛呢石》，北京电影学院青年电影制片厂，2005 年。

哪里来的呢？在搬迁之初，村里有家台球室，台球桌直接摆放在路边，玩耍的年轻人居多。关于昆仑民族文化村的台球桌推倒变成嘛呢石，有位藏族女作家曾在博客中谈到，这与喇嘛的开示有关，更与藏民们的神灵信仰有关，这预示着重新的生机。[①] 从这个层面而言，台球桌面材质的嘛呢石的确反映了村民从搬迁初期迷茫、不知所措的精神状况到从宗教信仰中找寻到心灵慰藉的心路历程。于是，多杰家的这“颗”台球桌面做的嘛呢石不仅是在为爷爷往生祈福，也是向村子搬迁之初所经历的迷惘的一种告别。

（三）我们的嘛呢石只愿意卖给相信它的人

村主任贡布虽然不是嘛呢石刻厂的艺人，因为是村干部，所以他对嘛呢石的销售情况有所了解。他说：“前来买石头的大部分是汉族人。我们卖石头出去的时候，不知道他们相不相信佛教，所以也没有办法。我们一般认为，来买的都是喜欢石头的。”[②] 在无法确认购买者是否相信藏传佛教的情况下，石刻艺人只有祈愿购买者喜欢石头，有与他们一样的白石崇拜。与藏尕卓玛、扎西医生一样，贡布认为嘛呢石是神圣的，不是普通的商品，不能随随便便卖给任何人。

昆仑嘛呢石刻厂的石刻艺人有无这样的顾虑呢？他们是否会为了追逐金钱利益，而不管不顾嘛呢石内蕴的宗教信仰呢？平措与晋美是厂里最能干的艺人，他们每年生产的嘛呢石最多。在平措家，他谈道：“来购买的汉民中，有人可能是觉得好玩。但是，他们应该是懂得藏传佛教的。因为石头并不好看，应该是懂一点意思才会来购买的。”从平措的言语中可以看出，他并不确定购买者是否懂得藏传佛

① 参见唯色《“生态移民村”的“嘛呢石”》（http：//woeser. middle—way. net/2013/01/blog—post _ 31. html）。

② 贡布访谈资料，2009 年 7 月 21 日，格尔木昆仑民族文化村。

教。然而，为了确信购买者会善待嘛呢石，他按自己的理解方式推测出一个可以让他心安的结论。与平措一样，晋美说："我们刻嘛呢石的时候，嘴里都会念经文的。我们的嘛呢石只愿意卖给相信的人，也相信只有喜欢的人才愿意出钱来买。"不过，这个"喜欢"其实将购买者的范围扩大了，可以是喜欢藏传佛教的人，也可以是喜欢石头的人，或是喜欢石刻工艺的人。不管怎样，"喜欢"总是美好的感情，起码不会有恶意的破坏行为发生，如此，便可以让石刻艺人内心安稳一些吧。

在嘛呢石作为旅游产品售卖这件事情上，外来的志愿者、部分昆仑民族文化村的村民与嘛呢石匠人立场并不全然相同。外来的志愿者不乏善意，对藏传佛教有一定的了解，但他们的根本目的是将嘛呢石销售出去，以便促进嘛呢石刻这一民族文化后续产业的良性发展。因而，在志愿者眼里，嘛呢石首先是商品，其次才是藏传佛教信徒的宗教生活用品；然而，在昆仑民族文化村村民与嘛呢石匠人眼里，嘛呢石首先是藏传佛教信徒的宗教生活用品，其次才是商品，并且这个商品也只能出售给愿意相信藏传佛教的人们。这亦意味着，即便生活环境发生了较大变化，在转产的过程中，昆仑民族文化村村民并没有因为追逐经济利益而放弃本民族的宗教信仰与文化习俗。这样的坚持，一方面增加了转产的难度；另一方面也说明不管"转产牧民"可能转变成什么，其作为藏族人的民族文化心理并不会随之轻易改变。

二　平措的两个嘛呢石刻工作台

2007 年，在"第五届青海民族民间工艺美术品展"中，平措的嘛呢石刻作品《释迦牟尼》获得了"源羚杯"三等奖。平措能阅读藏文，他的藏文书法功底深厚。作为昆仑嘛呢石刻厂的匠人，平措性格内敛。本书前一章已经介绍过他的家庭情况，他有五个孩子要养

育，其中一个还患有脊椎病。所以，平措必须要在生态移民后迅速成功转产，不然，家庭负担会压得他喘不过气来。平措算是比较幸运的，因为在最初村里扶持“藏族牧家乐”的时候，他家也被选中作为扶持户。这可能与平措踏实沉稳的性格，以及他能讲流利的汉语有关。不过，“藏族牧家乐”的项目最终没有发展起来。随着时间的推移，平措的嘛呢石刻工艺不断提升，他成为嘛呢石刻厂的明星人物，许多从外地慕名前来购买嘛呢石的人都会被介绍到他家。所以，平措算是村里成功转产至民族手工业的代表人物之一。

从2006年嘛呢石刻厂建成起至今，平措的工作台挪动了几次。工作台的挪动，表面看起来是随机的个人行为，实际上却反映了昆仑嘛呢石作为文化产业的发展路径。

（一）嘛呢石刻厂30台雕刻机中的一台

嘛呢石刻厂最初购进了30台雕刻机。这30台机器同时运作的时候，主要是在2006—2008年，那时参加了嘛呢石刻培训的30余名村民都在这里操练技艺，他们都在顺利转产。

2007年8月，嘛呢石刻厂里十分热闹。有些石刻艺人把雕刻好了的嘛呢石带回家，在家中安静地为嘛呢石上色。在石刻艺人忙着雕刻的时候，管委会与志愿者正在为嘛呢石作为旅游产品开发出谋划策。在我们结束志愿者活动离开村子的前一晚，南主任请村里的石刻艺人为我们每个志愿者雕刻了一颗嘛呢石，他们还专门在嘛呢石的背面刻下了我们每个人的藏语音译名字，每一颗石头都很白很光滑。南主任递过来的时候，六字真言上的颜色还没有完全干。南主任一再叮嘱要小心存放。我们的嘛呢石就是由平措用这30台雕刻机中的某一台刻出来的。

雕刻只是嘛呢石工艺中的一道。要完成一颗嘛呢石，一般有四道工序：首先是挑选石材。村子里虽然遍布着石头，但它们形状小、颜色不好，根本不适合用来雕刻嘛呢石。嘛呢石所用的石头越白越好、越温润越好。因此，石刻艺人要先到河床里一颗颗仔细挑选，既要看形状是否适合雕刻，又要看颜色是否纯正、质地是否温润。挑选好石头后，工匠就用车子把它们拉回来堆放在厂里的空地上。第二道工序是在石头上画样稿，大多数时候是六字真言，有时候根据信徒需求会写上经文或是画上图案。第三道工序才是在机器上雕刻。不过，机器上只能处理小而轻的石头。个头大的石头太重，转动起来不方便，就只能用传统的雕刻工具。最后才是为刻好的石头上色，当然，并不是所有的石头都要上色，质地好颜色纯正的白石头就会让它保持原色。

嘛呢石刻厂艺人中，年龄稍大的是50多岁的香桑，他一天可以完成8—9颗嘛呢石；刻得最多的是平措与晋美，他俩每人每天可以刻15—16颗。嘛呢石销量好的时候，每个工匠每个月有1000元左右收入；销量一般的时候，每个月就只有500—600元的收入。当然，一分钱收入都没有的时候也是存在的。比如冬季，气温太冷，嘛呢石刻工作就只能停下来。此外，旅游淡季的时候，嘛呢石也很难销售。在藏区，嘛呢石销售还与人的生老病死有关。玉树有位叫然丁的工匠就说，他们从事的嘛呢石刻工作与内地的棺材生意一样，死的人越多，来买的人也就越多。[①] 因此，无论是作为旅游产品外销的嘛呢石，还是供藏传佛教信徒所用的嘛呢石，其销售都要遵从四季的交替与生命的时序。

2009年7月21日，我们返回村里，与村主任贡布一起去嘛呢石刻厂。进入大门就看见空地上躺着六块像大墩子一样的嘛呢石，每块石头上刻着一个藏文，合起来就是“ཨོཾ་མ་ཎི་པ་དྨེ་ཧཱུྃ”（唵嘛呢叭咪

---

① 《嘛呢石雕刻艺人然丁：活着需行善》，《活着·玉树篇》第5期（http：//news.qq.com/photon/tpyk/ysdk.htm）。

吽)。村主任说，这六块嘛呢石一起卖的话，价格是300元左右，与以前藏区手工雕刻的嘛呢石相比，这个定价算是很低的了。在藏区，一般手工雕刻的嘛呢石每颗卖300元左右，如果工艺精美的话，至少要卖400—500元。贡布指着石头上的凹痕说："刻得很漂亮的嘛呢石，印痕很深，可以倒一碗水进去呢。"[①] 我看了看院子里的那六块大嘛呢石，想象着倒入满满一碗水进去后水都不会溢出来的情形。听得出来，贡布对嘛呢石工艺高低美丑的判断，与他在藏区生活的经验有关。他根据原有的经验，对本村生产的这组嘛呢石给出了300元的心理定价，这个价格不包括运费。当然，如果是宗教活动中需要的超大块嘛呢石，价格会不一样。比如2008年，村里嘛呢石刻厂就为一个宗教活动雕刻了100多颗大石头，销售总额是2万余元。不过，彼时"昆仑嘛呢石"主要还是作为旅游产品在青藏铁路线上销售，包装好后，每颗售价是80元；小颗的嘛呢石，如果游客上门自取，每颗售价是10元。如果算上从河床捡拾石头的时间，以及画样稿、雕刻、上色的时间付出，无论是10元的定价还是包装好后的80元定价，其实都是极低的。

或许正是"昆仑嘛呢石"定价极低没有什么盈利的缘故，彼时我们去厂里，只看见两位艺人在工作，其中一位就是较为年长的香桑。香桑说，厂里的大部分石刻艺人都回牧区了。石刻厂原有的30台雕刻机，现在只剩下12台在厂里。问及原因，香桑解释说是因为嘛呢石生意不太好，愿意来刻的艺人不多，部分机器被石刻艺人搬回家中，部分机器已经磨损还未及时修理。平措就搬了一台雕刻机回家，在家里生产嘛呢石。

---

① 贡布访谈资料，2009年7月24日，格尔木昆仑民族文化村。

（二）院子里的小作坊

2013年7月，我们去平措家探访。那一年，许多人家的院子里修建了蔬菜暖棚。平措家的院子也有变化，一进大门，就能看见左边角落围了一间小房子，另外就是房子旁边新修了门廊。角落里的小房子就是平措的作坊。作坊有6平方米左右，有一个小小的窗子，门口挂着布帘，掀开布帘就可以看见里面靠窗摆着一台雕刻机，作坊角落堆着大大小小的白石头。平措家的院子里有一个小花坛，里面种了向日葵和格桑花，花坛边上摆着几颗雕刻好了的嘛呢石，有的已经上了颜色，有的却没有。平措拿起其中一颗未上色的嘛呢石说，他最喜欢那一颗，因为那颗石头的质地与颜色都很好，拿在手里的感觉也很舒适。我接过石头感受了一下，的确感觉很温润。平措对石头的喜爱溢于言表，尽管他平日性格内敛。

平措指着嘛呢石告诉我们："2006年的时候，要寻找适合雕刻的石头还很容易。现在的石头还是去昆仑河里捡的，但是比以前难多了。现在近一点的地方适合雕刻的石头少了，就要去很远很远的地方找石头。找到了石头，再从很远的地方拉回来。"① 这也就意味着仅是捡拾石头花费的时间就比以前增多了几倍。平措对石材的挑选很严格，他希望自己能够找到白色的、温润的、形状好的石头，而这显然会增加他的工作量。当然，河床里适合雕刻的石头越来越难捡到也说明了另一个事实，即这些年平措与村里的石刻艺人的确雕刻了许多嘛呢石。不然，石头都去哪儿了呢？

除去本村的嘛呢石需求，上门来平措家购买嘛呢石的主要是曲麻莱县的相关部门，他们把嘛呢石当作"外交礼物"对外赠送，此外是

---

① 平措访谈资料，2009年7月24日，格尔木昆仑民族文化村。

从内地来旅行的游客，基本上都是汉族人。如何才能扩大嘛呢石的销路呢？2012 年，一位内地的热心人士帮忙联系销售昆仑嘛呢石，厂里议定每颗 10 元，双方都很满意这个价格。于是，对方预订了 100 颗嘛呢石，但是，在去邮局邮寄的时候，村里人才发现忘记了预算运费这一项。100 颗嘛呢石的运费高昂，扣除运费，这 100 颗嘛呢石根本没有赚钱，反而亏了一笔。所以，昆仑嘛呢石怎么往外销售，价格怎么定，运费怎么算等问题，都不是凭空想象就能解决的。平措与厂里的其他石刻艺人一样，都只会埋头雕刻嘛呢石，他们并不擅长市场营销。嘛呢石的市场营销自然就落在了管委会的身上。

图 3-8　平措家院子里的嘛呢石材料

当平措把雕刻机搬回来的时候，并没有想到自己会在院子里修一个作坊，当然，有了自己的作坊并不完全意味着他从嘛呢石刻厂退出来。他的工艺好，有慕名前来的顾客，但他的嘛呢石销售仍然与管委会、昆仑嘛呢石刻厂有千丝万缕的联系。2013 年，小颗嘛呢石的售价整体提高，由原来的每颗 10 元变成了每颗 20 元。这个价格是村里的统一定价。当然，这个价格与当时物价上涨有很大关系（见图 3-8）。

2015 年 8 月，我们再到平措家时，平措带着二女儿去广州看病了。他的嘛呢石雕刻机从院子的小作坊里搬到了门廊的一角。平措的大女儿德吉说她父亲现在会在门廊里刻石头，刻石头的时候，他仍然会不停念经文。德吉说，这样念经，对自己家人好，对别人也好。[①]也就是说，虽然平措刻的嘛呢石没有经过活佛的“开光”，但上面有他的虔诚祝祷。家庭的临时变故中断了平措的嘛呢石刻工作，等平措从广州回来，他将继续雕刻石头以方便周围的信徒，同时也满足那些喜爱嘛呢石的外地游客的需求。

2006 年至今，平措从曲麻河乡的一名牧民成为城市郊区的生态移民，然后又从“转产牧民”变成了一位嘛呢石石刻艺人，他的身份变化反映了昆仑民族文化村后续产业发展的曲折摸索之路。平措的爱人当年也参加过温室暖棚的蔬菜种植，不过，她与村里其他妇女一样，并没有成功地由牧民转产成为种植蔬菜的农民。在这个家庭中，两位第一代移民的转产之路可谓一荣一败。这荣与败的背后，有他们自身能力与转产意识的差异，但最根本的还是后续产业的选择是否与当地的生活环境相符、是否符合其民族文化记忆与宗教信仰习俗。假如忽略藏族牧区原有的文化习俗，完全切断他们与以往生活的联系，将他们置于完全崭新的空白领域，必然会增加转产的难度，亦会加重转产牧民的心理压力。如此一来，自然无法实现搬迁之初允诺的“迁得出，稳得住，能致富”的后续产业发展目标了。[②] 因为即使生活压力就在眼前，转产已然迫在眉睫，舌头与味蕾仍然不会撒谎说它可以就此放弃酥油与糌粑。

---

① 德吉访谈资料，2015 年 8 月 20 日，格尔木昆仑民族文化村。

② 《移民安置与后续产业发展情况》，生态移民网（http：//www.stym.org/html/zhengyaogongbu/20080808/89.html）。

第四章

神圣与世俗：城市郊区的日常宗教生活

昆仑民族文化村的住房是由政府统一修建的。最初，家家户户房屋外观一致（第一批生态移民与第二批生态移民房子有红房子与蓝房子之分），院子大小一致，看不出什么差别来。自从村民搬迁入住后，部分人家在门楣上摆放牦牛头骨，或是在门环上挂上彩色编带作为装饰，房屋开始各有特色。不过，在这些看似不同特色的房屋布置中，总能见到些不变的元素，那就是大多数人家屋顶上飘扬的经幡，院墙上持续不断播放经文的喇叭，或是院墙上放置的随风转动的转经筒，走在村里的每个角落，都能听到隐隐约约的诵经声。作为生活在格尔木城市南郊的三江源生态移民，在没有一座寺院与一座白塔的情况下，他们如何延续其早已习以为常的宗教生活呢？或者说，他们还能像在牧区一样从容自在地展开其宗教生活吗？本章将从昆仑民族文化村的公共宗教生活场所与某一户家庭内部的宗教生活用品两个方面来讨论移民后的日常宗教生活问题。

第一节　在公开与隐秘之间：宗教生活的四个公共场所

为方便叙述，本书以昆仑民族文化村的主干道，即正对长江源村大门的那条道路为界，将村子分为左右两侧。左侧，即第一批生态移民红房子所在的区域；右侧，即第二批生态移民蓝房子所在的区域。左右两侧，除了村民居住的房屋，其他建筑与景观有管委会办公大楼、村卫生所、藏医院大楼、“三江源移民民间博物馆”（以下简称“民间博物馆”）、转经房、经幡群与煨桑台（具体分布请参考图 1-7 与图 1-9）。在这些建筑与景观中，安置房、管委会办公大楼与村卫生所为三江源生态移民提供了基本的住房和健康医疗保障。看起来似乎用处不大的转经房、长期未正式投入使用的藏医院大楼、没有什么民族文物的民间博物馆及煨桑台，正是昆仑民族文化村日常宗教生活的重要公共场所。

一　转经房与经幡群：生态移民“安心”的地方

在藏族聚居的地方，随处可见迎风飞扬的五彩经幡群。经幡群已经成为藏区特有的景观之一。然而，在昆仑民族文化村建成之初，只有供人居住的安置房，还未修建与其精神生活相关的宗教建筑与景观。关于以群体方式迁移人口的庙宇、朝圣中心等文化财产问题，世界银行曾指出，应保留其文化财产，如果需要则可迁移这些文化遗产，这样做可以增加移民安置规划的可接受性并缓和给移民造成的不

良影响。[①] 在第一批生态移民安顿下来后，他们才意识到格尔木附近没有寺院、白塔与五彩经幡，习惯了转山与转佛塔的村民一时之间身心有些无所适从。他们向主管部门管委会提出要求，希望政府能提供一个大一点儿的公共宗教场所来满足他们的基本宗教生活需求。管委会的干部亦觉得让村民安心是生态移民过程中非常重要的一环，于是开始想办法解决这个问题。最初通过村民自筹的方式，于 2007 年修建起了一座简单的转经房；2008 年 10 月，昆仑民族文化村得到玉树州称多县康纳寺的夏多旦活佛无偿捐助的 20 万元，管委会用这笔捐赠在原来简陋的转经房旁边修建了一座转经轮。因此，昆仑民族文化村就有了两间转经房。

（一）两间转经房

转经房就是专门用来放置转经筒以供信徒转经的房间。转经筒又叫嘛呢筒，大小不一，小的可以拿在手上摇动，大的甚至需要多人合力推动才能使其转起来。转经筒表面一般印有“六字真言”与佛教画像，其内壁刻满了经文。因此，转动转经筒就相当于念经，是忏悔往事、消灾避难、积累功德的方式。[②] 昆仑民族文化村有两间转经房：靠近村子的第一间转经房的外墙是红色的。这间是由康纳寺的夏多旦活佛捐资修建的。门庭上方有金色的法轮，法轮两边是两只相对跪拜的金色藏羚羊。关于这对跪拜的藏羚羊，有一个让人伤心的故事：

> 很久以前，藏羚羊还不是保护动物。一位老猎人遇到一头藏羚羊，准备用猎枪枪杀它的时候，藏羚羊用乞求的眼神望着他，然后冲着他前行两步，两条腿扑通一声跪了下来。老人有些迟

① 转引自［美］迈克尔·M. 塞尼尔《移民与发展：世界银行移民政策与经验研究》，水库移民经济研究中心编译，河海大学出版社 1996 年版，第 22 页。

② 参见李涛、江红英《西藏民俗》，五洲传播出版社 2002 年版，第 91—93 页。

> 疑，但最后还是举起了猎枪。后来，猎人剖开藏羚羊的肚子才知道它的肚子里还有一只未出生的小羊。老猎人顿时明白了一切，他埋葬了藏羚羊母子，同时埋葬的还有他的猎枪。[①]

转经房门庭上方的这对跪拜藏羚羊，或许是一种“万物有灵”的提醒，警示人们不要杀生，应该悲悯万物。村里的桑吉很动感情地给我们讲了一遍这个故事，并且强调：“藏羚羊是有灵性的。”藏羚羊下面就是木质的大门，大门敞开着，大门门楣中间挂着20余条白色与黄色的哈达。进入大门，里面还有一个门框，在内门框四周是50多个排列有序的高约50厘米的金黄色铝质转经轮，转经轮下端是绿色的木质转手柄。这座转经轮内装六字真言经文近14亿字，据说是目前格尔木地区最大的转经轮。[②] 轻轻顺时针触动手柄，经筒就轻松转动起来。顺时针绕一周回到内门框，从内门框进去，中间是一个高约5米的木质转经筒，红色的底漆，上面是金色的佛教图案。转经筒的转轴上端固定在屋梁上，底端的转轴架由厚实的木头做成，四周挂着不少哈达与串起来的放生羊耳朵角。这个经筒很大，需要使出很大的力气或是依靠众人的合力才能让它转动起来。经筒内部刻满了经文，因此转一圈这个经筒的功德很大。这间转经房内的墙壁上，还挂着大大小小的活佛画像、金色的哈达与佛教故事图画。

第二间转经房与第一间转经房相比的确要简朴一些。然而，因为它是村民自己筹集资金修建的，在村民心中异常亲切与重要。它的外墙是白色的，门庭虽然没有什么修饰，但是大门上仍然挂着不少彩色的哈达。这间转经房里面是3个木质的高约4米的转经筒。虽然这几

---

① 这个故事由村里的中学生桑吉转述。可参见王宗仁《藏羚羊跪拜》，《清澈的理性：科学人文读本》编写组《清澈的理性：科学人文读本》，上海教育出版社2005年版，第118—119页。

② 《康纳寺夏多旦活佛捐资修建一座转经轮》，生态移民网（http：//www.stym.org/plus/view.php？aid=108）。

个转经筒没有第一间转经房里大，但因为3个转经筒竖着排列，看起来亦很庄重。转经筒下端的转轴架上，也挂着许多彩色的哈达。顺时针转动完一圈转经筒，就能听见铃铛响动的声音，转完3个经筒，自然能听见3次铃响。

在红色的转经房外墙下，摆放着几个废旧的长条沙发椅。这些沙发是村民家里淘汰下来的，为了方便转经的老人歇脚，他们把沙发抬到转经房这边。在转经幡群的时候，我们曾遇到过几位年迈的老人，一手拿着转经筒，一手拿着佛珠，颤颠颠地走着，走到转经房附近，就坐在沙发里休息一会儿。按照村里的转经习俗，应先顺时针绕经幡群三圈，再进入转经房转动经筒，如此才算完成了一次转经。转三圈经幡群下来，对于老年人来讲，的确是一件相当耗费体力的事情，因此，这些废旧的沙发就发挥起功用来。

（二）逐渐增大的经幡群与嘛呢堆

经幡群就在转经房门前的空地上排列着。最初这里竖起的经幡只有十多座。经幡其实是“龙达”的汉语表述。“龙”，即“风”；“达”，即“马”，龙达迎风飘舞与天神相见，代表人们向神灵表达心愿。“龙达”又被称为风马旗、嘛呢旗，一般印在方形、长方形或是三角形的布和纸上。上面的图形是中间有一飞马，马背上驮有火焰宝瓶，在其四周则是龙、虎、狮、大鹏或者这四种动物的藏语名字。[①] 关于龙达上的这五种动物，有学者指出其象征着人类的五种组成部分，大鹏象征生命力、虎象征身体、龙象征繁荣、狮象征命运、马象征灵魂与吉祥。[②] 在藏区的山间垭口、路边，总是能看见舞动的经幡。在昆仑民

---

① “龙达”释义，参见丹珠昂奔等主编《藏族大辞典》，甘肃人民出版社2003年版，第472页。

② 参见刘志群《西藏傩祭考释》，《西藏艺术研究》1992年第1期。

族文化村，除了这处集中的经幡群，许多人家的屋顶上或是院子里，总是能看见数量不等的经幡条。

搬迁定居这些年，昆仑民族文化村的转经房没有多少变化，变化较大的是门前的经幡群与嘛呢堆。2007 年 8 月，我们刚来村子的时候，经幡群规模比较小，顺时针绕一圈也不过几分钟；2009 年 7 月与 2010 年 7 月，我们再到村里时，经幡群的数量增多了不少；2013 年 6 月，经幡群已是 2007 年时的好几倍；等到 2015 年 8 月，笔者与多杰、桑吉、周宇一起去转经幡群，加紧脚步转一圈下来就花了 15 分钟。这样大的经幡群，对于年老的转经者来说，恐怕需要花费更多的时间与体力吧。

在经幡群中，有两座经幡是多杰的家人为他往生的爷爷奶奶立的。多杰的爷爷奶奶去世后，由家人成群结队开车运到四川德格的色达寺，举行了天葬。多杰说，虽然路途遥远，但能运到色达寺就是一件大功德，对往生的亲人是极好的。多杰说，这里的经幡都是家里的亲戚一起一针一线缝在钢丝上，然后再拿过来扎起来的，扎经幡的时候会请活佛与喇嘛来念经。如果是规模较大的经幡，缝制所需的劳动时间就会更多，多杰家给他爷爷做的经幡，据说缝了近一个月时间。[①]根据藏区的习俗，只要有人去世，他们的家人就会为往生的亲人立一座经幡祈福。昆仑民族文化村的经幡群增大，说明这些年村里又有人去世了。

在经幡群中，有一个特别的经幡，占地是其他普通经幡的四五倍。多杰与桑吉说，这个经幡是一位藏族医生的，他为人善良，生前收养了一个孩子。2014 年，藏族医生不幸车祸去世了。他平日里经常救济周围的穷人，免费帮人看病，备受大家爱戴与尊重。在他去世

① 多杰访谈资料，2015 年 8 月 20 日，格尔木昆仑民族文化村。

后，帮助过他的人都为他缝制经幡，于是他的经幡就特别大。[①] 从外观来说，这位医生的经幡像一座塔，不仅是塔顶与他人的不一样，每根经幡拉下来也并不是直接嵌入地上，而是接在从地上支撑起来的柱子上，每个柱子顶上都有一个小的转经筒。从藏族医生的这座别致经幡来看，经幡里藏着村里人对他的感恩与怀念。

转经房附近的嘛呢堆上，既有雕刻精美的嘛呢石，也有普通的白色小石头。嘛呢堆上面，还能看见一些牦牛头骨。与2007年相比，嘛呢堆自然增大了许多，与经幡一样，若是家里有人去世，人们会在这里来放上嘛呢石。此外，如果有活佛来做法事，村里人也会放上一颗嘛呢石以祈福禳灾。村里的大多数嘛呢石都是找手艺精湛的平措刻的。若是平日里转经幡群，不必非要用刻了"六字真言"的石头，只需要从地上捡拾一颗白色的小石头，等转完一圈放在嘛呢堆上就可以了。嘛呢堆就是由这一颗一颗细小的石头堆砌起来的。村里那个大嘛呢堆里面起码有上万颗小石头。这是村里转经人的功德，也说明来这里转经的人不少。

作为一个藏族社区，昆仑民族文化村拥有转经房与经幡群其实是再平常不过的事情。不过，并不是所有的三江源生态移民社区都有这样大型的宗教活动场所与设施。在靳薇的《青海三江源生态移民现状调查报告》中，曾谈及她们调研的17个社区中，有7个社区没有嘛呢石或白塔等社区聚会场所。[②] 说近一点，与昆仑民族文化村一路之隔的长江源村就没有经幡群与转经房，对面的老人就很羡慕这边的人们有一个自己的转经场所。我们曾在长江源村走访过几次，的确没有见到像昆仑民族文化村这样的经幡群，他们村的书记对此也感到有些无奈，甚至埋怨（见图4-1至图4-3）。

---

① 多杰与桑吉访谈资料，2015年8月20日，格尔木昆仑民族文化村。

② 参见靳薇《青海三江源生态移民现状调查报告》，《科学社会主义》2014年第1期。

图 4-1　转经幡的姑娘

图 4-2　转经途中休憩的老人

图 4-3　转经房檐上跪拜的藏羚羊

（三）转经的老人与小孩

在不同时段到昆仑民族文化村的转经房与经幡群，能看见不同的人群。早上六七点，来转经的多是上了年纪的老人，有时候，老人身边还会跟着一个几岁的小孩。2010 年 8 月 2 日早上，我们曾跟随丹珠老人的爱人拉毛前往经幡群转经。拉毛家是村里第一批生态移民，她家住在红房子这边，与经幡群同在村子的左侧。因此，她家离经幡群的距离较近。与拉毛一起出门的还有她二女儿白玛措的孩子，也就是她刚满 3 岁的外孙女梅朵。拉毛一手拿着转经轮，一手牵着梅朵，不紧不慢地走出门。她们出门右拐，走过一个路口再右拐，然后一直往前走 500—600 米，就到了经幡群。与其他转经的人一样，拉毛要顺时针转三圈，然后再进到转经房里面去。

傍晚的时候，来经幡群转经的人也多。实际上，村里人转经并没有严格的时间限制，什么时候想转了，抬脚就可以走到经幡群附近去转转。或许正是这样，才让对面长江源村的老人羡慕吧。转经的人群中，也有像多杰这样的初中生。村里的小学生毕业后都升入格尔木市民族中学了，这所民族中学是一所寄宿制学校，要求学生星期一到星期五都在学校食宿。因此，村里的中学生只有周末才在村里，平日里就很难看见他们去转经。多杰就很少去经幡群那边转经甚至玩耍，因为那里有许多野狗，他家里人担心他被狗咬，不允许他私自到经幡群，虽然多杰较少来转经，但他与桑吉一样，都了解转经的基本规矩。比如，进入转经房前要摘下头上的帽子，如果没有转满三圈经幡群最好不要进入转经房等。在经幡群附近经常能看见低年级的小学生在那里玩耍，尤其是在转经房附近，因为那个地方比较集中，来转经的人最后都会在那里停留，所以相对也比较安全。按照藏传佛教的习俗，人们只要看见经幡群与嘛呢堆，就会下马或下车去转转。我们在经幡群附近，有时候会遇见一两个村里的年轻人骑着摩托车在绕经幡群。摩托车呼啸而过，一会儿就绕了一圈。他们转经的方式与村里其他人不同，因为他们用的不是双脚，而是代步的摩托车。看见这样的情况，大人也没有加以阻止。或许，他们没有足够的转经时间，因此，骑着摩托车转经总比从来不去转经要好吧。

除了平日里个人化的转经行为外，昆仑民族文化村也有全村人成群结队转经幡的活动，这些集体性的转经活动主要集中在藏历新年。此外，假如当年有些重大的事情需要祈福，就会有大型的转经。比如，2011 年农历大年初一，昆仑民族文化村的村民就在新年的“祈福酥油灯会”前成群结队去转经幡群。据村里的才仁书记说，这次集体转经祈福，主要是为 2010 年玉树地震举行的，这样做不仅是对不幸遇难的人的一种祈福，也是对活着的人的祈祷。[①] 此外，若是村里请

---

① 昆仑民族文化村 2011 年的祈福酥油灯会相关报道，参见李莎莎《点燃酥油灯　祝福千万家——藏族同胞举行 2011 年春节祈福酥油灯会》（http：//218.95.250.154/html/15/55812.html）。

了活佛来做法事，前往经幡群这边来转经的人也会增多。

总体而言，经幡群、嘛呢堆与转经房都是较为鲜明的宗教文化景观。作为昆仑民族文化村最初建立起来的公共聚会场所，因为它们的存在，得以将信仰藏传佛教的生态移民在牧区养成的转经生活延续了下来，经幡群与转经房的存在极大地缓解了生态移民在搬迁之初内心无所依傍的种种不适。搬迁近十年来，经幡群与嘛呢石在数量上的成倍增大，说明当初选址占地广阔，具有较大的空间延展性，不会对经幡的数量造成限制，当然，这也说明每年都有村民离开人世。生老病死，也是昆仑民族文化村的常态。此外，格尔木市虽然是一个多民族共同居住的城市，市内却无藏族的宗教活动寺院，因此，经幡群、嘛呢石与转经房是格尔木的多民族文化景观，作为青藏公路格尔木起点段上的特色地景，它们以其存在说明：搬迁近十年来，尽管昆仑民族文化村依然没有白塔，村民的日常宗教生活却从未中断过。

二　没有医疗设备的黄河源藏医院

2008 年，昆仑民族文化村右侧安置区的村卫生所对面新修了一座建筑。这个建筑的大门正对着管委会办公大楼门前的空地，在大门外不远的空地上，有一个两米多高的白色煨桑炉，从大门进去有一个大院子，院子四周是铁栏杆做的围墙，围墙有两米多高，走到院子里面，就是一个两层楼的四合院建筑，这栋建筑就是“黄河源藏医院”（以下简称“藏医院”）。

“藏医院”是由曲麻莱县巴干乡巴干寺的罗松丹增赤列活佛投资修建的。巴干寺建于民国初年，属宁玛派寺院。按照当初的预想，这个藏医院包括门诊部、住院部、职工宿舍中心，以及藏药研制开发中心，将是一所综合性医院，能满足昆仑民族文化村及对面长江源村村民的日常就医需求。藏医院的主体修建于 2008 年 10 月底完工，原本计划 2009 年 5 月就能开门就诊。然而，我们不同时段多次返回村里调研发现，医疗实体始终没有入驻藏医院。

（一）藏医院二楼的精美佛堂

藏医院的外观，就是一座普通的藏式建筑，只是二楼每个房间的窗台，有一些藏族地区寺院的感觉。2009 年 7 月，我们在管委会办公楼暂住，早晚都能从管委会院子听到悠悠的海螺声。出门一看，在藏医院门口的煨桑炉前，一位 50 岁左右的喇嘛正对着远处的山脉吹海螺。与这位喇嘛熟识后，我们提出去藏医院里面看看，他爽快地答应了。

从左边楼梯上去，我们在二楼绕了一圈。二楼有近 20 间面积十余平方米的房间，若是摆放病床的话，顶多每间能摆放 3 张。彼时，整栋藏医院 80%以上的房间都是闲置的，入住的主要是从巴干寺来的 7 位僧人。

在二楼左侧的一个房间里，我们遇见一个叫土旦的喇嘛正在教两个小喇嘛学藏文。土旦家里有 7 个兄弟姐妹，他是家里的第四个孩子，小时候他就被送到寺院做喇嘛了。土旦的房间里，有一张摆着不少书籍的小桌子，此外是一张铺在地上的藏毯，藏毯上面整齐地摆放着简单干净的被褥。土旦从巴干寺前来昆仑民族文化村，他的主要任务就是负责给这里的小喇嘛讲课，他讲授的不仅有藏文，还有藏族的历法等。他说只有接受系统的基础教育，喇嘛才读得懂经文。而喇嘛与堪布之间的区别之一，就包括掌握接受的知识多少。土旦说他在不停学习，希望自己将来能做一名知识渊博、受人尊敬的堪布[①]。

① 堪布，相当于汉地佛寺的住持和方丈。佛书上说，堪布有四条标准：坚定、精通教义、戒律清净、为他人谋利益。参见丹珠昂奔等主编《藏族大辞典》，甘肃人民出版社 2003 年版，第 405 页。

房间里住着土旦与小喇嘛，每日有喇嘛在门口吹海螺，所有信息都表明这个藏医院并不是真正的藏医院，而是挂着藏医院牌子的寺院。因为这所医院修建起来后，最先搬进来的并不是医疗设备等硬件，而是二楼一个面积约150平方米的大佛堂。这个佛堂的侧门很小，与其他门没有差别，若无他们介绍，很难注意到那个门。喇嘛打开门，眼前所见立刻让人惊叹。房间里金碧辉煌，左侧墙壁上是排列有序的藏传佛教里的精致佛像，屋顶与墙壁上是绘制精美的佛教故事壁画。整个佛堂看起来华美但不夸张，庄严但不生硬，令人肃然起敬。

从佛堂出来，土旦告诉我们第二天佛堂里会有一个仪式，村里一位男孩子要出家做喇嘛，我们约定第二天前去参加。后来，我们问过村里其他人有没有去过藏医院，他们对“藏医院”一词有些疑惑，一般情况下，他们会反问道：“你们说的是不是佛堂那边？”也就是说，在村民看来，彼时的“黄河源藏医院”不过是个虚名，它实际上就是一间“佛堂”或是“寺院”。那么，这是否意味着管委会主张修建这栋建筑的目的原本就是为村民的宗教活动服务的呢？为什么在申请修建这栋建筑的时候，昆仑民族文化村的管委会没有直接报修佛堂而是藏医院呢？这是一种遮掩与修饰的策略吗？管委会的南主任与我们比较熟悉，去问他原因何在的时候，他很坦诚地解释道：“如果我们在请示上直接说是修建佛堂或寺院，报批过程还需要得到民族宗教委员会的同意，过程会复杂许多，甚至很难得到政府的同意批示。因此，我们当初才以修建藏医院的形式打了报告上去。”的确，如果是修建寺院，除了办理土地审批与城市规划审批手续外，还必须按照《宗教活动场所设立审批和登记方法》的规定，进行相关的申请[①]。这就意

① 《宗教活动场所设立审批和登记方法》，国家宗教事务局网站（http://www.sara.gov.cn/zcfg/bmgz/1659.htm）。

味着修建寺院比修建一所医院的审批过程要严格与复杂。不过，南主任一再强调，他们本来就希望在这里修建一所真正的集藏药开发生产为一体的藏医院，这样不仅可以给村民治病，同时还能解决转产就业的问题。只是修建一所医院需要大量的资金，在条件不成熟、资金缺乏的情况下，先修建起基础性的建筑设施起码为将来的藏医院打下了基础，因此，管委会申请修建藏医院一事，并不存在刻意的欺瞒与取巧。①

昆仑民族文化村将佛堂建在藏医院内的做法，的确事出有因。从管委会的角度而言，为了满足村民日常宗教生活需求，他们不得已采取了这种“变通”的方式。与此同时，修建藏医院的申请得到获准，确实为将来有一所藏医院提供了各种便利条件。假如藏医院真的建成投入使用，不仅能保障昆仑民族文化村老百姓的切身利益，同时也是对藏族传统文化的积极发扬与继承。

（二）藏医院里的两个小喇嘛

在藏医院里，除了跟着土旦学藏文的两个小喇嘛，还有一个穿着平常服装的藏族小孩。这个小孩名叫扎西，他是昆仑民族文化村的第二批生态移民，住在红房子里。2009 年，扎西 11 岁。扎西与母亲及几个弟弟妹妹住在一起，他家的生活条件在村里只能算是中等以下。从之前登记的各种转产培训来看，他家都没有人报名参加，因为家里缺乏足够的劳动力。扎西于 2009 年 7 月 23 日在藏医院的佛堂里举行剃度仪式，正式出家做僧人。在这之前，扎西就经常与藏医院里的几个小喇嘛玩。他也不时来跟着土旦学习藏文，也就是说，出家做僧人对于扎西来讲，并不是在一时兴致下做的决定。

① 南主任访谈资料，2009 年 7 月 20 日，格尔木昆仑民族文化村。

在为扎西举行剃度仪式当天，我原本以为会有一场隆重而感人的仪式，比如扎西的亲人全部到场送别或见证，然而，这些预想都没有发生。与他一起进入佛堂的只有藏医院里的小喇嘛，他的家人一个也没有到场。与平日唯一不同的是，几个小喇嘛脸上没有了往日孩子气的嬉笑，而是与彼时场合相符的平静与沉稳。佛堂里，主持受戒的堪布已经做好了准备，之前吹海螺的喇嘛与土旦都已到场了。佛堂正中，竖着摆放了两排坐垫。扎西进来后，被安排在最外面的一个坐垫上坐下。堪布与喇嘛们一起念诵经文，在念诵了 40—50 分钟的经文后，仪式就算完成了。

仪式当天下午，我们在村里遇见已经穿上绛红色喇嘛服的扎西，他与另外两个小喇嘛一起正朝他家方向走去，其中一个小喇嘛也是村里的，家住 225 号。3 个小喇嘛在一起说说笑笑的，看起来很快活。实际上，除了扎西外，村里其他家庭也有孩子出家做喇嘛的，有些是念了一半初中不想念了，就退学去寺院；有些小学毕业就去了寺院。此外，村里也有女孩去寺院做尼姑。在藏区，家中有人去寺院做喇嘛是很平常的事情，在搬迁到格尔木后，这样的习俗也被带了过来，出家当喇嘛在移民村并不是什么大惊小怪的事情。在村里随便遇见哪个中小学生，他们都很可能平淡地告诉你，他刚好有一个同学退学去了寺院。

扎西剃度当天，村里还有一个从深圳远道而来的家庭，外婆、姨妈与妈妈三人送一个 11 岁的小男孩阿坤到藏医院。她们三人只是暂时住在藏医院，阿坤要留下来跟着土旦学藏文。等到时机成熟，他们就会把阿坤送到曲麻莱的巴干寺去跟活佛学习。我们到土旦房间的时候，土旦刚结束专门为阿坤开设的藏文课程，课间休息，阿坤拿出妈妈的手机开始玩游戏，玩了会儿游戏，他又开始看里面存储的动画片，和我们闲聊，阿坤不时冒几句简单的英语出来。阿坤说，来格尔木是他爸爸妈妈与他一起做的决定，他们希望他能跟着活佛学习，他自己也愿意，等到这里天气变冷，他就回深圳，待天气变暖和，他会再回格尔木。阿坤与扎西年龄相仿，他除了玩游戏、看动画片，还喜欢看《昆虫世界历险记》。对于扎西与其他几位藏族小喇嘛来讲，阿坤带来的东西都很新鲜。他们将来在藏医院或是巴干寺的共同生活中，肯定免不了汉族文化与藏族文化、东部城市生活与西部城市生活、现代都市生活与传统寺院生活的诸多碰撞。

从这一藏一汉小男孩选择昆仑民族文化村的藏医院作为他们未来僧人生活的起点来看，正好证实了藏医院不是严格意义上的医院，而是一座对外界而言隐秘存在的寺院。的确，对于昆仑民族文化村的村民而言，藏医院就是佛堂，就是寺院的一部分。这早已经是大家心知肚明的秘密。

（三）重建返修：让藏医院成为藏医院

藏医院里面只有佛堂与僧人的状态持续到 2015 年。2015 年 8 月中旬，我们返回昆仑民族文化村调研，藏医院门口有几个工人正在装卸砖石。工地上负责施工的是一个从河南过来的孙姓青年；另外，村里前去帮工的一对夫妇正在往三轮车里装砖。小孙介绍说，他们已经来这里施工一个月了，工地上来帮工的人都是村里自发前来的，最开始有十几个，后来，大部分人经常请假不来，只有这对夫妇坚持每天前来。小孙说，他们的任务是对这个藏医院进行整改施工，最终要将它修成一所医院。我们问到里面佛堂的情况，小孙说："佛堂已经围了起来，完全看不见里面是什么样子。"其他原本空置的房间，都在进行大大小小的改动。藏医院整修完成的预期时间是 2015 年年底。等待整修完毕，医疗实体就能正式进入。如果进展顺利的话，2016 年，藏医院就能接收治疗病人并开始藏药的生产了（见图 4-4）。

图 4-4 正在改建的藏医院（2015 年 8 月）

为何决定恢复医院实体建设呢？最初看见藏医院整修，我猜测可能政府方面知道了“佛堂”的秘密，限期让村里做出改建，然而，事情的真相并非如此。后来询问了好几位干部与村中老者，他们都说藏医院改建是因为巴干寺的活佛拉麻冉图希望把这里建成真正的藏医院，与政府并没有什么关系。改建的资金来源于活佛拉麻冉图的一个广东籍弟子的慷慨捐赠。这个藏医院最初亦是由巴干寺筹集的资金建造的，所以，再由他们继续对藏医院进行实体改建，似乎也是合理的。改建后，这栋建筑不再叫“黄河源藏医院”，而是更名为“格尔木热腾慈善藏医院”。2016 年 1 月底，热腾慈善医院开始挂牌运营。

总体而言，藏医院得以在格尔木昆仑民族文化村落成是由三方面机缘促成的：一是村民的日常宗教生活需求；二是巴干寺活佛的资金支持；三是管委会干部的多方奔走与协调沟通。较长时间以来，藏医院没有病人与医生，只有佛堂与僧人，显得有些名不副实。如果结合当地的实际情况，就会对此有所同情，因为移民村的整个建设都是从零开始的，资金匮乏就是其后续生活与发展的最大困难。从管委会的角度而言，如果藏医院真正开始营业，同时藏医药厂开始生产，不仅能方便附近藏族村民看病就医，同时还能解决部分村民的转产就业问题。可以说，管委会牵头协助建设藏医院是想通过它实现一举多得的功能，由于后来资金短缺，才延缓了藏医院医疗功能的实现。从佛堂修建满足了部分村民心灵与宗教的需求来讲，这其实也是一种积极有效的“治疗”。

三　没有展品的民间博物馆

如果说昆仑民族文化村的经幡群、转经筒房是外显的宗教生活与日常集会场所，藏医院二楼的佛堂则是较为隐藏的宗教生活空间。民间博物馆无论是从其在移民村的实际位置，还是在对外界的表述与呈现方式来看，都介于外显与隐藏之间。

（一）民间博物馆里的“藏文补习班”

民间博物馆在昆仑民族文化村的左侧，靠近第一批生态移民的安置房，离经幡群不远。从外观来看，博物馆是一座呈倒“凵”形的两层楼建筑，正面朝向青藏铁路，与对面的昆仑山脉遥遥相望。倒“凵”的中心是一个高出两边房屋一倍多的“重檐歇山顶”（以下简称“重檐”）风格的建筑，但檐下四周又修建成藏族屋顶的式样，这个建筑融合了中国古代建筑与藏族建筑的特点（见图 4-5）。远远观去，整个民间博物馆就像一个站立的巨人伸出两只长长的手臂试图环抱什么。这座建筑的屋顶、屋檐、房门、走廊的外壁都是黄红色的，其他墙面是白色的，与附近的安置房颜色基本一致。博物馆的两条“手臂”里是一间间隔开的小房屋，每一层楼有 30 间，门上还编了序号，两层楼加起来，共有 60 间。其中有几个房间还挂了藏、汉两种文字书写的牌子说明房间用途，如 1-23 号是库房、1-24 号是食堂、1-26 号是厨房，1-28号门楣上还贴了红纸黑字的“平安幸福”横批，没有左联和右联。

图4-5 三江源移民民间博物馆

2007年，村子刚建成的时候，这里还没有民间博物馆。在管委会2008年的工作总结中，谈到了民间博物馆的修建始末。这个博物馆工程总投资是300万元，于2008年9月30日完工，资金由曲麻莱县江东寺捐赠。在昆仑民族文化村的官方网站“生态移民网”上，民间博物馆列在“旅游资源”一栏下。网站介绍说，民间博物馆的落成“为弘扬民族文化、集中展示民族特色工艺、风俗礼仪树立了形象窗口，为全面提升三江源生态移民旅游品牌提供了硬件支撑”①。那么，这个三江源移民民间博物馆里有哪些民族特色工艺或风俗礼仪展出呢？实际上，这个民间博物馆除了中间的“重檐”下有一些“展品”外，其

① 《三江源移民民间博物馆在昆仑民族文化村落成》，生态移民网（http：//www. stym. org/plus/view. php？aid=107）。

他几十个房间绝大多数都是空置的。即便对建筑并没有多少了解，也能一眼就察觉出这些分隔的小房间并不适合民族工艺品或是其他民族文物的展出，它看起来更像是专为寺院里的僧人准备的房间。据村里人介绍，这个民间博物馆建成后，一直没有固定的管理维护人员。或许正因此，前几年有人在民间博物馆的“右手臂”末端前修起了一个养鸡棚，“左手臂”前亦修了一长排闲置的房子。养鸡场后来倒闭了，但养鸡棚还立在那里。在超出手臂长度的空地上，正对着“重檐”建筑的大门有一个蓝色的垃圾堆放箱，上面写着“环保卫生”四个白色的大字。或正因为垃圾箱的设立，民间博物馆“左手臂”末端的墙上贴了一张用藏汉两种文字写就的宣传纸，汉字内容是“地球能满足我们的需要，但满足不了我们的贪婪。无论何人何时何地，请不要乱扔污染环境和你生命的物品，要保护环境，爱护生命”。这个宣传标语贴在高出地面起码 3 米的地方，即便是成人也要垫着脚尖伸长脖子才能看见上面的字，在宣传标语的下方，靠近地面 1 米的墙面上，还能看见一张被撕掉的标语残迹。从这个细节来看，可能是为了防止不懂事的孩子淘气才贴得那么高。

民间博物馆里，许多房间都是闲置的。因为长久闲置，民间博物馆看起来很寂寥，也少有村里的小孩去那里玩。2015 年 8 月，我们返回村子时，在民间博物馆前面的空地上听见有孩子朗读藏文的声音。循声前去，到了民间博物馆二楼，在两间房门外凌乱摆放着六七双鞋子。从窗口望进去，房间里各有一位成年喇嘛，围着喇嘛的既有小喇嘛，也有村里的小孩。小喇嘛手里拿着长条的经文，小孩手里拿着书，他们在大声朗读。村里的适龄孩子都在对面的长江源民族学校上学，为何暑假期间有人到这里来学藏文呢？后来询问罗布老师，他谈道：“村里小孩的藏文学得好的不多。前几年，为了让他们学好藏文，村里专门联系了寺院的僧人来村里免费教他们学藏文。来学藏文的孩

子很多，最多的时候有150余人。可能因为人太多了，政府方面有些安全方面的顾虑与担忧。”[①] 罗布老师所指的“安全”应该有两层含义：一是村民的人身安全。因为学习的地方在“重檐”下，那里只有大门这一个进出口，也没有其他消防设施等。二是人多聚众容易闹事的担忧。后来，村里就慢慢减少了这样的集体学藏文活动。不过，民间博物馆里这种几人一班的藏文补习因为无伤大雅，便没有受到监管或是阻止。

民间博物馆里住着的主要是给孩子们补课的僧人，这些僧人是从投资方曲麻莱县江东寺来的；另外，多杰的一个叔叔也暂时住在那里。民间博物馆一时之间成为补习课堂，甚至是别人暂住的地方，这的确让人觉得有些名不副实。然而，假如换个角度，将“民间博物馆”看成有僧人入住的“寺院”，那么，库房、厨房与食堂的存在就是再自然不过的事情，在这里教孩子学习藏文也就不足为奇了。因为以前只有那些藏族的贵族子弟有条件被送往国外求学，普通百姓的子女要想识字念书，就得出家入寺为僧，在寺院接受教育，这也是为何出家在藏区很盛行的原因之一。[②] 因此，“民间博物馆”里的“藏文补习班”不过是藏传佛教寺院教育的一种现代延续与改变。当然，与严格的寺院教育相比，这种类型的“藏文补习班”只是临时性的、短期的，讲授的科目亦很单一，主要是藏文。从提升生态移民第二代子女的藏文读写能力方面来看，应该鼓励这种免费的藏文补习班存在。

（二）民间博物馆里的灵塔与佛像

从“三江源移民民间博物馆”的命名构成来看，两个偏正式短语“三江源移民”与“民间博物馆”，既强调了“移民”的迁出地为三江

① 罗布访谈资料，2015年8月20日，格尔木昆仑民族文化村。

② 参见李延恺《再论藏族寺院教育》，《中国藏学》1992年第4期。

源，又界定了博物馆的性质。“民间”一词既指非官方的，又指来源于人民大众。这样命名实际对博物馆的展品范围作了限定，从字面来看，该博物馆是与三江源移民的文化与生活相关的博物馆。那么，这所民间博物馆开馆了吗？其主要展品有哪些？

从历次田野考察的情况来看，博物馆一直未开馆，里面也无真正意义上的文物展出，在博物馆中心的“重檐”下，倒是有部分佛教用品。2015 年 8 月 23 日，我们与村里的中学生多杰和桑吉一起去了民间博物馆的“重檐”建筑。大门刷了红色的油漆，门上还有精美的图画。在进门前，桑吉摘下了头上的鸭舌帽，提醒我们把帽子摘下来；进入门后，多杰与桑吉又提醒要顺时针绕着正对大门的灵塔至少转三圈。“灵塔”是专为供奉和收藏活佛、上师法体或骨灰的佛塔，据村里老人介绍这个灵塔是为四川甘孜亚青寺的堪布阿秋修建的。灵塔高两米左右，被安置在一座三级台阶的座子上，台阶上摆着塑料花与塑料的果品。整个灵塔被一个透明的玻璃框起来，隔着玻璃，仍能清晰地看见灵塔上镶嵌着不少大颗的绿松石、红玛瑙、老藏蜡等珍贵宝石。罗布老师说这些宝石都是村民自发捐赠出来的。绕着灵塔转，能看见灵塔背后还供奉着两幅画像，左边一幅是四川色达寺的久美登巴堪布，右边一幅是四川亚青寺的阿秋堪布，在两幅画像之间是文殊菩萨、度母、佛祖，以及莲花生大师的塑像。跟着桑吉与多杰转灵塔的时候，就像回到了藏医院的二楼佛堂，感觉极其庄严，心中充满敬畏。这种敬畏与对博物馆内文物的敬畏是不一样的，而是与宗教的神秘感相关。转完三圈，他们又正对着灵塔跪拜了三次，然后才起身准备离开。

“重檐”内，灵塔在正中位置，左右两边还有各宽 15—20 米的空地，布局很像佛堂，在左侧零散放了几个打坐用的蒲团，左侧墙角还放了一个金顶，这个金顶就是藏语的“赛朵”。在右侧还有一把太师

椅，椅子上堆放着二十余根黄色的哈达。与其他寺院佛堂不一样，"重檐"内的四壁装饰要简单许多，只在靠墙根一米的地方画满了藏传佛教故事里的经典画面。就民间博物馆的用途，我询问了一些村民，他们回答道："每年公历 10 月 1 日左右，有活佛到村里来讲经，会连续在民间博物馆开几天法会，村里人会一起前往念经。"此外，村里有些重大事情需要商议，也会选择在这里召开。藏历新年的祈福仪式，也是在这里完成的。可以说，这个民间博物馆的"重檐"部分其实就是一个比藏医院二楼佛堂朴素一些的佛堂。

四　男人们的煨桑台

提到昆仑民族文化村的藏历新年祈福与祭拜仪式，还需要提到另一个村民宗教活动的重要场所，即经幡群过去几百米远的一个煨桑台。煨桑台就是煨桑的地方。什么是煨桑呢？煨桑是对藏语"bsang"进行意译与音译后组合而成的词语。"煨"是对 bsang 的意译，因为 bsang 需要用小火焚烧芳香类植物使其产生烟和香气，与"煨"指"带火的灰里烧熟东西，或是用微火慢慢地煮"相似。"桑"是对 bsang 的音译，bsang 本意指清洁、净化、消除与驱除等，同时亦有神香、焚香祭祀等含义。bsang 除了指"香"这一物品外，主要指以焚烧的方式将祭品烧出烟来，以烟的形式祭祀神灵。[①] 在藏区，几乎家家户户都有煨桑祈福的习俗，有条件的人家会在院子里修一个煨桑炉。从三江源牧区搬迁至格尔木后，因为集中定居，院子里没有修建煨桑炉，所以只能在经幡群这边的煨桑台煨桑。

煨桑台所在的地方要比周围平坦的戈壁高出一些。在前往煨桑台的路上，桑吉强调，煨桑台这个地方女性不能过去，所以，在离煨桑

---

① 参见王新平《藏族煨桑仪式的宗教文化内涵》，《中国宗教》2015 年第 6 期。

台大概 100 米远的地方，我被要求不能再往前走。后来问罗布老师，他解释说藏族各个地方的煨桑习俗不同，有些地方是女人在做，而玉树的煨桑是男人的事情。不让女性参与煨桑据说是为了表示对神灵和造物者的敬畏。村里的女性自小都知道她们不能前往煨桑台的禁忌。[①] 我听从意见，遵照当地习俗停下了脚步，看着课题组成员周宇与他们继续往前。根据他们的描述及远观目测，得以了解到这个煨桑台是用砖块砌起来的，四面是水泥墙面，内部空间两立方米左右。煨桑台下四周有三级较宽的石梯（见图 4-6）。

图 4-6　煨桑台

昆仑民族文化村的煨桑在每年的藏历新年第一天举行。煨桑仪式很隆重，除了必须穿着藏服外，桑火也并不是随随便便就点起来的，而是要请活佛和僧人先在附近的民间博物馆“重檐”下诵经奏乐、清场净地、迎请神灵，然后才燃起桑火，将精心制作的糌粑放入桑火中。假如没有活佛与僧人，煨桑仪式就无从开始。除了将糌粑放入桑

① 参见嘉雍群培《玉树草原的煨桑祭祀和赛马》，《中国西藏》1996 年第 1 期。

火，男人们还会将青稞酒洒向煨桑台的四周，然后，他们会顺时针绕着煨桑台走三圈，口中念着祈福的经文。离开的时候，有些人还会向天空洒一些龙达。整个煨桑，主要是为了驱除污秽之气，除去自我的业障与劫难，祈求神灵的庇佑。[①] 罗布老师说："以前在草原上，煨桑的时候都要骑马，过去还有步枪，非常热闹。"[②] 然而，搬迁到格尔木后，马基本上就是难以一见的稀罕物了。所以，昆仑民族文化村的煨桑仪式上没有马，也就无法目睹人马攒动的激动场景。

对于在格尔木出生以来就没有去过牧区的生态移民子女而言，他们更是无法想象草原煨桑仪式的盛大场面。即便是桑吉与多杰，他们在牧区出生但在两三岁的时候就搬到了格尔木，牧区的记忆已然不够清晰。桑吉回过牧区几次，多杰却从来没有回去过，所以他们对整个煨桑其实并不完全了解。在介绍煨桑台的时候，桑吉与多杰先说的藏语，然后想不起对应的汉语是什么，最后才说是汉语的"祭葬台"，他们俩从始至终都没有提到过"煨桑"这个词语。当我去问罗布老师村里的祭葬台情况时，他表示很惊讶："我们这里没有祭葬台呀！你说的是不是煨桑台？"[③] 桑吉他们把"煨桑台"说成"祭葬台"，这在罗布老师看来有些讶异。假如是"祭葬台"，其中心内容显然应该与葬礼有关，这与煨桑的确有很大差别。尽管桑吉与多杰对煨桑仪式过程的描述没有罗布老师那么全面、生动、准确，但从他们的言行可以看出来，他们对本民族文化并不是一无所知。比如，他们知道女性不能前往煨桑台的禁忌，也知道一些进入转经房必须遵守的基本礼仪。桑吉与多杰都是男孩子，再过几年，他们会成为煨桑仪式上的主角。他们将煨桑台错说成祭葬台，可能是因为他们一时忘记了"bsang"

① 参见拉毛卓玛《藏族煨桑的祈愿礼俗》，《青海师范大学民族师范学院学报》2013年第1期。

② 罗布访谈资料，2015年9月22日，微信访谈。

③ 同上。

对应的汉语是什么，也可能是他们还没有全然理解煨桑仪式的意义。如何让昆仑民族文化村的第二代生态移民了解和掌握本民族的文化习俗，的确值得提出来加以讨论。

与部分孩子对煨桑仪式一知半解不同，村里的大人们除了藏历新年第一天在村里举行煨桑仪式外，他们还会在每年藏历 5 月 15 日的煨桑节时，自发前往距离格尔木南 160 千米的玉珠峰，在玉珠峰前煨桑。虽然不到 200 千米，但村里人乘坐的面包车速度跑不起来，路上花费的时间起码在 3—4 个小时，这还是在车子跑得顺利的情况下。2009 年去曲麻莱调研，返程时我们搭乘的是曲麻莱县一位领导的车子，途中，与他们一起去过玉珠峰。即使是在 8 月，玉珠峰山上依然寒冷。玉珠峰的山顶覆盖着积年的冰雪。在一处融化的冰水滴漏下，几位藏族青年脱了上衣跑到下面接受冰水的冲洗，说这样能洁净自己的身体与灵魂。在藏族人心目中，玉珠峰是圣地，因此，不畏路途遥远前往玉珠峰煨桑是非常圣洁而神圣的事情。

就煨桑台这一空间来讲，尽管搬迁后，生活环境与牧区时有了较大的改变，第一代三江源生态移民并没有丢掉传统的煨桑仪式。部分年轻的第二代三江源生态移民对煨桑仪式表现出一知半解的状态，引人深思。牧区原有的重要传统习俗该继续传承给生态移民子女呢，还是顺其自然不予理睬？如果要传承下去，又该如何有效传承呢？这些问题都值得昆仑民族文化村的村民集思广益、共同商讨，然后做出决策。

总体而言，昆仑民族文化村的公共宗教生活场所主要有四个，即经幡群与转经房、煨桑台、藏医院二楼的佛堂与民间博物馆的“重檐”。经幡群与转经房、煨桑台是显露在外的，藏医院与民间博物馆则是较为隐秘的宗教生活空间。后两者一直以医疗机构与博物馆的名义进行对外宣传，实际上却通过僧人的入住履行着寺院的功能。造成

此现状的原因主要有三个：一是这两个建筑的投资方都是寺院，活佛参与筹资运营；二是申报修建医院与博物馆能避开烦琐的宗教建筑审批程序；三是昆仑民族文化村上千名藏族村民的宗教生活的确需要相关公共场所。从最终的结果来看，“名不副实”的藏医院与民间博物馆缓解了村民宗教生活空间需求的精神压力，从而延续了村民原有的日常宗教生活。“隐秘”的佛堂与开放的经幡群、转经房、煨桑台，显示了村管委会、投资寺院、相关政府部门在对待村民日常宗教生活上的微妙博弈关系。

第二节　在变与不变之间：顿珠一家的日常宗教生活

除了在公共空间中进行日常宗教生活外，回到较为私密性的家庭中，昆仑民族文化村的村民还会以大同小异的方式进行常规的宗教活动。每日为佛堂换水、念经或是用收录机播放经文早已是大部分村民生活中必不可少的部分。随意进入一户村民家中，从家庭内部空间的布局、佛堂的布置到无处不在的哈达、转经轮、活佛照片等，都能感受到浓厚的宗教氛围，这种氛围并不是刻意营造的，而是自然而然地呈现出来的。

此节，本书将以顿珠一家为考察对象，通过民族志式的描述尽力还原家庭内的日常宗教生活。之所以选择顿珠一家，主要在于：①顿珠的儿子多杰是在牧区出生、在格尔木移民安置地成长起来的第二代移民。多杰三岁以前在牧区，三岁之后就一直待在格尔木，不曾返回过牧区。像多杰这样搬迁过后再没有返回牧区的移民子女在村里占大多数。②目前，顿珠在青藏铁路上班，他的爱人卓玛也在多杰上学的格尔木民族中学做宿舍管理员。也就是说，从转产的角度来讲，顿珠夫妇都算是转产成功了。在这个家庭的社会分工中，父母工作、孩子读书，看起来与城里的大多数家庭没有什么差别。当然，村里还有一部分家庭是年轻的父母返回牧区工作，留下老人照看孩子。罗布老师家就是这种情况，他的儿子与儿媳妇都回曲麻莱县城工作了。比起中年的父母，老人主要做些家务，空闲较多，因此个人在家中念经、转经轮的时间会更多，家庭中的宗教生活氛围相对会浓一些。从这个角度而言，顿珠家的生活模式与祖父母照看孙儿孙女的模式有些不同。不过，我们还需考虑到村里的适龄就读学生都在寄宿学校上学，越来越多的生态移民转产，在未来几年的昆仑民族文化村，家长工作、孩子读书或将成为一种家庭常态。当然，选择顿珠家还有一个较为私人的原因，课题组与顿珠家人熟识，他们家的佛堂允许我们这些汉族人出入并随意提问。

以下本书将从顿珠家的空间结构讲起，从生活空间的格局划分来讲述昆仑民族文化村普通人家的日常宗教生活状况。

一　改建后的房屋格局

顿珠家是村里第一批生态移民，他家在村子左侧的红房子里，房子大门朝向青藏公路方向。近年来，村里大多数家庭都对政府修建的安置房作了扩建，顿珠家也不例外。在对顿珠家的内部空间进行介绍前，有必要先了解顿珠家房屋的平面图（见图 4-7）。这幅平面图没有严格遵照房屋的实际比例。政府为顿珠家修建的安置房并不是图中的样子。当初，室内使用面积有 80 平方米，只包括主卧、次卧、客厅、厨房、卫生间及佛堂部分。图中黑色粗线框部分是顿珠家人入住后逐渐新增加的建筑。其中，花坛是刚搬迁入住不久修建的，饭厅、小客厅、车库与杂物间则是 2014 年才建起来的。在我画房屋平面图初稿

时，多杰作了补充，他提醒应该标出两处狗窝，靠左边墙角的狗窝是搬迁时从牧区带过来的藏狗的，这只藏狗已经年迈，一只眼睛看不见了，绝大多数时间都保持安静，偶尔有陌生人来会吼叫几声；另外一个靠近大门的狗窝是多杰新养的哈巴狗嘟嘟的栖居处。

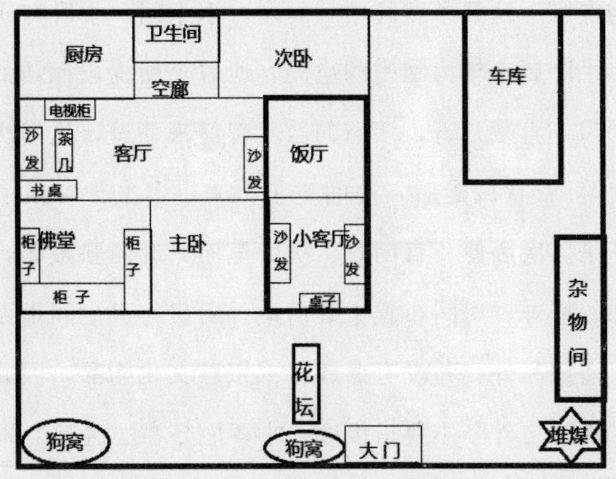

图 4-7　顿珠家的房屋平面图

与村里其他家庭一样，顿珠家也专门留出一间房子用作佛堂。一般情况下，佛堂都设在客厅左侧最里面的房间里，这间房子有一个窗子，采光好，也比较安静。顿珠家只有多杰这一个孩子。夫妇二人住主卧，儿子多杰可以睡次卧或是按他喜欢的方式睡在客厅沙发上。如果家里孩子较多，那么政府修建的 80 平方米住房就会显得紧张，比如平措家就会为如何安排 4 个女儿和 1 个儿子的住处费神。与顿珠家一样，平措家也扩建了房屋，但他没有留出专门的饭厅，而是将原来客厅的墙壁打通，在四周摆上藏床，好让孩子们夜里有一个舒适的地方睡觉。尽管住房如此紧张，哪怕让孩子们挤住在客厅里，平措家也留出最好的房间作为佛堂。其他子女更多的家庭也是如此，因为佛堂是家庭中必不可少的存在。

除了佛堂，顿珠家房屋的其他角落里也都随意摆放或是悬挂着一些宗教文化用品。为方便叙述，以下从佛堂内、外两部分进行描述。

二 佛堂之外：随处可见宗教生活用品的世俗空间

佛堂之外的空间，主要包括饭厅、小客厅、客厅、厨房、卫生间、主卧与次卧。这几个房间中，厨房、卫生间、主卧与次卧的功能最为明确，主卧属于较为私密的空间，所以不便提出探访的请求；另一间次卧的门一直敞开着，多杰的叔叔曾经来住过，这间次卧被他称为“叔叔房”。叔叔搬走后，房间空了出来，多杰却习惯了睡在客厅沙发上。于是，次卧便一直闲置。次卧里面只有两张藏床，床底下放了一个多杰的篮球，房间布置十分简单。厨房与卫生间里面，除了与其相关的生活用品外，并没有摆放什么宗教文化物品，因此，此部分所谈论的“佛堂之外”主要指饭厅、小客厅与客厅这三个部分。

（一）饭厅与小客厅：哈达、活佛画像与电动转经筒

从顿珠家的房门进去，首先看见的是白色的餐桌。他家把新扩建的地方用作饭厅与小客厅，两厅之间用半壁墙和落地的玻璃门隔开。在饭厅左侧与小客厅相隔的墙上挂着一面壁钟，壁钟上搭着一根印有图案的黄色哈达，哈达的两端顺着边框自然垂下来；壁钟下面是一面斜靠在墙上的落地镜子，镜子的上边框上捆着一根白色的哈达，两根哈达质地绵密，一看就知道不是稀疏如网的三等哈达。

推开玻璃门，进入顿珠家的小客厅，小客厅的两侧都摆放着长条的宽约 80 厘米的棉质沙发，沙发之间摆放着一张白色的大茶几。在与主卧相隔的墙壁左端，悬挂着一幅长约 1.5 米、宽约 1 米的活佛画像。在小客厅另一端靠墙摆放了一张小小的床头柜，柜子上摆了一个有座子的转经筒。插上电源，转经筒就会自动运转，据说经筒内放置了 80 万遍经文，因此转一圈相当于自己念了 80 万遍经文。电动转经

筒与村里有些人家在院子围墙上安放的转经筒一样，都是借助外力让其转动，两者的区别在于一个借助电力；另一个借助风力。

小客厅里的家具款式比较新，比起原来的客厅，要更现代一些。不过，这个小客厅的利用率其实并不多。白天，家里来了客人或是串门的邻居，多杰的父母还是习惯性地把他们引入原来的客厅中。我在顿珠家借住，晚上被安排住在小客厅，因此，小客厅更近似于客房。客房中摆放宗教文化用品，不仅是装饰，更是为可能来家中临时入住的信徒营造熟悉的宗教氛围吧。

（二）多功能客厅：佛教画像、藏文历书与杀虫剂

客厅是顿珠家里面积最大的地方，客厅的窗户下摆放着一个长条沙发，沙发前是一张茶几。在靠近厨房一侧的墙面，摆了一个电视柜。在电视的上方墙面上有一个镜框，里面是文殊菩萨的画像，镜框上同样有黄色的哈达，镜框两端各挂着一大束粉色塑料花，镜框左下端挂着一本蓝色的藏文长条历书，上面写着“西藏天文气象历书2013”，虽然这本长条历书已经过期了，但是顿珠并没有打算把它取下来。这两年，因为忙碌，顿珠错过了买新历书的时间。翻看历书，能在一些页面上看见圆珠笔书写的藏文，有些日期亦被圈了起来。在我们离开他家的时候，顿珠把我们的联系方式也记在了上面，他说这个历书很珍贵，他不会扔掉的。这本藏文历书的珍贵之处何在呢？在藏文历书上，会标明藏族的每一个重要传统节日，如正月初一的“洛赛节”、正月初三的“祈愿大法会”、正月十五的“摆花节”等，这是内地印刷的农历与公历合一的日历中不可能见到的。通常情况下，内地历书会标出国家法定的节假日及二十四节气，但不会有藏族与其他民族的传统节日。顿珠的这本藏文长条历书之所以珍贵，可能与藏族的这些传统节日有关。此外，就像汉族地区历书中的二十四节气指导

着农人农业生产的时序一样，藏历也对农牧业生产活动起着重大的指导活动。不过，搬迁后生活在格尔木，城市郊区生活方式与牧区全然不同，顿珠已经不需要根据藏文历书中的节气变化来安排以往习惯的牧区生产了。在格尔木生活，孩子读书上学放学是按公元纪年，村里妇女、儿童还过“国际三八妇女节”与“国际六一儿童节”。原本习惯了藏族历法的顿珠仍然视这本已经过期的藏历长条历书为宝贝，或许与其以往牧区生活的记忆有关。从顿珠对一本过期历书的珍视来看，选用藏族历法还是公元纪年的日历其实意味着他对日历背后所关联的生活方式的认可、接纳与怀念。

在顿珠家客厅与佛堂共用的一面墙角里，安放着多杰的一张书桌。书桌左端有一个“蒙古小王子”酒的纸质包装筒，包装筒里插了一个直径10厘米左右的转经轮。一般来讲，家中的大人都有各自的转经轮。比如平措家，平措有一个需要用较大臂力才能让其旋转起来的转经轮，而平措妻子所用的转经轮就要小巧许多。父母在家中转动转经轮及念诵经文，会对孩子产生潜移默化的影响。除了转经轮，藏传佛教信徒还会手里转动佛珠，口中念诵经文，这些都是家庭中常见的场景（见图4-8）。

书桌上，靠近转经轮的地方，有一瓶杀虫剂与一个小闹钟。在我征求可否拍照片的时候，多杰赶紧取下那瓶杀虫剂，说这个东西拍下来不好。这个杀虫剂主要用来应付家里偶尔出现的蟑螂，多杰说的“不好”应该是指使用杀虫剂破了藏传佛教“不杀生”的戒律。关于“杀生”的禁忌，2007年我们在村里做志愿者时，有志愿者在厨房里放了几张苍蝇贴，然后把沾满苍蝇的贴纸放在厨房外面，管委会的南主任看见后就把那几张贴纸捡走藏了起来，说是村民看见后会难受。后来，我们在去曲麻莱县调研途中，看见一位藏族小伙子为了解救一只困在啤酒瓶里的苍蝇，轻轻地将瓶子砸碎。这位名叫尼玛的小伙子也是昆仑民族文化村的，彼时在格尔木市民族中学上初中三年级。尼

玛说，他们藏族人连一只苍蝇都不会杀的，即便苍蝇爬在食物上，他们也只是轻轻地用手拂开。因此，在多杰的书桌上看见杀虫剂，的确让人感到十分意外。我拎了下瓶子，感觉有些沉，也就是说杀虫剂的使用并不多。转经轮旁边的“杀虫剂”在多杰看来是“不好”的物品，就这一点而言，起码说明尽管他家购买了这种现代“杀生”物品，耳濡目染的文化习俗却让他对使用此物心存恐惧与愧疚。

挨着“杀虫剂”的是一个小闹钟，接着是一个用玻璃框起来的奖状。书桌右端，靠墙壁摆放了一排多杰近期学习会用到的课本与工具书。书桌下面，有一个音响。据多杰说，原本还有一台电脑，主机与显示器都被人偷走了。小偷是谁？现在都还没有抓到。后来我们也听罗布老师讲，村里偷盗现象严重，好多人家都被偷了，甚至连民间博物馆里“灵塔”上面的珠宝，小偷也在打主意去偷。从对村中人家经济情况与物品摆放的熟悉程度来看，大家一致怀疑小偷就是本村人。为了防止小偷，家家户户都把院子的围墙修高了，还在院墙上面竖起了碎玻璃。小偷的出现，让大家都很紧张，原本不怎么锁门的人家，但凡外出，也会紧锁房门了。

多杰的书桌上面也有一个玻璃相框，里面是一幅佛祖的画像。相框上也搭着一根金黄色的哈达。多杰温习功课的时候，端坐书桌前，就像一个虔诚的弟子端坐在佛祖的脚下，这幅画面很有仪式感。不过，在多杰看来，这是再平常不过的场景，并没有什么特别之处。多杰平日里喜欢运动，他在院子里吊了个沙袋，只要有空就会去沙袋那里锻炼，说是这样能强身健体。问及多杰平日里是否念诵经文，多杰说每次考试前他会念增长智慧、考出好成绩的“文殊菩萨心咒”，经文是父亲一手教会他的。多杰说只要每次用心念了“文殊菩萨心咒”，考试都能考出好成绩。除了多杰，平措的小女儿曲珍也向我谈起过她经常念诵经文，因此成绩在班上总是名列前茅。他们两个都是学校里

图 4-8　多杰的书桌

图 4-9　顿珠家佛堂一角

学习成绩拔尖的学生，平日里都很用功。不过，他们都将他们的好成绩归功于念经，认为是念经开启了他们的智慧。与父辈一样，他们深信念经能为他人带来好处，同时也为自己带来好处。然而，与父辈不同的是，他们现在念得最多的经文不是牛羊满山坡的理想或家宅平安的愿望，而是能在现代学校教育中获得优异的成绩，然后升入大学，最终跻身城市，在城市里安营扎寨。当然，并不是村里的所有小孩都在走或是都适合走这条“求学”的道路，但能让孩子上学读书却是许多父母当初选择搬迁的最主要原因。

简单来讲，佛堂之外的客厅、饭厅、厨房与卫生间等主要是家庭成员休养生息的空间，与世俗的、尘世的烦琐生活紧密相关。然而，因为卓玛与顿珠是信仰藏传佛教的人，在以往长久的生活中，宗教早已经融入了他们的日常生活并成为其中重要的组成部分。佛堂之外的空间中出现的哈达、文殊菩萨、佛祖与活佛的画像，看起来是对房屋的装饰，实际上却是他们无处不在的宗教体验与宗教生活的呈现。

三　佛堂之内：摆放有序的神圣世界

如果说佛堂之外的空间展现了人的世俗世界，那么，佛堂之内却是另外一个神圣的世界。顿珠家佛堂的那扇门是常关着的，有时候卓玛进出取东西都会随手把门拉过来。有些人家还会在进入佛堂的门外挂一个有吉祥八宝图案的门帘，门与门帘以其特有的方式极力隔开两个世界。这与伊利亚德谈到的宗教场所中的门槛相似，门槛将空间一分为二，同时也表示着世俗的和宗教的两种存在方式的距离。[①] 佛堂与客厅之间的那道门就是界限，将顿珠家的空间分成了两个相对应的世界。也正因为这道门，让外人不敢贸然提出参观的请求，还是在与顿珠谈到家庭里的宗教支出时，我们才贸然提出能否进入佛堂观瞻。征得顿珠的同意，我们怀着敬畏的心情小心翼翼地走进了他家佛堂。

在给我们介绍佛堂的时候，顿珠的右手五个手指头并拢，手掌心朝上，非常恭敬地朝向每一幅画像或是每一个供杯。如图 4-9 所示，

---

① 参见［罗马尼亚］米尔恰·伊利亚德《神圣与世俗》，王建光译，华夏出版社 2002 年版，第 4 页。

他家佛堂的三面都摆放了藏式柜子当供桌，柜子有 1 米高，60 厘米宽。进门左手边柜子的柜门是实心的，看不清里面装了什么物品。左边柜面上摆放的物品，从最外层往最里层依次是：①7 个大号的银色供碗与 7 个小号的金色供碗，供碗里面都装满了清水，有些碗壁里还有水泡附在上面，供碗摆放整齐有序。这些清水是卓玛每天清晨换上的，到了下午太阳下山的时候，卓玛就会把水倒在盘子里，然后把水端出去浇灌花坛里的植物。每一天都如此更换清水，除非家中无人无法更换，一旦回家，就会保持这样换清水的习俗。这些水都是供奉给佛祖的。②供碗后面有 3 个金色的杯状烛台，里面有白色的蜡烛，烛芯是新的，还未使用过；挨着烛台的是 3 个小一号的金色供杯和 6 个大一号的金色供杯，几个供杯都是空的。以前在牧区，一般都是点酥油灯。搬到格尔木后，没有牛羊，酥油变得很珍贵，因此，也就没有每天在佛堂里点酥油灯了。有些人家开始用蜡烛作为替代，然而蜡烛也并不是每天都点上。将酥油灯换作蜡烛，与将自制奶茶换作速溶奶茶与清茶的做法有些相似，与他们生活的环境发生变化不无关系。③在烛台后面，有一个碗，碗里的盐堆成了一座小山。“盐山”上还放了一朵红色绸布做成的小花。空供杯后面的角落里也有两个碗，似乎是留作备用，没有装东西。④在烛台与供杯后面一层，最边上是一个用镜框框起来的奖状，是多杰在 2011 年评上“优秀学生”时颁发的。挨着奖状的墙壁上贴了一幅画。靠墙摆了两个相框，相框里面是一些堪布与活佛的照片。在左边柜面的最左端是一个藏式铜壶，挨着铜壶摆放了一瓶紫色的丝袜花作为装饰。⑤左面墙壁上，挂着两个镜框，一个镜框里面是文殊菩萨的画像；另一个镜框里面是佛祖与 14 位菩萨的画像，镜框外还卡了几张宗喀巴的照片。

佛堂正中的柜面上，从外到里有四层：①最外层是 7 个藏碗，碗里都堆着“盐山”。从左往右数，第三个碗与第四个碗中间用了一个

金色的小供杯隔开。其中，第三个碗上面有一朵粉红色的绸布花，第四个碗中间竖着插了一块石头，第五个碗中间插了六炷香。为什么供奉的是“盐”而不是“白糖”或其他什么东西呢？顿珠说，那是因为在藏族人心目中，盐巴是非常珍贵的东西，虽然看起来普通，却是生活中必不可少的物品。②“盐山”后面是7个金色的大号供杯，里面装满了清水。③供杯后面，是一个卧香盒。在这三层物品的两端与中间，用玻璃瓶子插着红色的塑料花，共三束。④佛堂正中的墙面，挂着四幅唐卡，从左往右，唐卡上分别是佛祖释迦牟尼、诸佛、佛祖释迦牟尼与宗喀巴大师，唐卡上面都挂着黄色或红色的哈达。佛堂正中部分的柜体与两侧不同，柜门是玻璃的，能隐约看见里面堆放着白色的哈达，柜门上卡着几张活佛的照片。

佛堂右边的墙上有一面窗户，因此，右边的柜面上没有摆放物品。顿珠说，佛堂里摆放的柜子、部分供杯与画像都是从老家搬过来的，佛堂里的这些宗教用品都是去拉萨请回来的。虽然在格尔木生活了好几年，但他们并没有在格尔木市区买过宗教物品放入佛堂。在他们心目中，这些神圣的物品一定要从圣城拉萨而来。

在佛堂门口右侧墙上，挂着一串物品，看起来并不是宗教用品。询问顿珠，顿珠说是从牧区带过来的东西，其中一串是剪下来的羊耳朵角。顿珠说，每放生一头羊，就会剪下羊耳朵的一角作为标记，这个羊就是“放生羊”，如果别人看见“放生羊”耳朵上的标记，就不能捕杀它们。顿珠家的这串羊耳朵已经很干了，从数量来看，起码也有上百个羊耳朵，这即意味着，顿珠家以前放生了上百只羊。因此，从“放生羊”的耳朵串来看，这也是佛教徒的放生行为，并非与佛堂完全无关。这串物品中，还有一些藏族牧区牧民用来挂在马鼻子、马尾巴上的装饰物。顿珠说到这些装饰物的时候，语气很欢快，他讲起了牧区的马匹和牛羊。这些马饰被他悬挂在他家佛堂，可见这部分物品在他心目中有多么珍贵，或许珍贵的并不是这些饰物本身，而是与这些马饰相关的牧区生活的点滴回忆吧。

从前面的叙述来看，顿珠家佛堂里的物品的确繁多，但总体上不外乎以下三类：一是藏传佛教佛堂的相关宗教用品，即佛像、供杯、唐卡、活佛照片、卧香盒、布置佛堂的花瓶等；二是摆放在佛堂内可见空间的珍贵纪念品，包括牧区生活纪念品与多杰学习上获得的荣誉奖状；三是佛堂柜子里存放的其他重要物品。比如多杰用来储存他从小到大获得奖状与荣誉的盒子、他在少年宫学习期间的画作、他的小学课本与初中课本、他家的户口本，以及父母在移民村参加培训的一些结业证书等。好几次我们谈到什么事情，比如提到学校里选用的藏文课本，多杰马上就去佛堂内把书找了出来，甚至是家庭成员的医保卡及多杰去西宁看眼科的门诊记录本，都被存放在佛堂的柜子里。

单从佛堂内存放的物品来讲，宗教物品的存在的确在一间相对隔绝的房子里建构起了一个神圣的空间。这个神圣空间就是一个“显圣物”。显圣物，即是神圣的东西能向我们展现它自己。[①] 一旦“神圣”切入空间后，主卧旁边的房间就不再是普通的房间，而是神圣的佛堂了！这也是为何佛堂那道门常常会关起来的原因所在。不过，顿珠家的佛堂并不是绝对密闭的、束之高阁的空间，或是远离俗世生活的空间，因为佛堂的门可以随时打开，“门”意味着连接与抵达。佛堂里面收藏的个人生命历程中不同阶段的重要纪念品，体现出佛堂空间对个体生命体验的一种敞开、接纳与护佑，这说明神圣的佛堂与俗世的生活世界之间存在着千丝万缕的联系。

在客厅、饭厅、卧室与卫生间外，佛堂的存在既将顿珠的家宅分成了俗世与神圣这两个彼此区隔的空间，同时又将这两个世界关联起

---

① 参见［罗马尼亚］米尔恰·伊利亚德《神圣与世俗》，王建光译，华夏出版社 2002 年版，第 3 页。

来。而这样的家宅空间，正是顿珠家人每日生活的场所，其中既满足了凡夫俗子日常的吃喝拉撒睡，亦满足了他们精神向度的宗教需求。搬迁近十年，生活环境改变了，日常宗教生活自然会与牧区有些差别。横空出现的“杀虫剂”虽然还放在家中，但他们却不敢轻易使用它；2013 年的“西藏天文立法”已经过期，但还被悬挂在客厅重要的位置；平措家无论住房如何紧张，但佛堂仍然被留了出来。这些看似细枝末节的事情，都以其存在说明村民对佛教的虔敬并没有改变。与此同时，他们还保留着对牧区生活的鲜活回忆。

简单来讲，在顿珠家中，佛堂的神圣感一直都在。佛堂之外的空间里，随处可见的佛像、哈达、电动转经筒等，将这种神圣感世俗化为外部空间的日常生活用品之一。所以，在顿珠的家中，宗教的神圣感无处不在，又无处不与俗世的、现代工业社会生活相关联。

在“家”这个有着四面围墙的空间之外，顿珠与家人还可以去村里的藏医院“佛堂”、经幡群、转经房或是民间博物馆转“灵塔”。家庭是较为隐秘的私人生活空间，其内部的日常宗教生活也较为隐秘，村里共有的公共宗教场所却是为村民开放的。昆仑民族文化村的村民在家宅内与村子的公共宗教场所里，延续着以往的日常宗教生活，当然，他们的日常宗教活动并不仅限于在家庭与村子这两个空间之中，他们还有更大的宗教活动空间。比如，遭遇家人离世变故的家庭，除了捐刻嘛呢石放在经幡群附近的嘛呢石堆里、扎起一座新的经幡外，他们或许还会不顾路途遥远成群结队驾车运送亲人遗体前往德格的天葬台。顿珠的父亲去世时，他们家就是如此。同样，他们也会根据“马年转山，羊年转湖”的习俗，与家人一同去转山转湖，为众生与自己积累功德。2015 年，村里许多人家都赶车去西宁转青海湖了。顿珠家、平措家与罗布老师家都有人去转湖。当然，以往许多人是步行转湖，如今有车了，大部分人都以车代步去转湖，甚至有条件的村民还希望有机会前往拉萨朝圣。

总体而言，搬迁之初，昆仑民族文化村曾因缺乏公共宗教设施而一度无法满足村民的日常宗教生活需求。随后几年，在几所寺院的捐助下、在管委会与政府部门的多次协调下，终于建成了几处公共宗教场所。虽然与牧区的公共场所相比，这些公共宗教场所还略为简陋，但总算在城市郊区为村民日常宗教活动的展开提供了条件。在家庭内部，每家每户的佛堂亦以其建构起的神圣空间，连接起并庇护着一个家庭、一个社区、一个族群乃至众生的世俗生活，并达成他们的平凡愿望。

第五章

教育与出路：第二代生态移民的境遇

2013 年 7 月，在昆仑民族文化村村口，我们遇见几个小朋友在跳绳。他们一边跳绳一边念着儿歌，儿歌歌词有“毛主席的像挂在墙上，只要我们好好学习，天天向上”，“我和姐姐去采花，姐姐采了三朵花，我只采了一朵花”，“绣，绣，绣花鞋，绣花的姑娘来买鞋。有大鞋，有小鞋，就是没有绣花的鞋”等。孩子们热情地与我打招呼，大方地叫着：“阿姨，你好。”这与 2007 年的情形完全不同。那时，村里的小孩很腼腆，抿着嘴害羞地望着陌生人。现在，他们已不再羞涩地躲着陌生人，他们的汉语会话能力也有了很大进步。

本章将考察的重点放在第二代生态移民身上。到 2016 年 8 月，昆仑民族文化村即有 10 年历史。从牧区搬过来时年龄 8 岁以上的第二代生态移民现已成年，不少生态移民子女已为人母人父，少数第三代生态移民已是长江源民族学校的学生。在搬到昆仑民族文化村之后，这些在牧区出生的第二代生态移民的生活、学习与工作状况如何呢？本章试图通过个案的考察，尽可能立体地展现第二代生态移民搬迁后的生存境遇及其身份认同等问题。

第一节　从插班入学到速成班："大龄孩子"的求学路

自三江源生态移民工程实施以来，生态移民子女的教育问题就备受关注。早在2004年，青海省教委就在乐都县实践"三江源移民子女异地办班"模式。不过，这种模式针对的主要对象是义务教育阶段的适龄儿童与少年，暂不包括本节将会提到的生态移民子女中的大龄孩子。

在进行论述前，有必要对"第一代生态移民"与"第二代生态移民"作一说明。以彼时同意搬迁承诺协议上签字的户主为区分界线，本书将签字的户主一辈及其父母辈以上视作"第一代生态移民"，签字户主的子女则为"第二代生态移民"。依此类推，第二代生态移民子女的下一代，即为"第三代生态移民"，第二代生态移民、第三代生态移民可统称为"生态移民子女"。生态移民子女群体的构成比较复杂，若以学校教育的适龄标准为界，可分为成人、大龄孩子、适龄学生及学前儿童；若以出生地而论，可分为在牧区出生的生态移民子女与在格尔木昆仑民族文化村出生的移民子女；若按生态移民代际划分，则包括第二代生态移民与第三代生态移民。

前文提到，大部分牧民当初同意搬迁的主要目的是让子女能接受到比牧区更好的教育。就生态移民子女这一群体的教育而言，除了学前教育的儿童、义务教育阶段的适龄学生，以及其他彼时已在高中或中等职业技术学校就读的学生外，还有一小部分较为"特殊"的学生需要关注，他们就是彼时年龄在15—18周岁却仍在就读小学1—3年级的"超龄小学生"。在昆仑民族文化村的网站上，管委会曾用"超

龄学童”与“超龄少年”[①] 来指称这部分学生；在日常交流中，管委会的工作人员与村民有时会用到“大龄孩子”或“大龄儿童”的说法。此外，还有学者用到“超龄小学生”一词[②]。这几种提法各有侧重，“超龄学童”与“超龄少年”的说法，显然是针对《中华人民共和国义务教育法》中的“适龄儿童、少年”提出来的；“大龄孩子”与“大龄儿童”的说法，带着更多的感情色彩，体现了管委会工作人员与家长对这部分孩子的特殊关爱；“超龄小学生”更注重“超龄”与“小学生”的矛盾身份。因为此节所要讨论的是义务教育小学阶段的特殊个案，所以本书选用“超龄小学生”一词来特指插班入学后的这群大龄孩子。

一 插班入学：长江源民族学校的“超龄小学生”

平措的大女儿德吉从牧区搬到格尔木那年刚好 10 岁。在牧区，她白天大部分时间都在草原上捡牛粪、晒牛粪，或是偶尔捡蘑菇、晒蘑菇。她回忆说，那个时候根本不像妹妹这样能跳绳、玩游戏，至于上学读书，也是不可能的。因为她家离学校太远，上学不方便。因此，来到格尔木之后，德吉才有机会入学成为长江源民族学校一年级的小学生。德吉虽然比班上那些六七岁的同学大几岁，但她个子矮小，所以她在学校并没有觉得自己与那些小同学有何差别，与德吉年龄相仿的孩子，也都入学了。然而，村里还有十几个比德吉大一些的孩子，他们在牧区时要么从未上过学，要么断断续续上过一段时间，他们的年龄也已经过了义务教育小学阶段的适龄年限。到底是让他们继续读书呢，还是让他们暂时闲在家里？如果让他们读书，该到哪里

① 《昆仑民族文化村（格尔木）政府建设公布》（2007 年），生态移民网（http://www.stym.org/plus/view.php?aid=6&pageno=2）。

② 参见周宇《三江源生态移民与后续产业可持续发展——以青海省格尔木昆仑民族文化村为例》，硕士学位论文，四川师范大学，2010 年。

读书呢？这些问题成为家长心头的大难题。

（一）“超龄”的门槛与“罢读”的威胁

在三江源牧区时，这些大龄孩子未能接受完整的义务教育。假若他们依然在牧区生活，是否继续读书对他们的日常生活而言，并不会造成什么困难与障碍。然而，因为三江源生态移民工程的实施，他们随着家人搬迁到青海省第二大城市格尔木市郊区生活，与父辈一样，他们亦面临着适应城市生活的诸多挑战。他们没有村里的适龄儿童、少年幸运，因为后者可以按照国家义务教育规定免费入学读书。与此同时，他们的处境与那些比他们稍微年长的第二代生态移民亦不相同，因为年长一些的第二代生态移民正在积极加入转产的队伍之中。因此，这群大龄孩子成为第二代生态移民乃至整个生态移民群体中最为边缘亦最容易被忽略的人群。若不对他们加以必要的关注，帮助他们尽快适应新环境与新生活，他们很可能将内心的无所适从转变成敌对情绪，从而不利于个体成长与社区的稳定。

管委会的工作人员与大龄孩子的家长几乎同时想到，应将大龄孩子送到学校读书。管委会的南主任认为：“通过学习，能提高这些孩子适应社会的能力，提高他们城市生活的能力，然后通过他们自己的努力，在社会上有一技之长，谋得一个工作，独立自主，不会成为社会的负担。”① 也就是说，管委会送这些孩子去读书的初衷，并不只是为了求知，最根本的目的仍然是求生存。大龄孩子对上学成为学生这一提法存有顾虑与担忧，他们担心自己年龄太大会被其他同学嘲笑；他们甚至认为与自己的弟弟妹妹同一个教室读书很丢脸。尽管如此，他们仍为即将上学一事兴奋不已。然而，要让他们入学却不是一件轻

---

① 南主任访谈资料，2009 年 7 月 20 日，格尔木昆仑民族文化村。

而易举的事。“超龄”就是一道硬性的门槛。如何才能迈过这道“门槛”，让这些大龄孩子进入长江源民族学校读书呢？

长江源民族学校在哪里？这所学校与昆仑民族文化村一路之隔，就在长江源村一侧，其前身是1958年建校的格尔木市唐古拉山镇希望小学。长江源民族学校原校址位于距离格尔木市区420千米的沱沱河畔，随着三江源生态移民工程的实施，为确保三江源生态移民子女拥有良好的学习环境，政府将学校迁至格尔木市南郊。新学校于2005年8月投资修建，2006年9月正式投入使用。[①] 学校的第一批学生约有300名，招收的学生全部来自昆仑民族文化村和长江源村。长江源民族学校的教师基本上都是从原唐古拉乡希望小学过来的。这所学校是专门为三江源生态移民子女入学修建的，这是否意味着让“大龄孩子”在此就读是情理之中、顺理成章的事情呢？然而，学校方面用“适龄”条件一说拒绝了昆仑民族文化村的请求。“适龄”是《中华人民共和国义务教育法》中的规定。大龄孩子“超龄”已成事实，因此，校方认为他们已经不再适合这个法规的规定。为了让这部分孩子上学，昆仑民族文化村不得已采取了“威胁”的手段，管委会的南主任对相关领导说：“如果学校不解决超龄少年的读书问题，那么村里的适龄儿童将全部‘罢读’。”[②] 这一“威胁”竟然起了作用。最后，校方同意接收这16名15岁至18岁的超龄少年以“插班”的方式入学。于是，长江源民族学校多了一批高个子的“超龄小学生”。

“插班入学”，即根据大龄孩子原有的学习经历，将其安插进不同的班级就读。在这16名学生中，丹珠家的两个孩子登巴与白玛措被同时安排在小学一年级就读；扎西东周的女儿措毛彼时15岁，因为

---

① 《从长江源头到昆仑山脚下》，长江源民族学校专题纪录片解说词（2008），可参见http：//cjymzxx.16789.net/index.asp？ActionX=ReadArt&NewsID=1820911。

② 《南夏的故事》，生态移民网（http：//www.stym.org/html/yimingushi/20070812/63.html）。

有一定的学习基础，被插班到三年级学习。这些超龄小学生中，最为特殊的是土旦才仁家的4个孩子，他们被同时安排在一年级三班就读，彼时入学，他们中最大的17岁，最小的10岁。2007年8月，我们在村里协助管委会做入户调查，曾见过这四兄妹，谈到同在一个班级读书，他们都很开心。

在插班入学初期，超龄小学生的主要困难是如何适应新的学习环境。在以往的牧区生活中，他们大多数是放牧的能手，在弟弟妹妹中有极高的威信。然而，在学校生活中，他们却不一定能成为弟弟妹妹们的榜样。此外，部分超龄小学生从未上过学，要让他们拿起笔书写藏文与汉字，确实是比较困难的事情，因此，在课堂上，他们比较紧张，不敢轻易开口讲话，学习上拖后腿的情况比较多。后来，在老师的鼓励与适龄同学的友善支持下，这种情况慢慢得到了改善。时间久了，大家也就不再认为他们有什么“特殊”之处了，与此同时，因为超龄小学生懂事，在班级中还能协调老师做好班级工作。

（二）登巴：从超龄小学生到武装特警

从2006年插班算起，到2009年7月，超龄小学生已在学校就读三年，部分学生已经升到小学六年级。就超龄小学生在校学习的情况，我们访谈了从曲麻莱县曲麻河乡多秀小学调到长江源民族学校的加西老师。他告诉我们：“这些牧区来的孩子各个方面的转变较大，在学校表现不错。像登巴这样的男孩子课余时间喜欢玩篮球，偶尔会上网聊QQ。”[①]“插班”的大同学登巴在16岁的时候，担任了三年级一班的班长。不过，等到2009年9月新学期开学，当初插班入学的16名学生只剩下8人在继续上学。其中，3人在上六年级，2人在上

① 超龄少年在长江源民族学校的表现，主要来自加西老师的访谈。此外，部分信息亦通过对几位超龄少年的交谈获得。

五年级，3 人在上四年级。在这三年中，一半超龄小学生没有坚持读完小学。他们中大部分人都转到“初中文化速成班”（以下简称“速成班”）去学习了。关于“速成班”的情况，本章随后会有讨论。

2009 年，在与部分大龄孩子相处的过程中，能从他们的言谈中察觉到他们对未来的担忧。比如登巴，他在 16 岁那年升入小学四年级。按照父母的安排，他应该认真读完小学，掌握最基本的汉语、藏语读写能力，同时具备一定的数学运算能力。然而，登巴有他的担忧，读完小学他就满 18 岁了，接下来是继续读书还是出去找工作呢，他必须思考这个问题。就他自己的意愿而言，他希望将来能做一名军人。因此，他很关心如何才能去当兵。当时，我们并不清楚义务兵役的法规，就告诉他可能有学历的要求，万一必须初中毕业的话，入伍就会有麻烦。登巴听说要初中毕业才能去当兵，就显得特别焦虑，他觉得他不能等那么久才去当兵。

当大部分超龄小学生退学参加速成班时，登巴却坚持留在了学校。他说他的父亲不让他退学；另外，他觉得学校老师对他很好，他不能辜负老师对他的期望。像登巴这样的情况并不少见。与登巴同龄的旦扎，也坚持留在了长江源民族学校。旦扎比登巴高一个年级，我们去旦扎家时没有见到他，从村民那里找到他家电话，打过去是旦扎的父亲接的。旦扎的父亲俄加说：“我们不知道以后怎么办。慢慢学吧，一直学到小学毕业。至于小学毕业后会怎样，这个谁也不清楚。”① 俄加知道村里办了个速成班，但他没有让孩子退学，原因就在于他觉得踏踏实实学完小学应该比速成班学到的知识多。

2010 年冬天，登巴回到曲麻莱县城，准备去武装部报名参军。因为他是三江源生态移民子女，县武装部没有计较他小学还没有毕业的

---

① 俄加录音电话资料，2009 年 7 月 20 日，格尔木昆仑民族文化村。

问题，报名顺利通过。后来，他光荣入伍，被派往青海某地服了两年兵役。2012 年冬天，他从部队退了下来。退伍后，县政府考虑到他是三江源生态移民子女，就将他安排在曲麻莱县武装部防暴大队工作。2013 年 7 月，我们去曲麻莱县调研，曾与他匆匆见过一面。从 2009 年夏天一别，到 2013 年夏天再见，已是四年时光，登巴早已经长大成人，全然没有了超龄小学生的羞涩与不自信。

登巴“当兵”的愿望总算是实现了。从牧区到格尔木，他从牧民子女成为生态移民子女，从大龄孩子成为超龄小学生，又从超龄小学生成长为一名义务兵，然后，他又从义务兵成为政府武装部的一名特警。登巴之所以能“获得”这些多重身份，与三江源生态移民工程的实施不无关系，这个工程的实施，改变了三江源保护区诸多牧民的人生轨迹。就登巴而言，与其他生态移民大龄孩子一样，他经历过彷徨、无所依傍的艰难。然而，他又“幸运”地因为这个工程的“特殊优待”，以“生态移民子女”的身份入伍，得以有机会成为“义务兵”与“防暴特警”。值得一提的是，在他获得新的身份后，他重新回到了四周有草场与牛羊的三江源牧区——曲麻莱县约改镇。

二　速成班的女同学：现实与愿望之间的距离

从长江源民族学校退学的超龄小学生共 8 人，其中有 5 位女同学。这 8 位退学的超龄小学生随后转入了“速成班”。速成班是曲麻莱县教育局专门为解决昆仑民族文化村 16—22 岁的移民上学问题而开办的，经过曲麻莱县政府与格尔木市政府的协调，校舍设在长江源民族学校。速成班原计划第一期开课 2 个学年，授课内容包括语文与数学，其预期目标是结业之时，学生的语文与数学应用能力达到初等中学水平。学习结束，曲麻莱县政府承诺为每个学生颁发初中结业证书。

速成班有两位授课老师，其中一位是兼任班主任的罗布老师，另

一位是政府聘请的代课教师。搬迁前，罗布老师是迁出地曲麻河乡多秀小学的一名代课教师。罗布老师原只念到初中毕业，他并不是师范专业的科班生。在多秀小学师资缺乏的情况下，他以代课教师的身份在多秀小学待了 6 年，若不是因为“三江源生态移民工程”，他会继续留在多秀小学教书。与其他生态移民家长一样，罗布老师同意搬迁的主要原因是考虑到自己孩子将来上学的问题。

速成班在 2008 年冬天开学，开学当天老师与学生还拍了照片做纪念。2009 年夏天，我们返回昆仑民族文化村时，刚好遇见速成班的毕业典礼结束。去部分速成班学生家里访谈，他们的毕业照都被摆在客厅显眼的位置。照片上，25 位学生与罗布老师脖子上都戴着白色的哈达，脸上带着幸福的笑容。其中，男同学 9 位，女同学 16 位。按两年为一期的话，速成班的毕业典礼应该在 2010 年夏天举行，为何只教学一年就匆匆结束了呢？去罗布老师家，他无奈地谈道：“长江源民族学校那边给我们空出来的教室要被收回去了，他们说学校教室不够用。”① 因此，原计划为期两年的第一届速成班因缺乏教学场地，只得在办了一年后匆匆结束，遗憾收场。

在经历了插班入学与速成班学习之后，这些超龄小学生、速成班学生后来的生活境况如何呢？2013 年 7 月，我返回村子调研，专门访谈了罗布老师。他说道：

> 这些孩子中，一部分人去广东打工了，有些人结婚了，还有一个女孩出家做尼姑了；另外，还有 3 个孩子没了，其中一个去抢东西被抓到监狱里，后来不知怎么就没了；一个得肺结核走了；还有一个去偷东西，从楼上跳下来摔死了。只有两个在继续

---

① 罗布访谈资料，2009 年 7 月 18 日，格尔木昆仑民族文化村。

读书，其中一个在格尔木民族中学读书；另一个在玉树州读书。[①]

罗布老师提起这些孩子的时候，语气有些沉重。尤其是说到那三个“没了”的孩子时，他表现得很无助。从罗布老师的讲述来看，搬迁后，这些生态移民家长眼里的“大龄孩子”的人生轨迹已经有了很大分化：他们要么走在转产就业的道路上，要么还在继续求学读书，要么已经结婚生子，要么出家为尼，甚至有人不幸往生到另一个世界。原本是同在牧区的放牧少年或是同一学校学习的同学，几年时间人生已然有了巨大鸿沟，不免会让人感叹唏嘘。然而，这却是第二代生态移民中的大龄孩子正在经历的鲜活人生。

此节将以三位女学生为个案，描述她们的求学、转产、就业之路。

（一）央姬：医生的梦想落空了

央姬家是昆仑民族文化村安置的第二批生态移民，她家在蓝房子这边。在去央姬家之前，我们曾在管委会办公室见过她，和她简单交谈后，我们约好第二天早上再去她家。2009 年 7 月 23 日，我们到达央姬家门口，却发现门外挂着一把锁，我们以为她外出了，询问邻居，邻居说她可能还在家里睡觉。在邻居的帮助下，我们叫醒了央姬。上午 10 点过，央姬才刚起床，她看起来比前一天要懒散与自然许多，不过，她依然很羞涩，进屋后就躲在厨房里烧水、洗脸。央姬家的院子里种了不少花草。她家的门帘是普通的格子图案，墙上挂着活佛的画像；另外，墙壁上还贴了一幅写着“花开牡丹　富贵吉祥”字样的画。这幅画是央姬买回来的，她说画里面的牡丹花看起来好看，心里舒服。央姬家布置得简单，因为打扫干净，看起来很清爽。

---

① 罗布访谈资料，2013 年 7 月 7 日，格尔木昆仑民族文化村。

在央姬家屋子里，还有一位叫央措的女孩。央姬的父亲与村里其他7位村民去附近矿上打工了，家里就只剩下央姬一人，央姬夜里害怕，便邀请央措专门来家里陪伴。央措与央姬都是速成班的学生，2009年的时候，央姬18岁，央措16岁。央措是班上年龄最小的学生。在一年的速成班学习中，她们主要学习了汉语、藏语与简单的数学。央姬说她喜欢读书，如果可以继续读下去，她希望将来做一名医生。我们问她知道怎样才能成为医生吗？她害羞地摇了摇头。央措也谈到这一年的速成班学习对她帮助很大。问到央措将来的打算，她说她想继续上学，至于去哪里上学，央措也并不清楚。

央姬13岁前都在牧区生活，与其他同龄的大部分牧区女孩一样，她以前并没有认真接受过基础教育。到了格尔木后，她才有机会就近上学，即便是“速成班”这样的短期课程，也为她开启了一扇通往“新生活”的大门。因为读书，她开始敢于去拥有一个自己的梦想。当央姬说出她想做医生的时候，她并没有怀疑她实现这个“愿望”的可能性有多大。能成为医生，是她当时读书的最大动力。

在随后几年回访村子时，我们都会去央姬家，却总是未能再遇见她。2015年，央姬也有24岁了。罗布老师说，央姬与几位“超龄小学生”中的女学生都已经结婚生子了，至于央姬，她想要成为医生的愿望只能暂时搁置了。在央姬身上，我们可以看到，她曾是牧民子女，后来因为三江源生态移民工程的实施，她获得了新的身份，即三江源生态移民子女；她曾是“大龄孩子”，后来因为速成班的开办，她拥有了“学生”的身份；再后来，她结婚生子，成为第三代生态移民的母亲。央姬的人生轨迹并没有太大的波动，她顺遂着环境的变化与时间的安排，与大多数生态移民一样，忍耐而坚韧地生活着。

（二）白玛措：民族舞蹈表演者与诊所护士

与央姬相比，长央姬 3 岁的白玛措搬迁后所经历的生活充满了变动性与不确定性。

我认识白玛措的时候是 2007 年 8 月。那时，她刚结束长江源民族学校一年级的课程。她来管委会办公大楼探望一位来自成都的志愿者，两人在办公室角落唱着歌，她手里还拿着一把我叫不出名字的琴。听志愿者说，白玛措当时唱的歌基本上都是她自己创作的。白玛措是一个有音乐天赋的女孩。2009 年，我们返回村里调研，去白玛措家探访，她父亲丹珠说她 2007 年 9 月后就没有再继续上学了。退学后，她先是到西宁的一家朗玛厅表演民族舞，在西宁待了一段时间后，她又去了拉萨一个民族演艺厅，再后来，她与曲麻莱县曲麻河乡一位青年结了婚。结婚后，白玛措就回到了牧区曲麻河乡，并在 2008 年年底生下了一个女儿。2009 年 8 月，我们前往曲麻莱县城调研，途中经过曲麻河乡，曾专程到她家探访，很不巧，她不在家里，她婆婆指着远处的草原说她到山上放羊去了。

2010 年 7 月，我们返回村子调研，在村里见到了白玛措的女儿梅朵，孩子由外婆看管着。此时，白玛措婚姻变故，她离开曲麻河乡搬到曲麻莱县城她姐姐家住，并报名参加了曲麻莱县藏医院组织的藏医药培训课程。当年 8 月，我们又去了曲麻莱县城，在藏医院一楼见到了白玛措，她正在藏医院一楼听课，给他们讲课的是一位喇嘛。教室里有 20 几位藏族学生，老师与同学都用藏语交流。在这个班上，除了白玛措外，还有一位叫香措的女孩也是昆仑民族文化村速成班的学生，想成为医生的女孩央姬并没有来参加这个培训。白玛措最开始的想法是学习结束后，能回格尔木做一名护士，因为，在搬到格尔木之前，她曾在玉树学习过护理。

放学后，我们和白玛措、香措一起去县政府后面的草场玩。我递了一张她女儿的照片给她，看见照片，白玛措的眼睛立刻湿润了，然后，她把眼睛朝向了对面绿油油的草场。2013年，再回村里调研，我特别希望能在村医院看见白玛措与香措，然而，村里人说，白玛措的确在格尔木，不过，她没有做医生而是在火车站附近的“长江情演艺城”跳舞。要到她的电话，询问了她们开业的时间后，我与同行的朋友叫了辆出租车前往演艺城。演艺城每天晚上8点准时表演，我们到达的时候她正在后台化妆，所以没能碰面。站在演艺城大大打开的窗子前，能看见里面的消费者基本上都是格尔木的本地人，他们在那里谈天会友，喝着啤酒、嗑着瓜子、吃着水果，很是热闹。演出活动的第一个节目是藏族集体舞，白玛措是领舞者，舞台上，她面带笑容，与当初在藏医院培训时一样，她看起来很自信。接下来的节目，除了舞蹈，还有歌唱表演，凡是有伴舞的节目，其中必能看见白玛措。演艺城要一直营业到凌晨两点，所以我们始终没能与白玛措见上一面。后来，白马措发来信息说她与几个跳舞的女孩住在单位安排的集体宿舍里，白天她们基本上都在睡觉，她每个月表演舞蹈的工资有两千多元，除去吃饭与其他花销，每个月剩不了多少钱。她说她喜欢跳舞，跳舞的时候人心里高兴。白玛措曾在微信朋友圈写道：“舞蹈是我的灵魂。”至于为什么放弃藏医院的学习，她说因为当时自己没有工作，吃住都要靠父母，她在那里学习了一个月后就放弃了。

2013年冬天，课题组成员周宇返回村里调研。他前去丹珠家拜访，顺便问起白玛措的近况。丹珠说女儿白玛措经朋友介绍去了福建厦门，在一家歌舞厅跳舞，每个月工资也是两千多元。除去每月的房租与生活费用，基本没有什么结余。当时，丹珠生病住院，白玛措因为没钱买车票回家，没有回来探望；再后来，白玛措去了拉萨，在“西藏阿里茶马古道民族演艺中心”工作，每个月底薪是2400—3500

元，每个月的实际收益不等。2014 年年底，白玛措从拉萨返回格尔木，随后在市区一家陕西人开的诊所里做护士，诊所很小，只有她一名护士。村里大多数年老的村民只会讲藏语不会讲普通话，所以他们一旦生病都选择到白玛措所在的诊所看病，因为她可以帮忙翻译。这样一来，来这家诊所看病的基本上都是昆仑民族文化村与长江源村的藏族人了。

2014 年 2 月 11 日，白玛措开通了微信朋友圈。翻看她的朋友圈状态，能大致了解她 2014—2015 年的生活状况。在微信朋友圈里，她分享的大都是她的生活感言，在不少微信中，白玛措突出了自己的藏族身份。比如，2014 年 10 月 24 日的微信有 5 张配图，图中，白玛措与她的几位朋友都身着藏服，她写道："藏族就是藏族，又帅又美。" 2015 年 2 月 13 日的微信上是 3 张白玛措身着藏服的照片，她配的说明文字是："在家待了这么久，第一次穿藏袍。"她在后面的微信动态中多次用到那张穿藏袍的照片。对于本民族信奉的藏传佛教，她也在微信圈里表达了她的看法。2014 年 9 月 26 日，白玛措上传了 6 张图片到朋友圈，图片上是几位身着藏传佛教元素创意时装的模特，她们穿着用经幡做成的蛋糕裙子、佛祖图案的蝙蝠衫、布达拉宫元素的裙子、转经筒改成的帽子、白塔式样的裙子，对这种创意的时装，白玛措表达了她的愤怒，她写道："侮辱我们唯一信仰的藏传佛教，用这样的方式来获取你们的利益，真不是人。"翻看白玛措的微信朋友圈，能感受到她对亲人的热爱与珍惜，以及自己作为藏族人的自豪。

尽管白玛措年纪尚轻，但她的经历却是三江源生态移民子女中较为曲折的一位。在诊所做护士的这一年，算是她坚持得最长久的一份工作。17 岁以前，白玛措在牧区成长，她原是普通的牧民子女，却因生态移民工程成了长江源民族学校的"超龄小学生"。随后几年，她

退学、结婚，再次返回牧区成为一名牧民；接下来，她经历婚姻的变故，去曲麻莱县藏医院参加培训却未能顺利成为医生。她辗转在西宁、拉萨、厦门与格尔木的歌舞厅里表演她钟爱的民族舞蹈；再后来，她又成为护士并再次恋爱。白玛措搬迁后这些年的经历，可以作为了解第二代生态移民子女中的大龄女孩子生活状况的一个窗口。从转产就业的角度而言，白玛措最终转产成功了。她曾经凭借自身的舞蹈才能成为一名舞蹈表演者；后来，又凭借以往的教育培训成了一名护士，并利用自身懂得汉语与藏语的优势帮助昆仑民族文化村的村民在市区看病就医。在白玛措身上体现出的身份问题要比央姬复杂一些，她曾是牧民子女、超龄小学生、民族舞蹈表演者、藏医院的学生，现在，她是诊所的一名护士。当然，除了这些身份外，她还有一个重要的身份，那就是三江源生态移民子女，与此同时，她亦是第三代生态移民的母亲。

（三）卓嘎：藏医院护士与柜台销售员

搬迁之初，除了超龄小学生与速成班学生外，昆仑民族文化村还有一部分生态移民大龄孩子在中等职业学校就读，比如卓嘎。2007 年 9 月，刚满 16 岁的卓嘎考到青海省某地读卫校。在昆仑民族文化村，这是一件人人皆知的喜事。此前，卓嘎在曲麻莱县城读中学。她既不是长江源民族学校的超龄小学生，亦不是村里速成班的学生。将卓嘎放在此处讨论主要有三方面考虑：一是按年龄来讲，她是第二代生态移民中的“大龄孩子”；二是她在外地就读一年后，因为胃病严重退学回到村里，从求学读书这一路径而言，卓嘎亦遭遇了不少波折；三是卓嘎与央姬、白玛措的学习初衷或转产就业都与医生、护士有关。将她们三个“女学生”放在一起讲述，或许能为我们理解第二代三江源生态移民子女中的大龄女孩子的成长历程提供一个参照。

2009 年 7 月，我们在村里与卓嘎有过几次交谈。她当时身体状况不太好，正在接受治疗。对于不能继续读书这件事情，她表示很遗憾。2010 年 8 月，我们再次探访卓嘎时，她正与长江源村一位男孩子恋爱，对方也是三江源生态移民子女，问到她的打算，她说希望能够继续学医。2011 年春天，村里一个私人诊所需要一名护士，卓嘎就开始去那里上班了。2013 年 7 月，我们返回村里调研，卓嘎已经做了妈妈，她的女儿已有两岁多。当年夏天，她参加了中华藏友会复训马背上医生及三江源生态环境保护协会举办的第四届“绿色健康”培训班，还去西宁学习了一个月。村里的小孩都很喜欢她，甚至有小孩说：“我们的卓嘎笑起来很美。只要是她给我们打针，我们一点都不觉得痛。”卓嘎看起来温柔、宁静，深受村里人喜爱。

2013 年，政府停掉了为每户生态移民家庭提供的 6000 元/年的补助，只为 16 岁以下与 60 岁以上的生态移民提供 4800 元/年的困难补助。因为有了孩子，卓嘎家不得不考虑家庭收入的实际问题。在诊所做护士时，她每个月的收入只有 1200 元。2014 年 7 月，卓嘎辞掉护士的工作，到格尔木市区一家黄金公司做柜台销售，每个月底薪 2300 元，销售业绩好的时候月工资能拿到 3000 多元。关于未来的打算，卓嘎说，她在等村里藏医院的消息，如果 2016 年改建后的藏医院能如期开业并提供过得去的薪水的话，她应该会回去做护士。2015 年 12 月，藏医院方面曾召集她与几位村里懂得部分医学知识的年轻人，计划带她们去北京参加培训，为即将来临的开业提前做准备。2016 年 1 月底，原来的黄河源藏医院改建成“格尔木热腾慈善藏医院”，卓嘎回到村里做回护士。

在这几位“女学生”中，卓嘎在学校接受正规教育的时间最多，与白玛措相比，她在微信朋友圈里分享的部分话题更具有公共性。卓嘎在 2015 年 5 月 17 日开通了微博朋友圈，她的朋友圈内容大致包括

以下几个部分：第一部分与藏传佛教相关的微信。凡是藏传佛教节日，卓嘎会写出当日藏历，并作一些如何观想与持咒的介绍。如：

> 9月9日至15日，藏历7月27日至8月2日，药王星开始出现，为期7天。药王星当空的七天内，江河湖海等一切水源皆具有药性，是沐浴、清净病障业障的好时机。此时雨水也具同样加持力，7日内宜淋浴……
>
> 今天是10月7日，藏历8月25日，是一切女性本尊及空行母会集会荟供殊胜日。绿度母是二十一度母的总集：成就聪明。福德吉祥。辩才具足。世乐具足。多财富贵。贤瓶如意……[①]嗡达列 都达列 都列梭哈。祈愿众生无有灾病、平安喜乐![②]

卓嘎在微信朋友圈共享“藏历”，可以视作对藏族文化的一种传承与弘扬。此外，她参加了2015年10月2日村里举行的大型法会，并将法会现场的照片与小视频分享到了朋友圈。

微信朋友圈第二部分内容是她与家人亲朋相聚的欢乐时光。在卓嘎的微信状态中，有多张与家人转湖、转山的合影。照片中，她与母亲、女儿都身着传统的藏族服饰，关于发布微信的地点，多数都是空白，或可能默认为格尔木。然而，她的朋友圈中仍有显示发布地点的微信，那就是“玉树藏族自治州”，即她以前在牧区生活的地方。第三部分是个人心情感触。从多条微信状态来看，卓嘎在新工作中受到的挫折主要来源于别人对她的误解，她对此感到很难过。

在卓嘎的微信朋友圈中，能真切地感受到她对牧区的感情。除了微信发布地点显示“玉树藏族自治州”外，她在2015年7月16日的微信中写道：

---

① 绿度母心咒。

② 摘自卓嘎的微信朋友圈。

> 草原的风在每一个不同的季节别有一番不同的风韵。七月底是草原最美丽的季节，也是最让人心旷神怡的。它不像冬天的风那般刺骨，更不像秋天的风那么干燥。它美丽，在于它吹绿了万物，吹开了野花。深深的草从（丛）在微风中摇曳，是那么的婀娜，充满了神韵。它轻柔，它游过深深的湖水，掀起了阵阵微波，在阳光的照耀下闪耀着银光，碧水印（映）着蓝天，蓝天衬着碧水，那种天连水尾、水连天的画面，宛如在天境中遨游，自在、奔放……①

这段文字中，卓嘎满含深情地赞颂了草原七月的风。她的文字清丽，叙述自然。假如没有以往草原生活的经历，怎么可能会对草原每个季节的风有如此深刻的体会呢？这条微信配有5张照片，其中4张是卓嘎自己的，1张是卓嘎的母亲，照片上，她们身着夏季藏服站在草原里，眼睛眺望着远方。这些照片是在回牧区的路上拍的。

在卓嘎的微信圈里，还能从不少藏文歌曲、藏文书写的微信看到她对藏族语言文字的关心。比如，2015年12月13日，她在朋友圈分享了三张照片，照片是她为正在上学前班的女儿手写的语文、藏文与数学试卷，试卷上还有她给女儿的评分，语文与数学各100分，藏文80分，她感叹道："成绩出来了，最让我头疼的还是藏文。"她关心女儿的藏文学习，认为母语教育十分重要。2015年11月15日，她转发分享了题为"关于西宁建立藏文学校的呼吁"的微信，并评论说："我永远支持母语。"这条微信后来被举报内容违规，因此，我没有看见微信的具体内容，但她转载时所写的评语，充满理性，毫不偏激。"我永远支持母语"这句话起码说明她对藏族文化有一种自觉。

因为卓嘎以前所受的教育，在她身上，除了能看到昆仑民族文化

① 摘自卓嘎在微信朋友圈分享的内容。括号内为笔者的更正。

村第二代生态移民子女普遍经历的转产困境外，还能看见她作为生态移民子女所具有的难得的文化主体意识。从她乐意分享藏传佛教节日、倾听藏文歌曲，以及关心孩子的藏文教育来看，她已然从当初那个16岁的藏族小姑娘成长为了一名藏族母亲、一名虔诚的藏传佛教信徒、一名有文化自觉意识的藏族青年。当然，她的文化自觉里有着难以掩饰的焦虑，这种焦虑表现在她严格要求仅仅4岁的女儿学写藏文上。卓嘎对孩子母语教育的严苛，恐怕并不全然是为了应对多年以后的高考应试教育，而是与她作为生态移民子女、作为藏族人的文化传承与民族自觉有关。

在当年诸多的第二代生态移民大龄孩子中，登巴、白玛措与卓嘎算是较为幸运的。因为他们都曾转产到自己喜爱的职业与岗位上。他们的许多同龄伙伴，要么远离格尔木这个第二故乡，前往广东一带打工，成为“打工仔”；要么在格尔木附近的工地上，成为建筑工地上的“临时工”；或许，还有一部分人算是幸运的，他们回到牧区帮人放牧牛羊，算是回到了熟悉的故乡。

总体而言，针对昆仑民族文化村生态移民子女中的大龄孩子的教育问题，无论是在长江源民族学校的“插班入学”，还是“速成班”，都是为他们尽快适应城市生活所做的教育准备。后来因学生的个体原因与教学资源紧张等问题，这两种教学实践都没有达到最初的预期目标，然而，这两种教学实践却为这部分大龄孩子带来了“超龄小学生”“速成班学生”的新身份。“学生”是第二代生态移民从牧民转产为某一特定身份过程中的“缓冲身份”，因为这一缓冲身份，他们的转产就业具有更多的实践性、探索性与不确定性。当然，在学生身份的缓冲期结束后，生态移民子女最终仍会与其父辈一样，走上转产的道路，并融入寻常的城市生活中。

第二节　草原与牧区：适龄学生的家乡情结与未来憧憬

与已经成年的、大龄的第二代生态移民相比，义务教育阶段的适龄学生与在校高中生对环境的适应能力要稍微强一些，当搬迁定居下来后，他们就被送进长江源民族学校与格尔木市民族中学念书。文化适应方面的挑战，对他们而言，最开始主要来自学校。最典型的例子就是长江源民族学校的老师是从唐古拉乡过来的，他们的藏语方言与玉树州曲麻莱县不同，因此昆仑民族文化村这边的学生听课就有些吃力。后来，政府从多秀小学调了一名优秀老师过来，以便缓解因方言不同给学生带来的压力与焦躁情绪。如果从 2006 年 9 月秋季就读小学一年级算起，到 2015 年 6 月，当初入学的适龄儿童刚好完成九年义务教育阶段的学习。若是当年就读四年级及以上的小学生，在 2015 年 6 月也已经高中毕业。令人感叹的是，彼时的“超龄小学生”白玛措的女儿梅朵也已经在长江源民族学校读书了。

在格尔木生态移民安置点生活多年后，这些在校就读的第二代生态移民对迁出地牧区有着怎样的记忆与认识呢？对于未来，他们有怎样的期许呢？本节将以三位在校就读的学生为个案，探析三江源生态移民适龄学生的生活状况及其身份认同等问题。

一　索南：用诗歌与图像反思移民生活

索南家是村里安置的第一批生态移民，他家在红房子这边。他家一共七口人，父亲、母亲、两个弟弟、一个妹妹、姨妈和他。搬迁前，索南一家在措池草原生活；搬到格尔木后，索南的父母开了一家

小卖部，平时他们在附近打些零工，以此养育几个子女。索南 10 岁以前在牧区放牧，没有机会到学校上学，但他自学能力很强，因此搬到格尔木后，就直接在长江源民族学校上二年级。小学毕业后，索南升入格尔木市民族中学念书。2017 年 6 月，届时 21 岁的他将迎来高考。

与索南结识，得益于卓嘎的微信朋友圈。卓嘎分享了一张照片并配文为“图说移民”。询问卓嘎，才知道是昆仑民族文化村的高中生索南写的，于是，我通过卓嘎联系上了索南。后来，我便通过微信与索南沟通交流。如果说本书是局外人的观察视角，索南的文字与图片不正是局内人的自我表述吗？课题组向索南索要他的文字与图片资料，他不好意思地回答，他都是即兴写在朋友圈的，没有存档。我将索南发布到微信朋友圈的诗歌、日记等做了整理，并将稿子发了一份给他。以下分析中所用到的资料，全部能在索南的微信朋友圈查见。

（一）诗歌：“缺胳膊少腿”的移民

上初中三年级时，索南开始用文字表达自己对牧区生活的热爱，以及生态移民后的生活感受。2014 年 1 月，他写了一首题为“移民到底移了什么？”的诗歌，这首诗后来被“中国藏区文化网”刊载。诗歌全文如下：

移民到底移了什么？

爷爷说，
移了地域空间
天堂的草原成为
梦里寻找的倩影

爸爸说，

移了生活方式
悠扬的牧歌成为
历史记载的过去

妈妈说，
移了幸福之感
知足常乐的精神
渐渐被物质淘汰

而我说，
移了所有一切
除了热腾的血脉
还有那仅存的骨架！！[①]

索南借助诗歌题目“移民到底移了什么?”对生态移民工程提出疑问。在诗歌主体部分，他又借用爷爷、父亲、母亲之口，从地域空间、生活方式，以及幸福之感三个方面作了回答；最后一段，索南给出了与家人不同的答案，他认为生态移民“移”走了原有生活中的一切，只剩下藏族人的身体，以及其中流淌的血脉。也就是说，在索南看来，生态移民后，原来天堂似的草原、悠扬的牧歌及牧民知足常乐的精神都成了过去式，仅剩下骨架与血脉还空荡荡地存在着。索南一家三代人对移民生活的看法，折射出的是整个昆仑民族文化村生态移民的生活状况。

在《我有一头纳罗》[②] 一诗中，索南用充满童趣与温情的笔调回

① 索南：《移民到底移了什么?》，中国藏区文化网微信公众号 2015 年 4 月 27 日“投稿”专栏。

② 索南：《我有一头纳罗》，中国藏区文化网微信公众号 2015 年 4 月 27 日“投稿”专栏。

忆了童年时候如何与“纳罗”（即牦牛）玩耍、纳罗如何与游牧生活紧密相关。然而，在诗歌结尾，他笔锋直转：“我有一头纳罗/当移民的钟声响起/它倒在了血泊里/晶莹的眼眶里/折射出草原的影子。”索南通过纳罗的眼睛与泪水表达了自己对草原深深的留恋与不舍。在现实生活中，牧民搬迁之时，要么把牛羊卖给别人，要么寄养在亲戚朋友家，断然不会随意宰杀牦牛。索南笔下，纳罗的倒下是一种象征，预示着这一部分即将搬迁的牧民原有生活方式的终结，甚至可以说，纳罗生命的终结是对游牧生活的献祭与陪葬。

除了前面两首在“中国藏区文化网”上刊载的诗歌外，索南在其微信朋友圈分享了不少与生态移民相关的诗歌。如《我是一棵沙漠深处的树》《移民后》《民族发展·衡量·思考》与《酒后乱言》等诗作。在《我是一棵沙漠深处的树》中，索南写道：“我们的资本输给了/生态移民等字眼/我们的许多枝条/出现了变异、同化/缺胳膊少腿……我们可能就是变革的产物！”索南将牧民喻作一棵树，因为生态移民工程，这棵树被连根拔起后移植在了另外一处“没有清水滋润”的“死亡之漠”。“移植”的结果让他失望，他担忧他们会在这个过程中变成“缺胳膊少腿”的“特殊人群”，索南以“我们可能就是变革的产物”，无奈地道出了“我们”命运的被操控性、实验性与不确定性。《移民后》一诗中，索南用三个排比句引出移民后生活的变化，绿洲、牧鞭都已经远去，铁锹成为手中谋生的工具。他感叹学校里许多与他一样的生态移民子女竟然把这一切当作笑话，他痛定思痛，决定做出更加深刻的反思。《民族发展·衡量·思考》一诗读起来更像一篇小论文。文中，索南谈到民族发展的可能方向：“你拥有最古老的、最丰富的精神财富/那种机遇就是——传统和现代相结合/而不是盲目的‘从众’丢失了自我的价值……”诗歌末尾，索南痛心地追问“移民的未来在哪里”。

移民的未来究竟在哪里呢？索南在微信朋友圈分享了他与活佛尕玛周扎的讨论。文中，他们重点讨论了两个问题，摘录如下：

> 存在着哪些问题？随着时间，移民村的孩子很多长大了结婚了，房子是个很大的难题。人口增长，房屋数量只有政府建的一家一间，那该如何供应？没有城市劳动技能又听不懂汉语，这些障碍（阻碍）了他们能找到的活也很少，除非体力活。
>
> 它（生态移民）的总体效益是利是弊？在经济生活方面，移民后生产生活方式跳跃式的改变影响特别大，从原先从事畜牧业到城市的直接转变导致经济秩序遭到严重的破坏，牧民的城市生活贫苦。在精神文明方面，草原游牧文明正在渐渐消失，这与生态移民息息相关。移民后城市里宗教活动也渐渐很少了，人死了也没有个天葬台，只能运回家乡寺院。对于能够用的（得）到很多廉价劳动力的企业、单位可能有利，但是对于广大移民群众以及发展恐怕只有弊！
>
> 移民的未来在哪里？看来确实迷茫，为移民找到合适的发展之路，为城市边缘的牧民不被同化，为移民（村）的将来不被称为贫民窟……我倡议移民的有志人士为移民的未来着想！①

索南与活佛的讨论，涉及移民生活中的现实问题。在《酒后乱言》一诗中，索南质疑生态移民并没有达到理想的效果。他写道："当移民的钟声响起/我并没看到什么生态/只看到'生灵涂炭'/一群群羊羔，一头头牛群/走向了深渊/而人们暂时走向了'辉煌'。"因为索南暑假总是会抽时间返回牧区，返回措池大草原。他看到牧场的情况并没有变好，牧场因为无人看管反而变得更加糟糕，所以，索南对

① 索南：《与活佛尕玛周扎的讨论》（2015年7月21日）。

将草原牧民外迁作为保护生态的方式，提出了质疑。他觉得草原需要人看护与管理，迁走牧民与牛羊，让草场自生自灭的方式并不是恢复生态的最佳方式。在《酒后乱言》的后半部分，索南批评了酗酒、放荡的生态移民子女，认为他们所谓的“说说”其实是在浪费生命。他认为他们应该反思当下的生活方式，应该去做一些有意义的事情。

索南的三江源生态移民主题的诗歌，不乏深刻的思考。这些思考超出他的年纪。索南诗作中多次谈到“移民”一词，动词的“移民”是动态的过程，名词的“移民”是一种身份。索南并没有拒绝他的“移民”新身份。然而，他的接受并不是麻木的、被动的，他关注着移民的未来，不希望移民成为“缺胳膊少腿”的人，亦为移民子女认不清当下的情状而感到痛心。索南试图借助诗歌，去唤醒大多数麻木的移民子女。索南对自身身份的意识及其思考，还表现在他后来的“图说移民”实践中。

（二）图说移民：局内人的图文叙述

从 2006 年搬迁以来，不时有国内的 NGO 工作人员前来探访昆仑民族文化村。通过这些机会，索南认识了“绿色江河”的杨欣老师与三江源生态保护协会的哈希·扎西多杰（人们常称他为“扎多”）老师。在这些环保人士的影响下，索南开始以志愿者的身份参与部分活动。尤其是扎多老师对索南的影响特别大，索南在微信朋友圈分享了一封写给扎多老师的信。信中，他谈到扎多老师促成三江源的青年组织了马帮保护措池、考察烟瘴挂、打造天堂牧场等活动。索南认为扎多老师是三江源的思想启蒙者。[①] 在这些机缘下，索南参加了三江源协会的“卓巴仓[②]游牧人大学”，主要学习摄影（见图 5-1）。学习回来，

① 索南：《写给三江源协会扎多老师》（2015 年 9 月 25 日）。

② 卓巴仓，即黑牦牛帐篷。

索南开始在微信朋友圈以“图说移民”的专题形式记录移民生活。

图 5-1　经幡群附近（格尔木昆仑民族文化村　索南　供图）

索南称自己为“措池/行摄人”。“措池”是三江源国家级自然保护区通天河源野生动物保护核心区域，也是索南的家乡。措池是中国海拔最高的纯牧业村之一。“行摄人”指行走与摄影。索南的摄影作品内容既包括迁出地措池，也包括迁入地格尔木昆仑民族文化村。对于“图说移民”专题摄影的意图，索南解释：“我想通过照片反映一个社会情况或者社会变革。”2015 年 12 月 29 日，索南分享了一张照片（见图 5-2）。

图 5-2　穿藏服的青年（格尔木昆仑民族文化村　索南　供图）

照片（图 5-2）上是一位青年移民穿着藏袍的背影，在其前方是象征城市的高楼。索南的配文如下：

> 图中此人正是来自草原的移民，他是移民的代表。他正朝着城市而去，而离草原渐行渐远。草原却成为无人管理区，正在土地沙化。而人们离城市越来越近，人心正在雾化。①

图 5-3　藏文补习班（2014 年）（格尔木昆仑民族文化村　索南　供图）

索南试图通过图文表达当下移民生活与草原生活的背离。尽管搬迁已数年，他仍然关注着他的出生地措池草原。索南的朋友藏族大学生秀毛为这幅照片作了首诗歌。秀毛的诗歌以“背朝着草原”“背朝着帐篷”“背朝着经幡”为前三段的首句，抒发了移民对原有生活方式的背离，以及“我”（草原）对“你”（移民）的呼唤与等待。索南认为这首诗歌恰如其分地表达了他的意图，他将其转发到了微信朋友圈。

---

① 索南：《图说移民》（2015 年 12 月 29 日）。

除了这种有些摆拍性质的摄影，索南也拍摄了不少家人的照片及措池草原的风光，他想通过对迁入地与迁出地的人文地理的跟踪拍摄，记录生态移民的生活。索南并不是一个孤独的思考者，他也与周围的人沟通交流他的想法。《在校周记》一文中，记录了他与长江源村一位同学的讨论：

> 前天，我和同桌聊起了两个村子的一些情况，两个村子具有相似的背景和现状，我们试图“改变”。正值恰同学少年，风华正茂，意气风发，怀民族情怀！
>
> 同桌（群尼）说：“未来我们要七十二行，行行出状元。”
>
> 我说：“对的，这样才能保持民族文化发展的平衡性。”
>
> 同桌说：“我从小有个梦想，就是在我的家乡建一所学校。”
>
> 我说：“这个很好啊！希望你能梦想成真，我期待这个民族教育基地。然而，梦想和现实之间总是有一些距离，对我而言，我也想在我的家乡带领村民做些什么事，因为我毕业后不想给别人打工。”
>
> 同桌说：“就我们村子而言，畜牧养殖棚等一系列村办都相继落幕，我觉得原因是缺少正确的指导和一些条件不足。”
>
> 我说：“还有一系列问题，可能是制度存在问题或者说一些固有的内在问题。”
>
> 下课铃响了，我们带着彼此心里的那份思考走出教室，将何去何从？[①]

索南与同学的讨论，既谈到了当下村子的后续产业发展及其存在的问题，又涉及了两人对于未来的打算。两位生态移民子女关心的不

---

① 索南：《在校周记》（2015 年 11 月 14 日）。

仅是自身的命运，还有村子未来的发展。作为刚上高中一年级的学生，索南他们能有这样的眼界，的确难能可贵。索南请同学拍下了他们在教室讨论的场景，这其实也是“图说移民”的一部分，是学校场景中的生态移民子女。

除了与同学讨论生态移民的问题，索南也回家和爷爷交谈。索南记录道：

> 早上，我从转经道上背书回来后，便去了爷爷家和爷爷日公加聊起来了，我试图从老一辈的观点看待现在，未来，以及他们的世界观。我想写给我们这代人，这代即将继承民族希望的青年人！
>
> 爷爷说，他前些年从牧区带来了一些土丘，撒在院子里竟然能够长出茂盛的草，他依然怀念那片水草丰美的草原。爷爷认为畜牧业就是游牧的资本，是游牧文化的土壤，他所担心的就是未来牧区的城镇化。他们老一辈的过去后（离去后），担心我们这一辈以及下一辈逐渐丢失悠久的，自给自足的生产方式。
>
> 针对爷爷的这段语重心长的话语，我的内心充满了迷茫和思考：我们这一代如何继承？如何与时代相适应的去发展游牧文化？游牧文化的时代价值在哪里？这些问题就留给了我们这代人，也是我们要去做的，探究的重要目标之一。
>
> 青年，多思考，多一份责任！①

索南在朋友圈分享了爷爷的照片。索南与爷爷的讨论主要关注了爷爷的经验。这经验里面有对草原的牵挂与对游牧文化的怀念，更多的却是对牧区城镇化的担心，以及生态移民子女未来生产方式的担忧。

① 索南：《与爷爷谈话：游牧“资本”》（2015年10月31日）。

在2016年元旦期间，索南告诉我，元旦过后他就20岁了。他说虽然他是一个高中生，但他已经是成人了。索南希望2017年6月的高考，他能考上一所好大学。说到自己最想做的事情，索南说他渴望暑假的时候回措池草原，去拍摄那里的风景与人物，他希望用自己的照相机记录草原，也记录昆仑民族文化村的生活。在索南身上能看到他对自我身份的清醒认识，他曾经是措池大草原的牧羊少年，因为三江源生态移民工程，他成了生态移民。他以"措池/行摄人"自称，说明他认同的家乡是措池而不是格尔木，"行摄人"其实也意味着漂泊、游离的状态，这也是为何索南会经常往返草原与移民村的原因所在。在这种不停地背离、回去、再背离、再回去的路途中，他对昆仑民族文化村的将来有了更多的思考。他小小年纪就担忧着整个村子未来的发展，他痛恨着酒醉昏睡还未觉醒的生态移民子女的行为。某种程度上，索南代表着生态移民子女中有文化自觉的少部分成员。

二　多杰：回不去的牧区与大学梦

在第二章与第四章，本书曾对多杰的家庭情况作过介绍，此处不再赘述。就入学经历而言，2007年9月至2013年7月，多杰在长江源民族学校读书。小学毕业后，他升入格尔木市民族中学，在2016级藏（一班）就读。多杰的综合学习成绩在班上排名第一，是老师与家长眼里的好孩子。小学时候，他多次获得"优秀学生"与"五好学生"的称誉。

（一）"五好学生"上补习班

2015年8月，我们返回移民村调研时，刚到村口就遇见多杰的母亲卓玛。向卓玛问询多杰的情况，被告知多杰在家里睡觉。随后，我们走到多杰家门口，看见门上挂着一把大锁。原来，卓玛外出时，常

常会将自家院门紧锁。这样做，一是防止多杰睡觉时家中被偷；二是希望多杰能在家中安心学习，因为房门紧锁，村里的小朋友就没有办法来找多杰出去玩。多杰对母亲锁门的举动从来没有提出过异议。他坦言，父母这样做是为了他将来能考上好大学。

多杰上了中学后，有段时间数学与英语成绩滑坡。他的父母很着急，最后为他请了老师辅导功课。辅导功课自然会多一笔开销。就2015年而言，多杰一家的主要收入构成有三部分：一是父亲顿珠在火车站上班的工资收入，每个月2000元；二是母亲卓玛在格尔木市民族中学做宿舍管理员的工资收入，每个月1500元；三是政府给三江源生态移民中16岁以下的少年儿童与60岁以上的老人发放的困难补助，每人每年4800元。除去寒暑假，卓玛一年上班的时间只有9个月，她不上班就没有收入。这也就意味着，多杰一家的月平均收入不过3500元左右。多杰上辅导课的费用如何呢？他每周日会乘坐公交车去市内老师家里补课，每节课收费60元。每个星期他要补两节课，即一节英语与一节数学，一个月下来，多杰的补课费用至少480元。对于月平均收入只有3500元的家庭而言，这笔开销并不算小。此外，当多杰年满16岁后，政府就会停止发放那笔困难补助。那么，这个家庭的月平均收入将不到3500元。仅从家庭收支这一栏就可以见出，多杰的父母为他的学习做了巨大的“投资”。

父亲顿珠常常给多杰讲自己当年在牧区读书如何艰辛，以此鼓励孩子发奋读书，因此，当村里部分小孩节假日回牧区亲戚家玩耍时，多杰都留在村里复习功课。多杰有一个叔叔在牧区，叔叔家添了一头小马驹并承诺将其养大送给他。2015年暑假，多杰特别想跟随叔叔回牧区去看自己的马驹，他多次央求父亲同意他的请求，然而，每次都被父亲顿珠拒绝了。多杰写过一篇题为“我的父亲”的作文，他写了他父亲顿珠小时候在垃圾堆里捡蜡烛、夜里将头发订在墙上以防看书打瞌睡、因为上学路远家人担心安全被迫退学等事件。这些故事，顿珠也给我们讲过。在作文结尾，多杰写道：

> 可能因为小时候的这些经历，父亲对我的学习格外地严格和苛刻。为了让我有钱补课，父亲选择了工资低的夜班，因为他没有文凭，许多公司都不招他。我经常想："当别人的爸爸正躺在床上呼呼大睡的时候，我的爸爸却在工作。"我相信，当我父亲胃痛的时候，他的脑子里想的都是我，想的都是我的未来，为的是我未来的幸福生活。我曾经想过很多次我应该怎么报答我父亲，但答案都是一致的："好好学习！"对，我会朝着这个方向前进，我会实现我父亲未完成的梦想。我会替我父亲把他没画上的句号，画上并画好。①

作文里，多杰自然地流露出了他对父亲的理解与爱。他深深懂得父亲对他的严格与苛刻，也深深地被父亲的爱所感动。他明白他唯一能做的就是"好好学习"，这也是他能安心留在村里学习的主要动力。有意思的是，我于2015年8月留宿多杰家中时，多杰给我看了他的暑假作文，其中有一篇也是《我的父亲》。在那篇作文中，多杰写到自己的父亲是一名戴着眼镜的医生，他谈了这个医生父亲如何爱岗敬业。那篇作文因为是他虚构的，所以读起来干瘪瘪的、毫无感情。看完作文后，我问多杰："你的父亲是医生吗？"他回答："不是。"我再问："那为什么你写出来的父亲是这样的呢？"他喃喃地说："我不知道怎么写作文，所以就编了一个。"我告诉他："你心目中最真实的父亲是什么样子的，照样写出来就会是一篇很好的作文。"他有些不敢相信，但还是听从了笔者的建议。第二天，他就写了满满两页纸、超过

---

① 摘自多杰的作文《我的父亲》。

1000 字的作文出来。前文中引用的部分就来自多杰写的第二篇《我的父亲》。

多杰的父母把他的学习看成全家最重大的事情。在多杰家中，顿珠与我们交谈的话题始终围绕着多杰的教育，他希望多杰将来能考上清华大学，因为他们村现在还没有人考到北京去读书。或许因为有此目标，顿珠对格尔木市民族中学的教学质量表示担忧，因为村里 2015 年参加高考的学生最高分只有 330 多分，刚好上专科线。他认为多杰应该像他一个兄弟的孩子一样，到内地的学校读书，这样才具有竞争力。他认为国家应该在少数民族学生高考的时候给予更多的优惠政策；另外，他几次开玩笑地说："只要你们愿意，你们可以把多杰带走。只要他将来能有好的出路，我不会心疼的。"多杰对此提议，笑着不置可否。

（二）听说的牧区故事

顿珠时常在多杰面前说，他希望多杰能考上清华大学。多杰对于父亲的要求与安排，都默默地听从，从不还嘴。生活中，多杰是一个活泼可爱的少年，他在院子里吊了一个小小的布沙袋，每天练习打拳，说是要强健身体。因为个子矮小，小学毕业后，多杰就没有去过长江源民族学校，他害怕老师笑话他没有长高。他的脖子上戴着一个"狼牙"饰物，他觉得自己戴着它就会变得像狼一样勇敢。

1. 雪獒、藏狗与京巴犬

因为父母的严格要求，多杰的大部分时间都用在学习上。因此，自从搬到牧区后，他就再也没有回过牧区。7 岁那年，他跟随父母去了一趟四川德格，也只是路过牧区未作停留。然而，多杰知道许多牧区的有趣故事。2013 年 7 月，我到多杰家探访时，多杰刚小学毕业，他的朋友桑吉在他家玩耍。桑吉家养了一条藏狗，当年冬天就要产仔。桑吉一再邀请我冬天回村子，他说如果我回村子，那时他一定送一条藏狗给我养。由桑吉家的藏狗，他们两人讲到了藏獒，然后激动地讲述了“雪獒”的故事：

> 远古的时候，在珠穆朗玛峰的最高峰上，有一只浑身雪白的雪獒，它常年住在那里，专门保护着珠穆朗玛峰。有一天，有一只狮子去爬珠穆朗玛峰，它想霸占那个地方，刚爬到山顶，就被雪獒一脚踢飞了。
>
> 听说雪獒的大小与大鹏一样大，雪獒与大鹏是很好的朋友。另外，雪獒喜欢斑头雁。所以，它只允许斑头雁飞过珠穆朗玛峰。雪獒住在珠穆朗玛峰的一个山洞里，它的食物来源是雪。一旦它发现有什么东西入侵珠穆朗玛峰，它就会把它们赶走。
>
> 你知道为什么人爬不上珠穆朗玛峰吗？因为雪獒有一个神力，它能让珠穆朗玛峰山头的氧气全部断绝。现在，主宰地球的是人类吧？珠穆朗玛峰上只有一只雪獒，它势力太单薄了，它打不过这么多人吧？所以，它只有断绝氧气，让人类不能侵占珠穆朗玛（峰）。因为人的鞋子呀、鞋底啊，都有污气呗，一旦这些污气沾染了珠穆朗玛峰，这个世界就不平安了。①

雪獒的故事是桑吉与多杰从自己奶奶那里听来的。这个故事表面上看起来是对雪獒神力的赞颂，实际上表达了藏族人对珠穆朗玛峰的敬畏，以及藏族人对自然万物关系的理解。多杰在讲述中所提的问题：“你知道为什么人爬不上珠穆朗玛峰吗？”不论是对我这个外族人的提问还是他的自我追问，都令人深思。什么是“污气”呢？“污气”应该指的是人类的狂妄与自大。在讲雪獒的时候，多杰与桑吉的语气

① 根据多杰与桑吉的口述录音整理成文，2013年7月8日，格尔木昆仑民族文化村。

里充满了对雪獒神力的赞叹。或许他们还并没有完全理解奶奶所讲的“污气”究竟意味着什么，但听着这样的故事长大，必然会使他们对大自然充满敬畏。然而，这些对大自然充满敬畏的人群，却因为三江源脆弱的生活环境遭到破坏而不得不远离故乡，搬迁至格尔木生活。这也是值得反思的一个问题。

在讲完雪獒后，多杰又快言快语地讲了藏獒的来历：

> 有一天，从天上掉下来一颗发光的石头，在珠穆朗玛峰上爆开了，蹦出来许多小小的雪獒。这些小雪獒很调皮，雪獒就把它们当作自己的孩子。后来，这些小雪獒下山了，它们就是我们在牧区看到的雪獒。藏獒就是雪獒和藏区的猎狗生的孩子。[①]

刚搬到格尔木的时候，村里几乎每家每户都有好几条藏狗，有些人家还养了藏獒。它们都是从牧区随主人一起搬过来的。多杰家以前有三条藏狗，其中一条在搬迁途中从车子上跳下去跑走了，另外两条藏狗跟着他们到了格尔木生活。2012 年冬天，格尔木特别冷，多杰家一条藏狗被冻死了；另外一条藏狗也已经老得走不动路，整天躺在院子的角落里。2014 年，顿珠从铁路上带回一只京巴犬，多杰给它取名“星星”。“星星”生下两只小狗后被送回铁路上一个汉族朋友家，多杰留了一只小狗自己养，另外一只放在桑吉家。多杰留下的那只小狗叫“嘟嘟”。当听到多杰叫“嘟嘟”的时候，我有些惊讶，我原以为只有内地小孩才会给自己的小狗取那样的名字。我问多杰：“家里的藏狗叫什么名字?”多杰说：“它叫扎西。”桑吉也说他家原来的藏狗用的是藏语名字。多杰为他家的小狗命名为“嘟嘟”与“星星”，可能与京巴犬个头矮小、看起来可爱有关，然而，这两个名字比起“扎

① 根据多杰与桑吉的口述录音整理成文，2013 年 7 月 8 日，格尔木昆仑民族文化村。

西”来，的确有明显的城市化、内地化痕迹（见图 5-4 与图 5-5）。

图 5-4　与藏狗嬉戏的孩子

图 5-5　村民围观长江源村的马

2. 在格尔木民族中学学会甩赶羊鞭

与我们聊天的时候，多杰常提到叔叔家的小马驹。多杰期待着有一天能去牧区把他的马驹带到格尔木。虽然多杰没有再回过牧区，但提到牧区时，他总是一副无所不晓的样子。多杰谈道：

以前，牧区的男人都佩戴着刀，刀是用来宰牛羊的，或者用来砍狼的。据说以前还有枪，不过，现在都没有了。他们现在牧羊都是用鞭子，那个甩出去威力很大的。[①]

讲到羊鞭，多杰还眉飞色舞地表演了一番。不过，他甩羊鞭的动作并不是在牧区学会的，而是偶然在学校学会的。初中一年级时，格尔木市民族中学搞民族文化表演活动，老师让学生把自己民族有特色的东西带到学校，多杰的一个朋友尼玛带着赶羊鞭到了学校。尼玛也是昆仑民族文化村的。因为这个机会，他才跟着尼玛学会了如何甩动赶羊鞭。“赶羊鞭”作为民间文化进入校园，从民间文化校园传承的角度而言，自然具有积极的意义。然而，多杰作为原牧民的子女，不在牧区而是在现代学校场域中获得挥舞赶羊鞭技能的事实，不免让人感叹唏嘘。多杰的朋友尼玛为什么会用赶羊鞭呢？因为尼玛时常回牧区，在牧区亲戚家玩耍、帮忙放牧，自然而然就学会使用赶羊鞭了。

假如多杰还在三江源牧区生活，那么要使用赶羊鞭自然是轻而易举之事。现在，他生活在远离牧区的城市里，父母已由牧民变成“转产牧民”，他的身份也由牧民子女变成三江源生态移民子女，没有人会苛求他去学会使用赶羊鞭，他的父母不会，他的老师也不会，因为是否会用赶羊鞭已不再是关系营生的技能。不过，对于多杰而言，他的想法很单纯，能使用赶羊鞭总是一件值得炫耀的事情。

3. 一篇习作：《假如回到牧区》

或许惦记小马驹，也或许因为赶羊鞭的事情触动，多杰无奈地说：“我现在特别想回牧区。但是我爸爸不让我回去。”牧区的生活到底怎样呢？多杰听说我曾去过曲麻河乡和曲麻莱县城的牧区，他关切地问道：“牧区里有没有电视啊？”我还没有来得及回答，他马上自言

① 多杰访谈资料，2015年8月20日，格尔木昆仑民族文化村。

自语地说："牧区的电视应该是小小的那种，我们家里原来有一台。"多杰关心电视，也关心电视能否收到湖南卫视的《快乐大本营》和其他娱乐节目。夜晚，他经常躺在客厅沙发上陪母亲卓玛看电视，卓玛喜欢看安多卫视，热播的电视剧都有安多藏语配音。

多杰已经适应了在家有电视看的生活。"牧区里有没有电视"的提问，一方面说明他对牧区生活的真实状况并不了解；另一方面也说明他已经适应了现代城市生活。我三次前往牧区，停留的时间加起来有 18 天。我在曲麻河乡停留住宿时，遇见全乡停电，其实，停电是曲麻河乡上的常态。后来在曲麻莱县城，也基本上都是停电。晚上只能点蜡烛，早早睡觉。偶尔来电，也是用发电机发的电，微弱得如同萤火，夜里不能看书写字，至于宾馆里的电视机，没有电，也就只是个摆设罢了。因此，对于多杰的提问，我未置可否，只是告诉他："你应该亲自回去看看。"

在 2015 年 8 月底调研结束前，我对多杰说："既然你这样想回牧区，要不你先把你的想法写下来吧。"在回程之前，再去多杰家，他果真写了一篇题为"假如回到牧区"的作文，并兴奋地念给我听。这篇习作原文如下：

假如回到牧区

我想回到牧区，我想去看牧区草场的风景；我想去看我们藏族人祖祖辈辈生活的地方；我想去了解牧区人的生活方式；我想去了解牧区的动物。

假如我能回到牧区，我要骑着马在草原上奔驰；假如我能回到牧区，我要和雄鹰一起到草原深处冒险；假如我能回到牧区，我要把所有的牛羊都放生。

夏天的牧区最美。牧区上各种花竞相开放，五彩缤纷，争彩夺艳，草原成了花的海洋。这时候，我爸总喜欢骑着马走在花儿

> 多的地方唱山歌、闻花香。现在回想起来，我爸也能不由自主的（地）笑起来。
>
> 冬天的牧区，天很冷。据我爸放牧的经历，那时的花早已枯萎，草也早已黄了。天还经常下雪、吹风，有时还有暴风雪，爸爸的脚指（趾）经常被冻裂……①

多杰打开作文的时候，有些害羞地说："这篇作文的前两段是我自己写的。后来，我实在不知道该怎么写了。最后两段是我根据我爸爸讲的记下来的，并不是我写的。"因此，多杰的这篇习作可以分成两部分来读，即多杰所写的第一部分与父亲顿珠口述的第二部分。

第一部分的第一段由"我想回到牧区"开始，讲了回到牧区后，"我"想做的四件事情。这四件事的引语都是"我想"，整个第一段共有五个"我想"。多杰用这种排比句式淋漓尽致地表达了自己希望回到牧区的急切心情。第二段由"假如我能回到牧区"开头，多杰又用了三个排比句式，描述了回到牧区后，他希望能骑着马在草原奔驰、与雄鹰在草原探险、放生所有牛羊的愿望。这三个愿望，前两个显得无比浪漫，后一个则自然地流露出他的悲悯心。在写完这两段后，多杰不知道接着该写什么。多杰难以写下去的原因何在呢？从他能洋洋洒洒写满两页纸来讲述真实的父亲顿珠来看，多杰并不是一个笔拙的孩子。实际上，他的困难在于当他下笔写作《假如回到牧区》时，他才感到自己对于牧区生活的了解竟是如此苍白。最后，他求助于自己的父亲。父亲顿珠念过书，在牧区生活了几十年，他自然对牧区的状况了如指掌。于是，这篇习作的第二部分，即第三、四自然段虽是多杰的文字记录，但基本上出自父亲顿珠的原话。第二部分描写了两个

① 多杰的作文《假如回到牧区》。括号内的内容为笔者所加，更正了多杰书写中的错别字。

牧区，即一切美好怡人的夏季牧区与天寒地冻、美好不再的冬季牧区。父亲顿珠对牧区生活的回忆就在温情脉脉的夏季与凌厉风雪的冬季里，既浪漫美好又残酷真实。至于多杰的牧区，无论是他的言谈，还是他的文字，描述的都只是夏季牧区，是童话故事里只有一个季节的牧区。

简单来讲，《假如回到牧区》一文的真正叙事者有两位，一位是第二代生态移民子女多杰；另一位是多杰的父亲，即第一代生态移民顿珠。其文字叙述风格亦有两种，一种是浪漫的笔法，这与第二代生态移民子女多杰对牧区的主观想象有关；另一种是朴素的叙事，这与第一代生态移民顿珠在牧区生活的真实经历有关。这篇作文中，两代生态移民对“牧区”的不同叙事构成了一种隐秘的张力，使得前两段文字与后两段文字有一种不易察觉的裂痕。文字叙事的裂痕或许可以通过语序的调整与文字的修改得以弥合，然而，三江源生态移民及其子女对祖辈生活过的牧区的认识存在的差异与罅隙，该如何才能弥合呢？或许多杰真应该找个时间回一次牧区。

三　德吉：立志成为一名舞蹈老师

以前在牧区，每天早上，德吉都会带着小她一岁的妹妹出门捡牛粪。牧区早上很冷，她说她的身体冻得快要不行了。说到“冻”字的时候，德吉打了个哆嗦。搬迁到格尔木后，德吉得以有机会到长江源民族学校读书。上小学一年级那年，德吉 10 岁，她并不是班上年龄最大的孩子，她们班上还有几位“超龄小学生”。与多杰一样，搬到格尔木后，德吉就再也没有回过牧区。德吉家只有她父亲平措隔一两年回牧区一次，主要是从亲戚家购买牛羊肉。父亲将她们留在格尔木的原因，主要是为了让她们多些时间学习。除了没有回过牧区外，德吉说她自从上学后就很少有时间去寺庙，家里只有爸爸妈妈有时间去

寺庙。可以说，与多杰一样，学习也是德吉与她的弟弟妹妹们生活中的第一要务。

（一）接受中等职业教育

从长江源民族学校毕业后，德吉没有升入格尔木市民族中学读初中，而是选择了到海南州职业技术学校学习藏族舞蹈。这所学校是一所公办的、综合性的中等职业技术学校，学制三年。前两年，学生在校内学习，第三年到单位实习。德吉已在学校读了两年，2016 年 6 月就能毕业。在 2015 年 7 月学校放暑假后，德吉就一直待在家里照顾弟妹，实习单位的事情，直到 2015 年国庆期间她还没有张罗。德吉迟迟不去找实习单位的原因有两个：一是父亲平措带着生病的妹妹到外地看病了，她要在家肩负起长女的责任，看管弟弟妹妹的学习；二是她还没有做好就业的准备。在她内心深处，她希望能再读个高职专科，毕业后在藏区做个藏族舞蹈老师。

德吉选择中等职业教育的道路，与一个大背景有关。2007 年，青海省政府为了保证三江源生态移民工程的顺利进展，通过组织扩建西宁市世纪职业技术学校的方法，兴办了“青海省三江源职业技术学校”。这所学校每年招收 300 名牧民子女接受中等职业教育。为吸引三江源生态移民子女前来就读，青海省财政承诺每年补贴每名学生 1500 元学费，学校亦保证为学生提供免费书本与住宿等优惠。[①] 中等职业教育的优势在于，毕业之时学生能获得相关的中级工职业资格证书，有利于将来的就业。对于部分不准备升入高中、参加高考的学生而言，进入中等职业教育的确是一个不错的选择。前面提到的卓嘎，

① 《青海省三江源生态移民区牧民子女接受中等职业教育工作进展顺利》，中华人民共和国教育部网站（http：//www.moe.gov.cn/publicfiles/business/htmlfiles/moe/moe_1761/201004/85841.html）。

在初中毕业后，就选择了到职业技术学校学习。

对于德吉而言，她并不满足于只读到中专。她与村里部分在校的第二代生态移民子女一样，希望能够读到大专，因为村里目前唯一的大学生才青也只是考上了黑龙江省鹤岗市的一所专科学校。至于读到本科，村里少有孩子敢说出口。说到才青，他家只有他母亲、他弟弟和他三人。因为外公生病去世，家里债台高筑；他母亲身体不好，看病又借了村里亲戚朋友许多钱；为了能让他读书，他母亲把政府给他们修的安置房卖了，然后，一家人在博物馆附近的一个小房子里住了下来。尽管生活窘迫，才青仍然要坚持读书，因为能读到大学，这是曾在牧区生活的孩子几乎不敢设想的事情。才青上大学的事，村里也是人人皆知。对于有孩子上学的家庭，才青更是被当作榜样来激励孩子。当然，也有家长觉得才青的成绩不够好，比如罗布老师，他担忧整个村里孩子的学习情况，如果其他孩子将来考得能比才青好那才是最理想的。同时，家长们考虑得更长远，光考上大学还不够，还要看大学毕业后能否找到好工作。

德吉在中专学习的是藏族舞蹈表演。如果中专毕业，她想找个稳定的教师工作的话，的确比较困难，因为村里有学生读完幼儿师范专业回来，一直没有找到工作。得知我在高等院校工作，德吉曾向我打听专业开设的问题，德吉希望能继续学习藏族舞蹈专业，因此我建议她考虑青海与西藏的高校。德吉想要读大专的愿望很强烈，她说她会重新拿起课本学习功课。

提到藏族舞蹈，村里以前曾组织过“民族歌舞培训”。村管委会还从培训班精选了些青年男女组成表演队，带着他们到西宁与格尔木演出。在第三章中曾谈到过此事。后来，因为表演队成员为生计所迫，各奔前程，表演队自动解散。当遇到曲麻莱县或是玉树州要求参加的民族歌舞表演比赛，村里会临时组织人员培训。2015 年 7 月开

始，管委会大楼门前空地上每晚都有人在那里组织跳锅庄。组织村民跳锅庄最初是为了参加比赛，后来成为村里男女老少夜晚休闲娱乐的去处，在那里领舞的是村里的一名小伙子。虽然德吉学习的是藏族舞蹈表演专业，但她因为家中杂务事情较多，并没有每日到场。

实际上，村里夏夜的跳锅庄就是一个生活化的课堂。如果德吉有心力，她可以把这里当成自己舞蹈教师的第一个讲台，不仅能锻炼自己的胆量与表达能力，还能增加村民舞蹈节目的内容，丰富大家的生活。不过，德吉暂时还没有考虑到这一步，她还处在为个人理想做准备的起步阶段。

（二）隔着距离的“家乡”

德吉有一个弟弟与三个妹妹，他们五姊妹都是在曲麻莱县勒池草原上出生的。2007 年年初举家搬迁之时，最小的妹妹曲珍还不到两岁。到 2015 年 9 月开学，老四开吉已升入六年级了，德吉不时会给妹妹们讲以前在牧区的生活。妹妹曲珍对牧区充满了各种想象，她很想去看看已经完全没有印象的牧区。家里几个弟妹中，只有曲珍多次央求父亲平措带她回牧区。平措原本承诺 2015 年夏天带曲珍回勒池，后来因为暑假要带二女儿到广州看病，就把这件事情耽误了。德吉的其他弟妹对是否回牧区，则没有曲珍那般在意，尤其是排行老四的开吉。妹妹开吉说她不想回牧区，问及原因，她笑了笑，什么也没说。

在看了多杰所写的《假如回到牧区》作文后，我觉得第二代生态移民子女的文字表述其实是值得细加分析的文本。书写下来的文字，经过了较为缜密的思考，在掩藏内心想法的同时，也会自然地流露出对某些事情的看法与情感。于是，我征求德吉的意见，问她可否写一篇关于“家乡”的作文，德吉欣然答应。她的妹妹曲珍也说要写一篇给我看。在我离开村子后，她俩写好了我出的“命题”作文。德吉用手机将手写的作文拍了下来，然后用QQ传了过来。姐妹俩所写的作文，相似的地方很多。后来得知，妹妹曲珍是在看了姐姐德吉的作文后动笔写的，所以受了姐姐的影响。以下是德吉的作文《我的家乡》：

我的家乡

“我的家乡在青海省曲麻莱县勒池大草原”。每当耳边回想起这段熟悉的旋律，我就不禁骄傲，因为我是一位藏族康巴女孩。当然，我们生活在大草原的怀抱中。而我，就要来赞美它。抬头看，蓝蓝的天空，一朵朵白云，清新的空气，绿油油的草，羊儿牛儿在草原上悠闲地吃着新鲜的嫩草，一只只洁白的羊儿仿佛粒粒珍珠串在一起，点缀着美丽的草原。

我们住在洁白的帐篷里，这里的人美丽、善良、天真、可爱。等到你来做客的时候，他们会给远方的朋友献上洁白的哈达，热烈欢迎你。等你坐下来，他们给你倒上酥油茶，请你吃羊肉、糌巴（粑）、酸奶、干肉。接着，他们会一起唱歌跳舞。小伙子们那一张张满足的笑脸，婀娜多姿的姑娘们那一张张害羞的脸，都会让你心旷神怡，忘记所有烦恼，不禁会为他们的纯朴所打动。

站在草原中，你会听到一阵阵风声，你会感受到它是那样的温柔。坐在草原上，感受着名（民）族风情，感受着这里的和谐，看着那一张张纯洁的笑脸，品尝着酥油奶茶，难道这不是一种享受吗？

这些美丽的印象，深深地烙在我的心中。美丽的草原，我的家。①

① 德吉的作文《我的家乡》。括号内的内容为笔者对德吉文中错别字的更正。

什么地方才是家乡呢？按《现代汉语辞海》的解释，家乡就是自己家庭世代居住的地方。[①] 那么，德吉已经跟随父母搬迁到了格尔木，她笔下的家乡会在何处呢？这是我征求德吉意见央请她写作《我的家乡》时，特意想了解的问题。

德吉的作文共四段。在第一段中，德吉开篇就道明了家乡所在地是“曲麻莱县勒池大草原”。昆仑民族文化村这个她生活了 9 年，以及将来还会生活于此的地方，并不是她的家乡。妹妹曲珍生活在格尔木的时间几倍于勒池大草原，在她笔下，她的家乡也是勒池大草原。在讲了家乡所在地之后，德吉谈到了她是藏族康巴女孩，并为这个身份感到自豪。生活中，德吉的 QQ 昵称就是“康巴女孩”。“藏族康巴女孩”既点明了她的民族身份，又界定了自己所属的地域。接着，德吉描绘了家乡草原遍地牛羊的情景。我到过曲麻莱县城附近的草原，觉得她用“珍珠”来比喻草原上的牛羊，十分贴切。

第一段，德吉用第一人称“我”来叙述，显得她与家乡草原很近，似乎她正在草原之上。然而，第二段开始，叙述主语发生了变化，第一句变成复数的“我们”；第二句起，因为“你”的到来，“我们”旋即变成了“他们”。从“我”到“我们”，德吉从个体的经验讲述变成了普遍经验的叙事；从“我们”到“他们”的叙述转换，则将“我们”与“他们”作了区分，“我们”原来住在帐篷里，但现在“我们”不在那里了。“他们”其实既可能指现在仍在勒池草原生活的牧民，也可能指原来在那里、还未搬迁的“我们”。“我们”与“他们”的转换，正暗示着德吉对自我身份认同的矛盾与纠葛。那么，这种叙述转换是如何发生的呢？这应与德吉写作之时身处格尔木，与勒池草原隔着较长远的距离有关，9 年来，德吉缺席了勒池草原的生活，所

① 参见《现代汉语辞海》，中国书籍出版社 2003 年版，第 492 页。

以是“他们”在场，“我”此刻并不在现场。接下来，德吉对勒池草原的饮食习俗、民族文化作了“导游词式”的介绍。

第三段，德吉仍延续了第二段的叙述，为潜在的阅读对象与客人“你”做介绍。她用排比句列出了草原的风、饮食与纯朴的人们，最后用反问句肯定了草原生活是一种享受。文中，她用了“民族风情”对草原风土人情作了诗化的表达。然而，“风情”这个词容易唤起人们的猎奇心态，因此常被用来描写“异域”的民俗，充满了对“他者”的主观想象。德吉用“风情”一词，可能受到最初管委会试图打造“三江源民族风情园”项目的影响，而且她家刚好是这个项目的子项目“藏族牧家乐”的实验户。第四段，德吉又回到第一人称叙述。她用一个“烙”字，深情地表达了她对家乡草原的热爱。

与姐姐德吉不同在于，妹妹曲珍在《我的家乡》开篇就坦言：“我的家乡在曲麻莱县勒池村，但我离开家乡时，我才一岁多，我不太记住家乡是怎么样。”因为对家乡记忆全无，曲珍后面所写的全是听爸爸、妈妈与姐姐讲的。所以，她的内容与姐姐所写大同小异。最后一段，曲珍写道：“我爱我的家乡。”[①] 曲珍的状况与多杰写《假如回到牧区》相似，两人对家乡草原、牧区都很陌生，所有的材料都是家人的转述，缺少个人的真切体验。造成这种现状的原因有两个：一是他们忘却了幼年时在草原的生活细节；二是后来忙于学习再也没有回过牧区。尽管如此，这个亲切又陌生的“家乡”——牧区，仍然是他们心灵温暖美好的去处，这种与生俱来的亲切感从父辈那里遗传而来。罗布老师的孙儿旦增 2012 年在格尔木出生。虽然旦增才 3 岁多，他已跟随父亲久美回过牧区两次。旦增喜欢草原的牛羊，喜欢和小马驹玩耍。部分昆仑民族文化村的第二代、第三代生态移民正是通过不

---

① 摘自曲珍的作文《我的家乡》。

时地返回牧区，知道父辈们曾生活过的地方在哪里，也了解了为何如今他们要生活在格尔木。

总体而言，昆仑民族文化村的生态移民子女中，当初的大龄孩子所走的就学与转产道路较为曲折。造成曲折现状的原因在于，搬迁之初他们处在尴尬的少年时代，如果马上转产，对他们而言太早；如果去读书，似乎又过了最佳年龄。因此，他们所走的道路比父辈更具有实践性与不稳定性。在这些年的跌跌撞撞中，他们经历了成功与失败，最终都步入了社会的洪流之中。他们在微信朋友圈里分享的生活点滴，既有对草原的回忆，又有现代城市生活的光怪陆离。与村里的大龄孩子相比，索南、多杰、德吉和曲珍这些在校学生算是幸运的了，转产就业对他们还太遥远，读书是他们目前生活中的唯一要务，考取好成绩是家人对他们的殷切期待。他们只需要专注于学习就可以了。然而，他们仍惦念着那个熟悉而陌生的牧区。父辈为了他们，从那里走了出来，他们却渴望能再回去看看。他们的字里行间所体现出的矛盾与纠葛，正是迁出地与迁入地对他们的记忆、生活方式的切割。这种“切割”尚未剪断他们与“家乡”的联系，或许这是为何德吉强调自己是“藏族康巴女孩”的原因所在。

结　　论

就在提笔写结论前，笔者收到昆仑民族文化村两位朋友的邀请。第一个邀请是原曲麻河乡多秀大队的丹珠老人发出的。丹珠的二女儿白玛措转告笔者：“他已经越来越老了，他很想你们，希望你们有时间能回来看看他。”第二个邀请来自原曲麻河乡措池大队的索南。索南说他今年暑假要回措池参加生态保护方面的论坛，他希望笔者能抽时间和他一起去看看他的家乡措池。回头一看，从 2006 年 8 月第一批三江源生态移民入住格尔木昆仑民族文化村算起，今年正好 10 年。10 年之间，精神抖擞的丹珠大叔已经慢慢变老，当年那些害羞的小男孩、小女孩也已经成年。10 年，对于昆仑民族文化村的生态移民而言，还意味着是时候做一个决断：要么留在格尔木，要么返回牧区。

实际上，早在好几年前，就有不少生态移民因为无法适应迁入地的生活而搬回牧区。现在仍留在迁入地的大多数生态移民，基本上都已用行动表明他们决定留在格尔木了。除了留下来或者搬回去这两种状态，还存在与索南类似的第三种状态，即尽管留在迁入地格尔木就学，但仍然常常返回迁出地牧区。在这往返之间移动的究竟有些什么呢？除了生态移民身体的物理移动外，这种移动是否正意味着身份的摇摆与游移呢？从身份的角度而言，假如迁出地牧区那端代表着祖辈游牧生活所赋予的牧民身份，那么迁入地格尔木这端则代表着生计转变过程中牧民身份的N种可能。生态移民作为中间状态的身份，牵扯着过去，勾连着现在，也影响着未来。与身份转换相伴的，自然还有藏族游牧文化衣食住行方面的变迁与承继、宗教生活的展开与实践。

2015年，索南开始以“措池/行摄人”的身份拍摄“生态移民”系列照片，他计划在高中毕业之际将照片结成集子，让大家了解他这个局内人眼里的昆仑民族文化村与家乡措池。在索南还未做出这个决定的2011年，加拿大独立纪录片导演 Michal Buckley 拍摄了一部题名 *From Nomad to Nobody* 的片子。导演将他在藏族牧区与移民定居点拍摄的日常生活照片、采访录像剪辑成了55分钟的短片版与11分钟的缩减版，试图用影音的方式呈现生态移民搬迁前后的日常生活情状。部分中文网站将这部影片翻译成“从牧民到游民”或是“牧民变游民”，他们选用“游民”对应“Nobody”一词，试图强调在自然环境与人文环境改变后，牧民身份的不确定性与游移性。导演强调：在以往自给自足的生计方式被打破后，生态移民原本简单的衣食住行都面临着或大或小的挑战与改变。就游牧文化的意义，导演认为，如果没有游牧文化，原本已经受到全球气候影响而被破坏的草地很可能进一步恶化，甚至成为一片荒漠。在影片最后，导演提出问题：除了生态移民外，什么才是最好的保护生态环境的举措呢？导演以纪录片的方式对生态移民政策提出了质疑。①

索南正在进行中的移民村照片拍摄与 Michal Buckley 的纪录片都涉及一个核心问题，即生态移民工程实践对于生态移民的主体——那些原来祖辈生活在牧区的牧民的影响究竟如何？他们在迁入地的生活究竟是怎样的情状？本书即以青海三江源生态移民的文化

① Michal Buckley，*From Nomad to Nobody*，Canada，2011. 影片资料可参见 http：//www.wildyakfilms.com/。

变迁与身份认同为研究视域。在诸多的生态移民村中，本书选取了跨州县搬迁的“生态移民飞地”——格尔木昆仑民族文化村为个案，试图探讨：在自然环境与文化环境改变后，原藏族牧民在迁入地的日常生活情状如何反映了其传统文化的变与不变；在变与不变的日常生活背后，原有的文化习俗、身份问题又是如何左右着他们的就业选择及对未来的憧憬。这即意味着，三江源生态移民的文化变迁与身份认同绝非两个断然独立的问题，而是你中有我、我中有你，需要结合起来讨论。

本书的结论涉及两个部分：一是研究总结；二是延伸思考。

一　研究总结

本书从三个层面讨论了昆仑民族文化村生态移民及其文化变迁与身份认同问题，即为何生态移民、生态移民“移”了什么，以及生态移民的影响等问题。

（一）何为三江源生态移民

在本书的绪论部分，笔者对“生态移民”的概念作过辨析。“生态移民”有两层含义：其一是为保护生态而迁移相关人群，指行动；其二是因为保护生态而被迁移的人群，指结果。因此，“生态移民”既指在新形势下中国政府制定的一项环境政策，同时又指落实这一环境政策过程中牵涉的迁移人群。从国家的层面来讲，生态移民是配合恢复与保全生态环境的国家决策与国家行为。对与此相关的生态移民个体而言，这一国家政策给他们带来的则可能是与以往截然不同的生存方式与生活体验。

为何是青海三江源生态移民呢？选择三江源作为论述的中心，主要在于三江源地区生态环境具有重要的战略地位。众所周知，青海三江源区位于青藏高原腹地，是长江、黄河与澜沧江的源头汇水区，三条江河每年向下游供水600亿立方米，被称为“中华水塔”甚至“亚洲水塔”。在此区域生活的基本上是藏族牧民。移民搬迁，对他们而言，最基本的问题就是迁入地如何最大限度地满足其日常生活与宗教生活需求。假如这些需求不能得到解决，那么生态移民的生活就需要不断地做出调适。随着生态移民定居时间的推移，其生计方式与生活方式就会显示出调整、改变、适应与融合的痕迹，这其中就有我们要关注的文化变迁与身份认同等问题。

针对以往的三江源生态移民研究，徐君指出，有关三江源生态移民安置方式、后续产业生存、民族文化保护、移民心理适应等问题涉及较少。她强调在具体的研究中，必须考虑到移民群体的社会性、文化性、主体性，应将民族社群社会变迁和生态建设工程的可操作性综合起来。[①] 实际上，后来的研究者对后续产业生存方面的关注有所提升，但对移民群体的民族文化传承与保护、移民的生活适应与文化变迁的关注并没有同步跟进。

就三江源移民飞地的情况，杜发春先生在田野考察基础上指出，其中存在文化变迁冲突、产业转型冲突、移民管理冲突、移民返迁冲突和草场管理冲突。[②] 其中，文化变迁冲突究竟会对移民飞地生产生活的展开、社会的稳定、文化的继承产生怎样的影响，这个问题亦未引起学界的重视。与文化变迁相伴的，还有飞地移民对自我身份的认同，是牧民、生态移民，还是城市居民的身份选择，将影响着整个移民群体及其后代的社会生活与文化生活的取向。

---

① 参见徐君《三江源生态移民研究价值取向》，《西藏研究》2008年第3期。

② 参见杜发春《三江源生态移民研究》，中国社会科学出版社2014年版，第67—82页。

（二）生态移民“移”了什么

昆仑民族文化村10年，衣食住行各方面都发生了可觉察与不可觉察的变化。本书从三个层面考察论述了昆仑民族文化村村民10年间的生产与生活。第一个层面是“饮食”与“转产就业”，其关系着生态移民最基本的生存与生计；第二个层面是“日常宗教生活”，对生态移民的精神生活追求做了呈现；第三个层面是生态移民子女问题，这与移民村当下及未来发展走向息息相关。

生态移民子女索南以局内人的视角，在诗歌《生态移民到底移了什么》中谈到，移民改变了他们的居住空间、生活方式乃至对于幸福的感受方式。本书则从前述三个层面展开，考察和讨论了以下几个内容：

1. 居住环境的改变

在第一章中，本书对比了迁入地与迁出地的生境。昆仑民族文化村远离牧区，也不在格尔木市中心，而是位于城市的郊区。村子选址于拥有厚厚盐壳的荒滩上，其自然环境和自然景观与牧区全然不同，给生态移民的安居生活带来不小的触动。后来，社区公共绿化与庭院绿化的养护、宗教生活场所的建设，成为稳定移民文化心理的重要景观。

2. 日常饮食习惯的变与不变

搬迁到格尔木后，因自然环境与生活环境的改变，家庭原有的自给自足的供应链被切断，以前轻而易举就能获得的奶源与牛羊肉竟然变成了奢侈品，藏族牧区传统的饮食结构在迁入地遭遇了或多或少的变化。其中最大的变化就是肉类、奶茶与糌粑食用的减少及蔬菜与米、面食用的增多。此外，工业化食品的便利获取，还影响着生态移民子女的饮食选择。在第二章中，本书对此做了考察与分析。

3. 生计方式的改变

迁入地的环境不能满足畜牧业养殖的条件，因而牧民原本的畜牧业生计方式被迫中断。在新的生产技能未获取前，他们曾经束手束脚，甚至感到自卑。后续产业发展成为牧民移民后生活的希望与依靠。不过，从原牧民变成生态移民后，选择怎样的生计方式，除了获得不同的谋生技能之外，还意味着转产接受新的身份。本书第三章选取的两个个案就是最好的说明。其一是蔬菜暖棚。在昆仑民族文化村兴起的大规模蔬菜暖棚种植起起落落后，院落蔬菜棚亦遭遇了同样的命运，转产成为菜农的尝试宣告失败。其二是嘛呢石刻。嘛呢石刻工艺从工厂到个人作坊的发展路径，则说明民族文化工艺的顽强生命力，同时也暴露了其管理方面存在的种种弊端。其他外出务工的转产牧民，因饮食文化上的差异，大都转产失败。一再处于“转产”阶段就意味着身份的不确定与游移。

4. 日常宗教生活的变与不变

公共宗教场所的有无，可以说是藏族牧民定居生活的定心丸。经幡群、转经房、煨桑台的修建满足了昆仑民族文化村村民的基本宗教生活需求。“名不副实”的博物馆与藏医院，亦是村民日常宗教生活的重要宗教场所。在家庭内部生活空间，佛堂的设立、宗教生活用品的使用状况、宗教生活事件的多寡，说明搬迁定居后家庭宗教生活虽然受到部分影响，但总体而言仍能保证其正常展开。在第四章中，对此有详尽的叙述。

5. 教育问题

在调研中，我们发现大部分牧民当初同意搬迁主要是为了方便孩子上学。因为迁出地的自然地理与校舍选址等问题，部分孩子在牧区从未上过学校。搬迁后，孩子上学问题变得容易。因此，第二代生态移民子女的教育选择与出路，不仅关系着个人的生存境遇，还背负着第一代生态移民的殷切期望。

在第二代生态移民子女中，有一部分“大龄孩子”，其教育成为昆仑民族文化村义务教育的难题。大龄孩子当初的愿望与现实之间的差距说明，教育并未最终解决他们的问题。其后来的转产选择，不仅关涉整个家庭的发展走向，也对其下一代的生存有重大影响。此外，部分适龄在校学生的语言文字中，表现出的对本民族文化的自觉、对迁出地的回望与依恋、对学习能改变命运理念的坚信，与他们被迁入地与迁出地文化生活的牵扯、切割无不相关。做不回牧民了，那就要选择另外一种身份，成为另外一种人，教育是生态移民子女身份转变中的一条重要途径。

（三）生态移民工程对移民的影响

昆仑民族文化村存在已有10年，原本生活在青海省玉树藏族自治州曲麻莱县的藏族牧民已然无法退回过去，即便回去，其心路历程也自然会不同于往昔。

通过对三江源生态移民日常生活与文化生活的记录追踪，对其文化变迁与身份认同问题的探讨，本书发现，外在的自然环境与文化环境较大程度地影响着其家庭内部的日常生活选择，同时亦制约着其日常宗教生活的规模与形式。在衣食住行方面，生态移民顺应环境的变化，积极做出各种调适。表面看起来，他们似乎已经完全适应了格尔木城市郊区的生活，俨然成为“城里人”。然而，事实却是，一旦涉及还吃不吃糌粑时，这个问题就会变得严肃，因为这关系着他们的族群认同与边界划分。此外，为生计所迫，生态移民不得不考虑新的生计方式。尽管生存迫在眉睫，在选择或放弃什么职业谋生时，生态移民却内在地受到藏族游牧文化的深层影响。

三江源生态移民工程究竟会对生态移民带来怎样的影响？目前对

格尔木昆仑民族文化村10年生活的考察、记录与分析，尽管涉及其生活的诸多方面，论述的人群也包括了第一代生态移民与第二代生态移民，看起来似乎能得出一个较为确切的结论。然而，事实并非如此，因为相对于个人的生命周期而言，10年还太过短暂；对于一个数辈生活在牧区的移民家庭而言，10年的生活史虽然经历了波折与期望，但仍不能为未来指出一条明确的奋斗道路；相对一个藏族社区而言，10年间，游牧文化在城市郊区遭际了文化上的碰撞、冲突与融合，其传统文化最终会在多大程度上得以保留、传承，又会对新的外来文化做出多大程度的接受与吸纳，显然还需要更多时日的考察。这就意味着，要贸然在此时得出三江源生态移民究竟给移民最终带来了怎样的影响，并不准确而公允。

那么，在改变不了已成现实的三江源生态移民情况下，对生态移民日常生活的记录、追踪与考察，或许就是当下最好的尊重与关怀。

二　延伸思考

在对三江源生态移民的文化变迁与身份认同问题的田野考察中，笔者遇见的人与事都不断提醒笔者思考两个问题：一是生态移民与生态修复的关系问题；二是人类发展与环境保护问题。这些思考既是本书的余论，亦将成为笔者后续研究中关注与讨论的话题。

（一）生态移民与生态修复

为修复三江源生态环境而大规模地将生活于此的牧民迁走的三江源生态移民工程，是否就能达到该地区生态修复的最终目的呢？

2015年5月，青海省政府官网上转载了一篇题为“中华水塔三江源十年保护见成效”的文章，该文对三江源生态保护和建设工程生态成效综合评估成果进行了综述。此评估成果是由中国科学院地理科学与资源研究所及三江源生态监测工作组各成员单位共同完成的。文章指出，经过9年艰苦努力，三江源地区生态系统退化趋势得到了初步遏制，具体表现在：草地和湿地面积增加，荒漠化趋势出现初步逆转；草地退化趋势得到初步遏制，草畜矛盾有所减轻；水源涵养功能提高，水资源总量增加；生态系统土壤保持服务功能提高；重点生态建设工程区生态恢复状况好于全区。① 这些结论看起来有些乐观，文章最后笔锋一转，指出实情：

> 工程实施后，草地面积有所增加，但草地增加的面积仅占工程前草地减少面积的8.9%；退化草地明显好转的面积仅占原有退化草地面积的6.17%，且仅是长势好转，群落结构尚未明显好转；退化草地退化状况不变的面积占原有退化草地面积的68.52%；与1980年代同类型健康草地覆盖度相比，仍有约35%草地需要进一步恢复；湿地面积和黄河年径流量尚未恢复到1970年代的水平。②

这就意味着，三江源地区要实现生态的整体恢复与好转，是十分艰巨的工程。与学界和官方的说法不太相同，部分曾经返回迁出地牧区的生态移民从多年的牧业经验角度指出，草场因为无人看管与鼠害泛滥，部分草场退化尤为严重。此外，牧区存在采挖金子乱开矿的问题，这也加剧了草场退化。草场的恢复进程为何不太乐观？个别生态移民从宗教信仰的角度做出解释，认为人们的这些行为让他们的土地神不高兴了。③

---

① 参见中国科学院地理科学与资源研究所《中华水塔三江源　十年保护见成效——三江源生态保护和建设工程生态成效综合评估成果综述》，《西海都市报》2015年5月22日第1版。

② 同上。

③ 罗布访谈资料，2015年8月21日，格尔木昆仑民族文化村。

若生态移民这一举措并未达成生态系统修复的预期目标，这就涉及一个早该思考的重大问题，即到底生态移民是不是唯一可行的生态修复措施。在前期学术研究中，部分学者提出“合作管理”的替代性实践方案（参考绪论“研究现状”部分）。在“合作管理”实践中，当地牧民参与其中。的确，在生态保护的尝试中，本地人应该成为有力的同盟者。因为他们能为生态保护带来大量知识、经验、道德及情感承诺；他们了解他们世代生活其间的土地和生态系统，拥有几代人利用土地的、与本地情况相适应的实践经验。当然，他们也愿意密切关注这片土地将会变成什么样子，将会有什么动物生活其间。① 因此，从尊重本地人生态经验的角度而言，合作管理可能是更为有效的生态修复实践。

此外，三江源牧区主要是藏族游牧生计。人类学者庄孔韶提醒，对藏族游牧生计和信仰整合呈现的良性人文生态系统的任何触动，都需要和那里的人民平等商量。②“平等商量”意味着对其生态知识的尊重与认同，同时也能在生态尚未修复之前，让三江源地区的牧民寻求藏族自身认可的生活模式。“平等商量”自然也是合作管理的前提。

就三江源自然保护区的生态修复工程而言，如若仅采取生态移民这一项措施，或许太过武断。倘若能采取多元化的生态修复措施，无论是对当下的生态环境，还是对将可能涉及的搬迁群体而言，都是有益的尝试。

---

① Stan Stevens（ed.），*Conservation Through Cultural Survival*：*Indigenous Peoples and Protected Areas*，Washington DC：Island Press，1997，p. 3. 参见庄孔韶《可以找到第三种生活方式吗？——关于中国四种生计类型的自然保护与文化生存》，《社会科学》2006年第7期。

② 参见庄孔韶《可以找到第三种生活方式吗？——关于中国四种生计类型的自然保护与文化生存》，《社会科学》2006年第7期。

（二）人类发展与环境保护

对被破坏的生态进行局部修复，看起来就像是治标不治本的修修补补。如果只是止步于修补，就很难真正实现生态的可持续发展，亦无法触及其中的核心问题，即人类与自然的相处之道。在当下，也就是人类发展与环境保护问题。

谈到“发展”，我们常会偏狭地以GDP的增长作为衡量的指标。那么，什么是发展呢？前世界环境与发展委员会主席格罗·H.布伦特兰谈到，发展是在环境中为改善我们的命运，我们大家应做的事情；环境，即是我们大家生活的地方，环境与发展，两者不可分割。[①]这就意味着，要想“改善我们的命运”，在环境与发展的关系上，我们必须达成共识。获得共识的前提，又与我们如何看待我们生存其中的地球密切相关。

20世纪70年代，英国科学家詹姆斯·罗弗洛克（James Lovelock）提出盖娅假说（Gaia Hypothesis），重新认识地球这个悬浮于浩渺宇宙中的物体。盖娅假说认为，地球不仅是一个简单的生命的环境，而且也是一个生物有机体，一个能够自我调节的体系，一个可以修正自身的环境以至于保证其生存的体系。[②] 如果地球是一个生命环境，那么，人类不过是地球生命体系中的一个器官或是一个小小的细胞吧。然而，人类妄自尊大的时候似乎并不少。汤因比在《人类与大地母亲》中指出，人总认为自己是宇宙的中心，认为他的自然冲动是力图使宇宙的其他部分为自己的目的服务。[③] 或正因此，人们向大自

---

① 参见世界环境与发展委员会《我们共同的未来》，王之佳、柯金良等译，吉林人民出版社1997年版，第8页。

② 参见［美］比尔·麦克基《自然的终结》，孙晓春等译，吉林人民出版社2000年版，第154页。

③ 参见［英］阿诺德·汤因比《人类与大地母亲》，徐波等译，上海人民出版社2001年版，第3页。

然无止境地索取，甚至以大自然的主宰者自居。那么，人类是否会自食其果呢？对于此，盖娅学说解释如下：

> 尽管盖娅对于某些像人类这样刚愎自用的物种可能具有免疫功能……但这并不意味着我们作为一个物种，可以逃脱我们的愚蠢行为的影响。①

的确，今天我们在环境方面出现的各种危机与灾难，正是我们为过去妄自尊大行为所付出的代价。是时候为改善我们共同的命运，一起做些正确的事情了，亡羊补牢，为时未晚！

---

① ［英］阿诺德·汤因比：《人类与大地母亲》，徐波等译，上海人民出版社2001年版，第3页。

参考文献

一 中文专著

1. 阿布力孜·玉素甫：《新疆生态移民》，中国经济出版社 2009 年版。
2. 阿拉腾：《文化的变迁：一个嘎查的故事》，民族出版社 2006 年版。
3. 包智明、任国英主编：《内蒙古生态移民研究》，中央民族大学出版社 2011 年版。
4. 丹珠昂奔等主编：《藏族大辞典》，甘肃人民出版社 2003 年版。
5. 杜发春：《三江源生态移民研究》，中国社会科学出版社 2014 年版。
6. 韩舞凤：《青海特产风味指南》，青海人民出版社 1985 年版。
7. 李炳泽：《多味的餐桌：中国少数民族饮食文化》，北京出版社 2008 年版。
8. 李迪强主编：《民族地区生态规划——三江源地区系统保护规划研究》，中国环境科学出版社 2010 年版。
9. 李培林、王晓毅编：《生态移民与发展转型：宁夏移民与扶贫研究》，社会科学文献出版社 2013 年版。

10. 李涛、江红英编：《西藏民俗》，五洲传播出版社 2002 年版。

11. 梁钦：《江源藏俗录》，华艺出版社 1993 年版。

12. 吕新河：《中式烹饪》，旅游教育出版社 2002 年版。

13. 南文渊：《藏族生态伦理》，民族出版社 2007 年版。

14. 彭兆荣：《饮食人类学》，北京大学出版社 2013 年版。

15. 彭兆荣：《旅游人类学》，民族出版社 2004 年版。

16. 彭德、杜发春主编：《西部开发及其社会经济变迁》，民族出版社 2009 年版。

17. 青海工程咨询公司：《青海三江源自然保护区生态保护和建设总体规划解读》，内部印刷，2003 年。

18. 青海省地方志编纂委员会：《青海省志·长江黄河澜沧江源志》，黄河水利出版社 2000 年版。

19. 色音主编：《生态移民的环境社会学研究》，民族出版社 2009 年版。

20. 王朝良：《吊庄式移民开发》，中国社会科学出版社 2005 年版。

21. 谢元媛：《生态移民政策与地方政府实践：以敖鲁古雅鄂温克生态移民为例》，北京大学出版社 2010 年版。

22. 新吉乐图主编：《中国环境政策报告：生态移民》，内蒙古大学出版社 2005 年版。

23. 杨江帆等编著：《入乡随俗茶先知：中国少数民族及客家茶文化》，厦门大学出版社 2008 年版。

24. 周乐华、周江涛编：《格尔木开发史》，青海人民出版社 2005 年版。

25. 庄学本：《羌戎考察记》，良友图书公司 1937 年版。

二　中文期刊论文

26. 白晓荣：《东乡族人移居城市后饮食习俗的传承与变迁》，《中国穆斯林》2005 年第 1 期。

27. 百乐·司宝才仁：《谈三江源生态移民及其文化变迁》，《青海师范大学学报》（哲学社会科学版）2006 年第 3 期。

28. 包智明：《关于生态移民的定义、分类及若干问题》，《中央民族大学学报》（哲学社会科学版）2006 年第 1 期。

29. 陈立明：《藏族饮料与饮具的历史与现状考察》，《西南民族学院学报》2002 年第 3 期。

30. 陈琼：《移民身份认同研究——对三峡库区两个案例的解读》，《妇女研究论丛》2007 年第 6 期。

31. 丹曲：《试论灵魂寄存观念在藏族史诗创作中的作用》，《中国藏学》2005 年第 2 期。

32. 邓文：《玛尼石旅游商品在三江源地区旅游开发中的前景分析》，《青海师专学报》2009 年第 4 期。

33. 丁凤琴：《西部少数民族聚居区生态移民人口迁移的文化适应——以宁夏中部干旱带地区为例》，《农业经济问题》2015 年第 6 期。

34. 付海鸿：《地理象征与国家认同：“长江”国族化的“跨边界”之旅》，《中外文化与文论》2015 年第 2 期。

35. 付海鸿：《文化绘图：文明对话与自我表述——“从江文化绘图”的人类学意义》，《世界民族》2014 年第 1 期。

36. 葛根高娃、乌云巴图：《内蒙古牧区生态移民的概念、问题与对策》，《内蒙古社会科学》2003 年第 2 期。

37. 乌力更：《试论生态移民工作中的民族问题》，《内蒙古社会科学》（汉文版）2003 年第 4 期。

38. 郭风波：《不能让三江源孩子回去放牧》，《中国教育报》2008年8月27日第001版。

39. 郭石生：《青海牧区日光暖棚蔬菜种植技术》，《中国园艺文摘》2013年第10期。

40. 韩梅：《青藏高原牧区两用暖棚蔬菜种植技术》，《北方园艺》2007年第5期。

41. 嘉雍群培：《玉树草原的煨桑祭祀和赛马》，《中国西藏》1996年第1期。

42. 解彩霞：《三江源生态移民的社会适应研究：基于格尔木市两个移民点的调查》，《青海社会科学》2009年第3期。

43. 靳薇：《青海三江源生态移民现状调查报告》，《科学社会主义》2014年第1期。

44. 拉毛卓玛：《藏族煨桑的祈愿礼俗》，《青海师范大学民族师范学院学报》2013年第1期。

45. 李明：《龙曲村移民社区的菜篮子》，《青海日报》2012年4月20日第3版。

46. 李生：《生态移民对文化变迁作用的思考——以内蒙古草原生态移民为例》，《探索》2012年第5期。

47. 李延恺：《再论藏族寺院教育》，《中国藏学》1992年第4期。

48. 林继富：《藏族白石崇拜探微》，《西藏研究》1990年第1期。

49. 刘建民：《保护中华水塔的伟大行动》，《青海日报》2014年1月13日第1版与第6版。

50. 刘晓平：《三江源地区生态移民后续产业发展模式分析》，《社会纵横》2013年第3期。

51. 刘志群：《西藏傩祭考释》，《西藏艺术研究》1992年第1期。

52. 刘志扬：《饮食、文化传承与流变——一个藏族农村社区的人类学田野调查》,《开放时代》2004 年第 2 期。

53. 罗舜芬:《客家饮食中的原乡情结》,《江西食品工业》2008 年第 3 期。

54. 骆桂花:《三江源生态移民安置与后续产业发展的社会调查》,《青海民族学院学报》(社会科学版)2009 年第 2 期。

55. 马本元、尹卫、张宪:《青海牧区暖棚蔬菜种植技术》,《青海科技》2005 年第 5 期。

56. 马晓梅:《宁夏生态移民社会适应性问题的调查研究》,《中共银川市委党校学报》2013 年第 2 期。

57. 马玉成:《“三江源”生态移民后续产业发展的对策措施》,《农业经济》2007 年第 12 期。

58. 孟琳琳、包智明:《生态移民研究综述》,《中央民族大学学报》2004 年第 6 期。

59. 祁进玉:《三江源地区生态移民的社会适应与社区文化重建研究》,《中央民族大学学报》(哲学社会科学版)2015 年第 3 期。

60. 切排、王兰:《藏族食物禁忌的人类学解读》,《西藏大学学报》(社会科学版)2013 年第 1 期。

61. 任国英:《内蒙古鄂托克旗生态移民的人类学思考》,《黑龙江民族丛刊》2005 年第 5 期。

62. 沙拉古丽·达吾来提拜:《哈萨克族牧民定居与饮食文化的变迁》,《中国穆斯林》2009 年第 4 期。

63. 石德生:《三江源生态移民的生活状况与社会适应——以格尔木长江源生态移民点为例》,《西藏研究》2008 年第 4 期。

64. 汪玺、师尚礼、张德罡:《藏族的草原游牧文化(Ⅳ):藏族牧民的生活》,《草原与草坪》2011 年第 4 期。

65. 王新平：《藏族煨桑仪式的宗教文化内涵》，《中国宗教》2015年第6期。

66. 韦仁忠：《草原生态移民的文化变迁和文化调适研究——以三江源生态移民为例》，《西南民族大学学报》（人文社会科学版）2013年第4期。

67. 吴晓秋：《论贵州生态移民传统节日文化的变迁》，《贵州师范大学学报》（社会科学版）2015年第1期。

68. 武永亮、胡文平：《三江源生态移民继续教育研究的实践意义》，《理论前沿》2014年第6期。

69. 徐君：《机遇与适应：青海生态移民生存与原居地草场关系》，《民族学刊》2013年第2期。

70. 徐君：《三江源生态移民研究取向探索》，《西藏研究》2008年第3期。

71. 徐新建：《牧耕交映：从文明的视野看夷夏》，《思想战线》2010年第2期。

72. 徐新建：《族群表述：生态文明的人类学意义》，《北方民族大学学报》（哲学社会科学版）2010年第3期。

73. 薛立娟、史玉梅：《三江源移民文化的演进与博弈——以青海省贵南县过马营镇移民新村为例》，《青海师范大学学报》（哲学社会科学版）2013年第5期。

74. 张丽君、吴俊瑶：《阿拉善盟生态移民后续产业发展状况及对策研究》，《民族研究》2012年第2期。

75. 赵宏利、陈修文等：《生态移民后续产业发展模式研究——以三江源国家级自然保护区为例》，《生态经济》2009年第7期。

76. 郑艳：《环境移民：概念辨析、理论基础及政策含义》，《中国人口·资源与环境》2013 年第 4 期。

77. 周华坤、赵新全等:《三江源区生态移民的困境与可持续发展战略》,《中国人口·资源与环境》2010 年第 3 期。

78. 周甜:《牧民?农民?市民?——浅议三江源生态移民社会角色的特殊性》,《青海民族研究》2009 年第 4 期。

79. 周宇、付海鸿:《三江源生态移民迁出地教育现状研究》,《北方民族大学学报》(哲学社会科学版)2013 年第 3 期。

80. 周宇:《三江源生态移民后续产业发展的经济人类学个案研究》,《黔南民族师范学院学报》2015 年第 2 期。

81. 庄孔韶:《可以找到第三种生活方式吗?——关于中国四种生计类型的自然保护与文化生存》,《社会科学》2006 年第 7 期。

三　硕博论文

82. 李秀英:《政治生态学视野中的黄河河源生态意象和纷争》,博士学位论文,中央民族大学,2012 年。

83. 刘源:《文化生存与生态保护:以长江源头唐乡为例》,博士学位论文,中央民族大学,2004 年。

84. 徐婧:《三江源生态移民身份认同研究——以青海玛多玛查理村为例》,硕士学位论文,北方民族大学,2015 年。

85. 杨俐俐:《教育社会学视角下的生态移民子女教育研究——以三江源某生态移民点部分初中毕业生为考察对象》,硕士学位论文,中央民族大学,2010 年。

86. 周宇:《三江源生态移民与后续产业可持续发展——以青海格尔木昆仑民族文化村为例》,硕士学位论文,四川师范大学,2010 年。

四 外文译作

87. [罗马尼亚] 米尔恰·伊利亚德：《神圣与世俗》，王建光译，华夏出版社 2002 年版。

88. [美] 马文·哈里斯：《好吃：食物与文化之谜》，叶舒宪、户晓辉译，山东画报出版社 2001 年版。

89. [美] 迈克尔·M.塞尼：《移民与发展：世界银行移民政策与经验研究》，水库移民经济研究中心编译，河海大学出版社 1996 年版。

90. [美] 伍兹：《文化变迁》，何瑞福译，云南教育出版社 1989 年版。

91. [美] 西敏司：《甜与权力——糖在近代历史上的地位》，王超、朱健刚译，商务印书馆 2010 年版。

92. [日] 杉山正明：《游牧民的世界史》，黄美蓉译，北京时代华文书局、中华工商联合出版社 2014 年版。

93. [英] 阿诺德·汤因比：《人类与大地母亲：一部叙事体世界历史》，徐波等译，上海人民出版社 2001 年版。

94. [英] 泰勒：《原始文化》，连树生译，上海文艺出版社 1992 年版。

95. [美] 比尔·麦克基：《自然的终结》，孙晓春等译，吉林人民出版社 2000 年版。

96. 世界环境与发展委员会：《我们共同的未来》，王之佳、柯金良等译，吉林人民出版社 1997 年版。

五 外文专著

97. Åshild Kolås and Xie，Yuanyuan. eds.，*Reclaiming the Forrest：The Ewenki Reindeer Herders of Aoluguya*，Olso：

Berghahn Books，2015.

98. Li，Peilin and Wang，Xiaoyi. eds.，*Ecological Migration，Development and Transformation：A Study of Migration and Reduction in Ningxia*，New York：Springer，2015.

99. Nakao，Masayoshi，Yuki Konagaya and Shinjilt Chimedyn. eds.，*Ecological Migration：Environmental Policy in China*，Bern：Peter Lang，2010.

六 外文期刊论文

100. Bessho，Yusuke，"Migration for Ecological Preservation? Tibetan Herders' Decision Making Process in the Eco-migration Policy of Golok Tibetan Autonomous Prefecture（Qinghai Province. PRC）"，*Nomadic Peoples*，19，2015.

101. Breivik，"The Political Ecology of Grassland Conservation in Qinghai Province：Discourse Policies and the Herders"，*Master's Thesis*，Department of International Environment and Development Studies，Norwegian University of Life Sciences，Norway，I. 2007.

102. Cencetti，Elisa，"Tibetan Plateau Grassland Protection：Tibetan Herders' Ecological Conception Versus State Policies"，*Himalaya，the Journal of the Association for Nepal and Himalaya Studies*，Vol. 30，No. 1，Article 12，2011.

103. Deaux，K.，"Reconstructing social identity"，in *Personality & Social Psychology Bulletin*，1993，19（1）.

104. Du，Fachun ed，"Ecological Narratives on Grasslands in

China: A People-Centred View", *Nomadic Peoples*, 16.1, Published by Berghahn Journals, New York, 2012.

105. Emily T. Yeh, "Green Governmentality and Pastoralism in Western China: 'Converting Pastures to Grassland'", Nomadic Peoples Vol. 9: Issues 1 & 2, 2005.

106. Emily T. Yeh, "Greening Western China: A Critical View", *Geoforum*, 40, 2009.

107. Emily T. Yeh, "Political ecology in and of China", in Raymond L, Bryant ed., *The International Handbook of Political Ecology*, Cheltenham, UK. Northampton, Massachusetts, USA, 2015.

108. Emily T. Yeh, "The Politics of Conservation in Contemporary Rural China", *The Journal of Peasant Studies*, Volume 40, Issue 6, 2013.

109. Foggin, J. M. 2005, "Highland Encounters: Building New Partnerships for Conservation and Sustainable Development in the Yangtze River Headwaters, Heart of the Tibetan Plateau", in *Innovative Communities: People-centred Approaches to Environmental Management in the Asia-Pacific Region*, J. Velasquez, M. Yashiro, S. Yoshimura and I. Ono (eds), Tokyo: United Nations University (UNU) Press.

110. Foggin, J. M., "Depopulating the Tibet Grasslands: National Policies and Perspectives for the Future of Tibet Herders in Qinghai Province, China", *Mountain Research and Development*, 28 (1), 2008.

111. Foggin, J. M. and Torrance-Foggin, Marion E., "How Can Social and Environmental Services be Provided for Mobile Tibetan Herders? Collaborative Examples from Qinghai Province, China", *Pastoralism: Research, Policy and Practice*, 2011.

112. Foggin, J. M., "Rethinking 'Ecological Migration' and the Value of Cultural Continuity: A Response to Wang, Song and Hu", *AMBIO: A Journal of the Human Environment*, 40, 2011.

113. Foggin, Marc, "Pastoralists and Wildlife Conservation in Western China: Collaborative Management within Protected Areas on the Tibetan Plateau", *Pastoralism: Research, Policy and Practice*, 2012.

114. Gongbo Tashi and Foggin, Marc, "Resettlement as Development and Progress? Eight Years on: Review of Emerging Social and Development Impacts of An 'Ecological Resettlement' Project in Tibet Autonomous Region, China", *Nomadic Peoples*, Vol. 16, No. 1, Special Issue: Ecological Narratives on Grasslands in China: A People-Centred View, 2012.

115. Gruschke, Andreas, "Nomads Without Pastures? Globalization, Regionalization, and Livelihood Security of Nomads and Former Nomads in Northern Khams", in Ken Bauer, Geoff Childs, Andrew Fischer, and Daniel Winkler (eds.), *In the Shadow of the Leaping Dragon: Demography, Development, and the Environment in Tibetan Ar-*

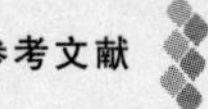

eas, in JIATS, 4, December 2008.

116. Hadjiyanni, Tosoulla and Helle, "Kristin. Kitchens as Cultural Mediums: The Food Experiences of Mexican Immigrants", in *Housing and Society*, Volume 35, No. 2, 2008.

117. Henry Chandle Cowles, "The Ecological Relations of the Vegetation of the Sand Dunes of Lake Michigan, Adopted from the New Encyclopedia Britannica, Micropedia, Volume III, Ready Reference and Index", in *Botanical Gazette*, Vol. 27, No. 2, Feb., Chicago University Press, 1899.

118. Jampel Dell Angelo, "Abusing the Commons? An Integrated Institutional Analysis of Common-pool Resource Governance in Conflict Situations", La Sapienza Universita di Roma and Universitat Antonoma de Barcelona, 2013.

119. Kenneth L. Wilson and Alejandro Portes, "Immigrant Enclaves: An Analysis of the Labor Market Experiences of Cubans in Miami", in *The American Journal of Sociology*, Vol. 86, No. 2, Sep., 1980.

120. Koc, Mustafa and Welsh, Jennifer, "Food, Identity and the Immigrant Experience", in *Canadian Diversity*, 2002—1 (1).

121. Ma, Shuang and Ma, Sa, "The Environmental Justice in Ecological Immigration: A Case Study of Sanjiangyuan Area", *Architectural Research*, Vol. 17, No. 4, December, 2015.

122. Ptackova, Jarmila, "The Great Opening of the West Development and its Impact on the Life and Livelihood of Tibetan Pastoralists: Sedentarisation of Tibetan Pastoralists in

Zeku County as a Result of Implementataion of Socioeconomic and Environmental Development Projects in Qinghai Province，P. R. China”，Zur Erlangung des akademischen Grades Dissertation，2013.

123. Ptackova，Jarmila，“Sedentarisation of Tibetan Nomads in China：Implementation of the Nomadic Settlement Project in the Tibetan Amdo Area，Qinghai and Sichuan Provinces”，*Pastoralism：Research，Policy and Practice*，2011.

124. Ptackova，Jarmila，“The Campaign to ‘Open Up the West’：New Settlements in Qinghai in the Area of the Three River Sources”，*Cultural Heritage and Sustainable Development of Historical Cites in Asian*，Berlin，4. 12—5. 12，2007.

125. R. Stojanov，J. Novosak，“Environmental Migration in China”，*Geographica*，39，2006.

126. Richard，Camille，“Developing Alternatives to Resettlement for Pastoralists on the Tibetan Plateau”，*Nomadic Peoples*，Vol. 9，No. 1/2，New Series，2005.

127. Scholliers，Peter，“Meals，Food Narratives，and Sentiments of Belonging in Past and Present”，in *Food，Drink and Identity*，Ed. Peter Scholliers. Oxford：Berg，Print，2001.

128. Seymour，Diane，“Emotional Labour：A Comparison between Fast Food and Traditional Service Work”，in *International Journal of Hospitality Management*，Volume 19，Number 2，1 June 2000.

129. Sulek，Emilia，“Disappearing Sheep：The Unexpected

Consequences of the Emergence of the Caterpillar Fungus Economy in Golok, Qinghai, China", *Himalaya, the Journal of the Association for Nepal and Himalayan Studies*, Vol. 30, No. 1, Article 9, 2011.

130. Wu, Jiaping, "Running Away is the Best? Ecological Resettlement of Ethnic Minorities in Guizhou, China", in Mark Wang and Kevin Lo. eds, *AAG Special Issue: Displacement and Resettlement with Chinese Characteristics*, 35.

后　记

与三江源的缘分，起因于 2006 年在西南大学图书馆随意拿起的一本书。我还清晰地记得那本书的书名——《亲历可可西里——十年志愿者讲述》。随后十年，我的学习与生活，似乎被命运之手做了新的安排。

2007 年，我以“绿色江河”志愿者的身份与格尔木昆仑民族文化村结缘。此后，我就像被什么牵动了似的多次返回三江源，在青藏高原的蓝天白云间，我常常无端涌起莫名的情绪。将三江源生态移民列为研究对象，改变的不仅是我的学术研究兴趣，与此相关的还有我的整个生活。可以说，昆仑民族文化村搬迁的这十年，正好是我个人学术成长与历练的十年。

我是在异国他乡完成这部书稿的。2015 年 9 月，因为单位工作安排，我被派往柬埔寨马德望经济管理大学交流教学。刚到马德望的时候，正是雨季。每天连绵不断的雨水，让人无比思念家乡。在马德望，除了工作、写作书稿与锻炼身体外，我最喜欢追逐云霞，因为它们与青藏高原的云霞一样，绚烂多姿。等到我终于写完书稿，新一年的雨季又到来了。柬埔寨是湄公河（Mekong River）委员会成员国之一。湄公河的上游在中国境内，被称为“澜沧江”，其源头就在青海省玉树藏族自治州。在柬埔寨语里，Mekong，即“母亲”之意。湄公河虽未经过马德望省，但能在湄公河流经的国度里完成“三江源”相关话题的写作，于我而言，具有不同寻常的意义。这起码意味着一种联系，一种源头与流域共活水的命运，一种漂泊与牵挂的情感维系。

将个人对三江源生态移民的兴趣关注转变成学术研究的对象，得益于我的硕士研究生导师李怡先生的鼓励。正是因为李怡师的引荐与谆谆教导，我才得以继续走在学术研究的道路上。在书稿完成后，又是李怡师帮我联系出版社。李怡师对新生事物常常怀着孩童般天真的关注，他对问题的敏锐观察与分析又总是让人深深折服。尽管我现在的学术研究已经远离现当代文学领域，李怡师依然时刻关注我的成长，让我感激不已。

在做三江源生态移民课题的整个过程中，我的博士研究生导师徐新建先生始终以他特有的方式提出警醒与鞭策。的确，要处理与国家政策和民族问题相关的研究课题，光有热情是根本不够的。如何成长为一名真诚而严谨的学术研究者，显然是一门需要不断修习、永无止境的功课。中国社会科学院的汤晓青教授，总是耐心细致地解答我在研究中遇见的疑难问题。她对研究对象怀有友善的同情与理解，她教会我要全方位地看待问题。此外，汤老师真切地关心我的工作与生活。老师们的抬爱，让我倍感幸运。

课题的整个调研与资料收集得以完成，离不开好友周宇博士多年来的鼓励与支持。课题立项前后，我们曾几次一同前往格尔木昆仑民族文化村与曲麻莱县城调研，他做事认真细致，思考缜密，同时，他又幽默风趣，让田野考察充满乐趣。现在，我们有了各自的研究领域，很难再有机会一起外出调研。这部书稿是我们九年友谊的见证。课题组的曹兴平博士聪慧伶俐，善于沟通交流。我在柬埔寨写作期间，兴平博士协助我查阅资料，核实数据。她也为书稿的写作提供了许多有益的参考意见。感谢两位课题组成员的默默付出。

罗安平博士是这部书稿的第一位读者。我的每一章书稿，安平师姐都会在第一时间阅读后，给予肯定与鼓励。对书稿的框架、写作中拿捏得不够准确的遣词造句，她都会善意地提出修改意见。正是在她温柔而有力的敦促中，我才一点一点完成了写作。好友万方亦毫不吝啬地给予我许多鼓励。如果没有她俩对我浅陋写作的及时回应，这部书稿的写作不知会拖延到何时才能完成。梁昭博士、高博涵博士亦对书稿诚恳地提出了她们的意见。陶永莉博士不顾辛劳，在深夜十二点还和我在网上讨论章节标题的拟定。师妹赵靓在怀有身孕的情况下，仍然热心帮我校对书稿。马德望联华学校的张凌燕老师，亦在百忙之中帮我校对了部分书稿。周宇、段鑫磊与索南求培无私地为书稿提供了部分照片。他们的深情厚谊，我无以为报，唯有铭记于心。

我的父母给了我自由成长的极大空间。母亲勤劳善良，她虽不懂得我学习与研究的意义，但总是给予我最大的鼓励。在我外出田野考察期间，父母为我的安全担忧，从未埋怨过我很少回家陪他们。书稿写作期间，我在微信上与父亲聊天，他总是不忘问问稿子的写作进度，时时提醒我要认真完成。父母的爱，恩重如山。

写作书稿的过程中，我脑海里总会涌现出许多亲切的面孔。“绿色江河”的大胡子杨欣是一位金牛座的环保工作者。若没有他在2007年组织的“长江源项目”，或许我此生都不会前往格尔木昆仑民族文化村。当然，我也就没有机会认识其他八名志愿者，更不会成为“非常九香蕉委员会”中的一员。或许，我的人生会在另外一条轨道上行走。课题的调研，曾得到黎勉予、宋斐、戴晓艳与傅宇泽的支持。2013年，我们在前往曲麻莱县调研的途中，不幸遭遇了车祸。事故后，他们遭受了身体上的伤痛与高原反应，却毫无怨言。在路上，热心的皮卡车大叔、曲麻莱县政府的宋铁牛副县长、办公室桂主任、三江源办公室的张新元、发改委的钱志云局长、未留下姓名的工作人员、河源村的查国与久才仁、格尔木的官明军老乡与市人大的阿毛老师，以及许多初次见面的朋友，给予了我们最无私的帮助。他们的友善，就像冬夜里点亮的烛火，柔情地温暖着我。

于我而言，格尔木昆仑民族文化村就像另一个精神上的故乡，以某种特别的方式牵动着我。管委会的南老师、佟姐、小韩与周加为课题的调研提供了最大限度的支持。他们允许课题组在办公楼里吃住，随时解答与三江源生态移民相关的任何疑问。可以说，他们对我们课题组毫不设防。昆仑民族文化村的村民们敞开家门与心扉，对我们有问必答，甚至主动分享他们的憧憬与迷茫、欢喜与悲苦。这部书稿是对他们许多人移民生活的记录，是我献给他们的不成熟的礼物。我衷心祝愿格尔木昆仑民族文化村的所有村民，愿他们的生活蒸蒸日上，红红火火，扎西德勒！

此刻，窗外下着小雨。门廊里，几个前来学校做宣传的韩国学生正在排练合唱。他们愉快地唱着电影《狮子王》的主题曲“Circle of Life”。“It’s the circle of life，and it moves us all through despair and hope，through faith and love，till we find our place on the path unwinding in the circle……”歌声悠悠传来，一切显得如此静逸美好。

落笔此处，我要感谢本书的责任编辑郭晓鸿女士。她认真仔细，积极乐观。没有她的热情相助与辛劳工作，本书难以面世。同时，书中还有不少错误与不足，恳请各位专家批评指正。

付海鸿

2016 年 5 月 31 日

于柬埔寨马德望省经济管理大学